博学而笃志，切问而近思。

（《论语·子张》）

博晓古今，可立一家之说；
学贯中西，或成经国之才。

**作者简介**

陈虹，华东师范大学传播学院副院长、教授、博士生导师。中国广播电视协会广播电视学研究会常务理事；中国电视艺术家学会节目主持人委员会执行理事、上海专家组成员；上海市演讲学会常务理事、学术部主任。

在广播电视战线工作10多年，编辑主持的节目多次获奖。1999年，在全国第四届广播电视"金话筒"奖评比中获得银奖，三度荣获全国广播电视论文"金笔奖"一等奖。2006年1月，调入华东师范大学传播学院从事教学科研工作。2007年10月—2008年10月，在美国杜克大学做访问学者。2010年入选上海浦江人才计划。2011年入选教育部新世纪人才计划。

当代广播电视教程·新世纪版

# 电视节目形态:

## 创新的观点

陈 虹等 著

复旦大学 出版社

## 内容提要

从风靡全国的《超级女声》、《百家讲坛》、《传奇故事》，到今日大红大紫的《非诚勿扰》、《中国好声音》、《我是歌手》、《汉字英雄》……电视节目形态以其前所未有的速度不断上演新的传奇。与此同时，在竞争激烈的媒体革新大潮中，也有无数节目举步维艰，惨遭失败。电视节目唯有不断创新才能在大浪淘尽后发光发亮。

本书以国内外众多优秀的电视节目为研究对象，试图分析电视节目创新的规律和方法。全书分上下两篇，上篇从理论角度宏观阐述了电视节目形态的概念、电视节目创新的战略、流程、电视节目形态的创新趋势等。下篇从实践角度具体分析了新闻、谈话、综艺、真人秀、生活服务、纪录片以及体育七种不同节目形态的创新元素、创新方式，并探讨了各自的创新趋势，同时各章辅以国外国内两个案例，详细解读其形态创新。全书理论与实践结合，内容全面丰富，富含指导性和可读性。

如果你是电视节目从业者，或是电视节目研究者，或者对电视行业充满兴趣，本书将和您一起开启创新的航程，徜徉于变幻多姿的节目形态中，找寻电视节目形态创新的奥秘……

# 目 录

## 上篇　节目形态理论篇

# 下篇　节目形态实践篇

## 第三章　电视新闻节目形态创新

## 第四章　电视谈话节目形态创新

## 第五章　电视综艺节目形态创新

## 第六章　电视真人秀节目形态创新

## 第七章　电视生活服务节目形态创新

## 第九章　电视体育节目形态创新

# 上篇　节目形态理论篇

# 第一章　电视节目形态概要

电视节目形态的定义是什么,它有哪些特征,它与电视节目有什么不同,它经历了哪些发展;电视节目形态研究目前有哪些代表性的说法;电视节目形态由什么构成;为什么要进行电视节目形态创新,可行性如何? 本章将对这些关于电视节目形态的基本内容作出阐释。

## 第一节　电视节目形态含义

关于电视节目形态的定义,目前尚无统一的说法。顾名思义,我们可以看出这一概念涉及了"电视"、"电视节目"和"形态"三个概念。为了对"电视节目形态"进行更为准确的界定,我们应该先厘清这样几个问题:何为"形态"? 形态学是如何研究"形态"的? 它与作为媒介的"电视"和具体的电视节目之间存在着怎样的关系? 而后,再来探讨电视节目形态的具体概念及其特征,并结合电视形态的发展进一步分析节目形态在其中的产生和变化过程。

### 一、形态学的定义

"形态"在《辞海》里的注解是:(1) 形状神态,形状姿态;(2) 指事物在一定条件下的表现形式。第一种解释指的是某事物或人物的形状神态或姿态,着重于该事物或人物已经存在的外在表现;第二种解释则强调"在一定条件下",关注更多的是事物的特定情况。

形态是语言学概论中的重要概念,是指词与词组合时词的形式上发生的变化,是表达语法意义的重要手段。形态学(又称"词汇形态学"或"词法")是语言学的一个分支,研究词的内部结构,包括曲折变化和构词法两个部分①。

①　熊忠辉:《广播电视节目形态解析》,化学工业出版社 2010 年版,第 2 页。

　　形态学这一源于语言学的理论被广泛地应用于人类学、生物学、文学和艺术学等多个学科的研究。在这些研究中，该理论的运用主要体现在三个方面：第一，用以分析事物外部形状或组成结构的特点，即研究各个组成部分的要素、各要素间的相互关系及其所具有的功能；第二，用以观察一个事物的要素、各要素间的相互关系及其所产生的效果在限定时间内的变化；第三，也用以探讨一类事物的要素和特征及其在历史上的演化过程。

　　艺术形态学是借鉴生物形态学研究集体的结构形态之说，用以研究艺术形式规范系统的学科。而作为艺术和技术完美结合的现代声、光、电产品与作品，电视节目形态可以从艺术形态学中汲取养分。在大众传播学领域，对"形态"的最早研究源于媒介形态学，该理论的提出是受新型媒介的出现所启发，着重于探讨媒介形态的构成、变化及其原因。美国俄亥俄州肯特州立大学新闻与大众传播学院驻校专家和信息设计实验室协调人罗杰·菲德勒早在 20 世纪 90 年代就开始关注"媒介形态变化"的课题，并通过《媒介形态变化：认识新媒介》一书把"媒介形态"定义成具有不同传播方式，依托不同载体如书籍、杂志、报纸、广播和电视等的媒介形式，而划分不同媒介形态的标准是语言、结构、内容、形象和定位等元素。菲德勒认为传播媒介的形态变化，通常是由可感知的需要、竞争和政治压力以及社会和技术革新的复杂相互作用所引起的①。

　　电视作为一种媒介形态的载体，更适合以媒介的角度探讨其形态。我们从媒介形态的体系中细分出影视媒介形态，而电视媒介形态则是影视媒介形态的子类型。在电视媒介形态中，我们可以将之划分为电视节目、电视剧和电视直播事件三类。由于电视剧在很多方面是以电影的操作方式为基础，本书不把电视剧作为电视节目的一类，因此在此不加以论述。电视直播事件则是电视媒体事件的一部分，它不遵循电视节目所固有的规律，属于电视媒介中的例外，本书也不对其进行论述（图 1－1）。

### 二、电视作为影视媒介的定位

　　电影和电视的出现，使人类从阅读时代进入到影像视听的时代。当代社会已成为一个视觉文化或者说是影像文化社会②。影视媒介的出现离不开 19 世纪末电影的诞生，从摄像到电影，再从无声电影到有声电影，这些因为技术发展而不断

---

　　① 罗格·菲德勒：《媒介形态变化：认识新媒介》，转引自梅笑冰：《电视节目形态研究述评》，《现代视听》2009 年第 3 期。

　　② 隋岩：《当代中国电视文化格局》，群言出版社 2004 年版，第 46 页。

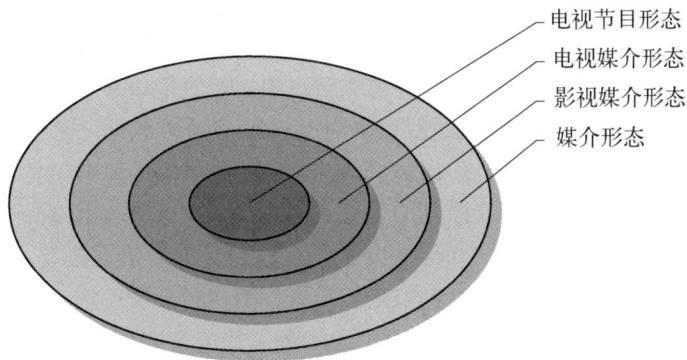

电视节目形态
电视媒介形态
影视媒介形态
媒介形态

**图1-1　大众传播领域中形态的属性**

被加入的元素构建了一个属于影视媒体的复杂体系。1900年,法国人康斯坦丁·伯斯基提出了"电视"(television)一词,这个由希腊语"tele"和拉丁语"vision"所构成的词汇意指"远距离观看"。1925年,英国科学家约翰·洛吉·贝尔德发明了第一台电视机,这让电视从电影中独立出来成为一种新型媒介,电视的发展也走向了一条有别于电影的道路。虽然两者都是以视听元素为主的传播媒介,电视却在少于一个世纪的时间内完成了从主导文化、高雅文化到大众文化的演变。电视文化的迅速演变使其成立了一套属于自己的形态体系。如今,有关电视节目形态的探讨已成为业界人士必须接触的领域和话题。

作为一个艺术性弱于电影的影视媒介,电视的自身定位一直模糊不清。关于电视的学科更是一直依托于电影理论,而对电视的研究也大多停留在电视节目制作与策划、广播电视编导和播音主持与表演等实践性方面的探讨。这可能是因为电视的发明初衷就是以新闻性质为主,贝尔德当初在发明电视机时将其用途界定为"用电看东西"。当时的电视机只是一种代替眼睛看东西、看世界的工具,换句话说,对当时的人们而言,电视只是一种新的观看方式。虽然与电影一样,电视也是"被看"的对象,但是两者被观看的方式和目的都截然不同,两者在很多方面存在差异。

首先,在生产方式上有着明显的不同。电影是类型化的生产;而电视是模式化的生产。换句话说,电影的个性化特性大于共性,它在拍摄过程、发布方式和制作方式方面都必须是耗时的"精心制作";而电视更多是一种影像传播,电视大多是为一次性消费所制作,其中所包含的艺术成分远低于电影。因此,对电视而言,文化成分和真实性更为重要。

其次,在叙事方面,电影是虚构的故事,它的叙事手段是受剧本所构建的时间、空间因素所限制的,电影的叙述者是通过凝视、偷窥、理解和感受的经验进行叙述的不在场的局外人;而电视是对生活的叙事,也可以说它是通过画面来反映现实生活。与电影的叙事相比,电视的叙事更为碎片化,即使把电视当中的叙事结构拆开,它依然能够独立存在。电视的叙述者是通过亲身经历和见证来叙述的媒体人。

最后,在视听语言方面,电影语言必须遵守一定的原则,其中包括机位原则、轴线原则和编辑原则等。在这些原则的范围内,电影可以充分运用镜头、蒙太奇等一切拍摄手段和拍摄方法来展示和传递电影语言信息。电视语言则是一切为了让观众看清楚、看下去所建构的。电视画面力求单一明快,简练短小,避免宏大和复杂的视觉效果①。如果说电影语言是用以"写"出一部电影,那么电视语言必然是用以"修"出电视节目。电视这个庞大的语言系统包罗了进入电视的种种语言元素,所以要全面掌握绝非易事②。

## 三、电视节目的定义

研究电视节目,不仅有助于建立完整的电视学基础,而且对办好电视节目也具有积极意义。电视节目是电视学科"元概念"与电视实践"元载体"的"基石"所在,而电视节目形态作为电视节目的子类型,是基础之基础③。所以,要了解电视节目形态,我们首先要对电视节目的概念有一定的了解。那么,电视节目是什么?

电视节目是电视台各种播出内容的最终组织形式和播出形式,它是电视传播的基本单位④。它也是电视台播出的具体项目,是感染和影响观众的唯一手段和形式。电视内容随着时间推移依次变化,就像竹竿一样,有着一个个的节,每个节代表着一个时间段,每个不同的时间段播出不同的内容⑤。这种不同内容的时间段,我们称之为电视节目。世界上不同国家的电视台,同一国家的不同电视台,虽然有不同的性质、文化背景和服务目的,但都是以播出电视节目为己任的⑥。

## 四、电视节目形态的定义

关于电视节目形态,根据不同的概念可以被解释成电视节目设计的基本模式,

---

① 修宏宇:《从电视文艺的大概念上看电视语言》,《戏剧之家》2010 年第 3 期。

② 阿玲:《电视语言浅析》,《文艺报》2002 年 11 月 21 日。

③ 徐舫州、徐帆:《电视节目类型学》,浙江大学出版社 2006 年版,第 2 页。

④ 石长顺:《电视栏目解析》,武汉大学出版社 2008 年版,第 3 页。

⑤ 庞啸:《实用电视新闻理论》,中国广播电视出版社 1999 年版,第 117 页。

⑥ 壮春雨:《电视节目学概要》,浙江大学出版社 2001 年版,第 5 页。

电视节目中的程序软件，或者是电视节目形式的自然延伸和个性化拓展①。如果把电视节目形态看作是一个客体，它是电视节目的制作者为了不同的目的，适应不同的对象，根据不同的内容而采取的对电视符号的加工和处理方式中相对固化的部分，并指向相对稳定的节目特征。如果把它看作是一个主体，电视节目形态是电视节目制作方式的核心，不同的节目形态规定着不同的节目内容，也筛选着不同的观众。因此，电视节目形态是由各个节目形式要素依照不同的组合方式、不同的功能指向，并具有相对稳定的外部形式和内部构造，而最终形成的节目存在样态，它是电视节目内容的形式载体和结构方式。

电视节目形态的研究，无论是文化形态、叙事形态、功能形态还是传播形态的研究，不仅有助于我们认识这种形态的外部特征，而且有助于揭示其本质内涵。

**五、电视节目形态的特征**

从宏观角度分析，电视节目形态主要有五大特征。

第一，电视节目形态必须具有相对稳定的内部和外部结构。按照德国著名哲学家格奥尔格·威廉·弗里德里希·黑格尔对审美的说法，美的要素可分为内容（内在）和形式（外在）两部分，内容通过形式来表现意蕴的特性②。其实，任何事物都是由形式和内容两大要素构成的，形态也建立在这两大内外部结构之上，缺一不可。一个新节目的内部和外部结构必须保持相对稳定，才能成为一种新的节目形态，否则只是在已有节目形态的基础上开发的新节目。

第二，节目形态决定节目的功能。随着时间流逝，节目内容和样式可以有很多改变，但是形态在我们的记忆里是可以积淀下来的。因此，节目形态是在制作一档电视节目时需要掌握的基本方向。如果我们把一档节目定位为娱乐节目，它的制作样式可以多样化，而在这档节目播出之前，我们就可以大致预料到受众通过这档节目所得到的体验和满足感是属于消遣性质的。也就是说，形态定位决定着节目的功能。

第三，节目形态不同于具体模式。一种节目形态不等于一种节目模式，而是一种形态可以包括多种不同的节目模式。比如《面对面》的节目模式和《康熙来了》的节目模式完全不同，但它们都属于"谈话"这类节目形态。而同一种节目模式当中，也可能会融合多种节目形态的形式特征。这也是为什么如今有很多电视节目无法被归纳为某一种绝对的节目形态的原因。我们只能从这个节目当中分析出不同形

---

① 徐东：《美学视野中的电视节目形态》，《合肥工业大学学报（社会科学版）》2008 年第 3 期。
② 同上。

态的比例，再挑选出其中所占成分最高的形态，用以归纳该节目的类型。例如，中央电视台财经频道推出的《交换空间》，是一档以生活服务类节目的理念来定位的节目。该节目为观众提供了装修信息的服务，其中也包括了让房东们交换房屋进行竞赛的单元，这是真人秀节目形态当中所使用的操作手段。但由于竞赛单元只是节目中一种推动叙事的手段，所以《交换空间》应被归为生活服务类节目形态。

第四，节目形态具有历史继承性。节目形态会随着观众需求的变化而发生改变，甚至出现全新的形态。然而，这些新形态跟旧形态是有密切联系的。例如，20世纪末出现的真人秀节目形态是从综艺节目、纪录片、生活服务节目以及谈话节目中延伸出来的一种新形态。它记录的是真人真事，但是这些记录下来的镜头是经过后期编辑的，以加强节目的悬念感。所以，如果说它没有发生，它确实发生了；如果说它发生了，节目当中却有很多元素是为了娱乐效果而被人为制造出来的。因而，这一节目形态既不属于纪录片，也不属于综艺节目。研究电视节目形态不仅仅要研究当前节目形态的创新，深入地理解旧节目形态对于节目形态创新也至关紧要。

第五，节目形态本土化。西方提出"全球化"的概念后，一直遭到东方和第三世界国家的质疑。就电视节目形态而言，这些国家虽然不赞成西方的提法，但又不得不承认大多数节目形态理念都源于西方国家。随后，"全球本土化"的概念被提出，它是由全球化（globalization）和本土化（localization）组合而成，指的是"全球化的思想，本土化的操作"。目前中国的很多电视节目形态都源自西方，却与西方大不相同。以2010年东方卫视推出的《中国达人秀》为例，这档节目不仅花费了很高的成本向《英国达人秀》收购品牌和模式制作权，而且还请来了《英国达人秀》的制作团队来协助制作，但是该节目在选手选拔、表演内容和呈现方式等方面都加入了很多本土化的元素，放大了中国人比较看重的情感和道德色彩，让真情流露而非表演主宰一切。又如东方卫视2013年推出的《中国梦之声》，引自美国的《美国偶像》（《American Idol》）。节目没有简单照搬，而是根据本土观众的主流价值观、收视习惯，加入了许多中国元素，如原版赛制不存在的"逆袭战"、有别于"毒舌评委"的温情导师、比原版慢的讲故事节奏、直播现场的400位梦想观察员等等，成功地进行了改造，受到了模式方的肯定。以上类似节目体现的正是全球化的思想，即以西方模式为榜样，同时又加入本土化的操作方式。所谓中国节目"新形态"，在这里指的就是西方的电视节目进入中国后所产生的本土变化，这种变化可能会催生出完全新型的节目形态。

## 六、电视形态的发展

随着电视在不同时代的发展，电视节目形态也在发展。因此，了解电视的发展历程可以让我们理解电视在不同时代的功能和观众对其需求的变化,这些变化又能让我们进一步理解形态在当中的形成和变化。

### 1. 电视从传播者主宰到接受者主宰

电视作为一种大众传播媒介,参与其传播过程的对象主要有传播者和接受者。传播者曾经主宰着电视信息,决定着电视所播的内容。由于过去的电视节目都比较单一,所谓的节目形态也甚为简单。在以"传播者为中心"的电视时代,电视观众的愿望被极大地压制。

随着电视媒介形态的改变,加上新媒介的出现引起社会对电视重要性的质疑,电视不再像以往那样以生产者为主体。尤其是在以网络为代表的新媒体的冲击下,受众的信息接收渠道发生了明显变化,他们开始拥有对信息的选择权甚至发布权,不再满足于传统媒体所提供的信息。即使主流媒体不予报道的事件,他们也能从网上获得详尽的信息,不再处于信息受控的状态。"多种媒介,一个声音"变为"一个媒介,多种声音",接受者应该知道什么、应该什么时候知道不再完全由传播者所控制,媒体全面进入以"受者为中心"的时代①。

### 2. 电视从"宣传品"到"艺术品"再到"商品"②

1936 年 8 月,英国广播公司(BBC)在伦敦的制高点——亚历山大宫建立了世界上第一个电视台,并于当年 11 月 2 日在伦敦奥林匹克展览厅播出了世界上最早的电视节目。也许当时的世界没有深刻地意识到,就是从那一刻开始,一种新型电子传播形式开始极大地影响人类社会的生活③。电视一开始都是以宣传为主的传播理念进行操作的。BBC 在当时以转播盛大典礼(如 1937 年英王乔治六世的加冕典礼和 1953 年英女王伊丽莎白的加冕典礼)和新闻事件为主。当时,电视所具有的功能与报纸基本无异,人们关注电视主要是为了关注新闻和政府所宣布的信息。同样,20 世纪 50 年代,电视在进入中国的初期,也是以"宣传"为宗旨的传播工具。

20 世纪 40 年代,电视作为国家政府用以宣传、告知和影响社会的传播工具的属性被打破了,而电视节目随着电视媒体商业化特性的凸显开始得到发展。美国当时的电视体制主要是商业电视体制,因此电视节目首先在商业电视台播出。这

---

①　刘彤、杨嫣君:《中国电视娱乐节目与景观时代》,《青年作家》2010 年第 10 期。

②　参见胡智锋、周建新:《从"宣传品"、"作品"到"产品"——中国电视 50 年节目创新的三个发展阶段》,《现代传播》2008 年第 4 期。

③　隋岩:《当代中国电视文化格局》,群言出版社 2004 年版,第 45—46 页。

种私人经营的节目模式使电视台的经济来源以广告收入为主，也由此引起了电视台之间的激烈竞争。50 年代初，美国电视节目主要有戏剧娱乐节目和新闻时事节目，由于广告的压力，戏剧娱乐节目成为发展重点。戏剧娱乐节目主要包括电视剧、综艺和滑稽表演等，而电视剧在当时几乎占据了主导地位①。当时的电视节目从电影艺术中汲取了丰富的艺术营养，利用电影的拍摄和制作手段来制作电视内容，让电视走向了个性化和艺术化的路线，在某种程度上成为一种"艺术品"。

20 世纪 50 年代中期，电视事业突飞猛进。这是因为电视传播技术的发展使得电视成本大幅下降。另外，随着"二战"后经济的快速增长，电视在 70 年代基本完成了全面普及，成为家用必需品，电视与人们日常生活的联系也越来越紧密。至此，电视节目的发展也走向了全面商业化。正如《新周刊》在其所刊的《2010 中国电视红皮书》一文中提到的，电视不再是作品，而是项目。电视节目形态也随之发展，呈现给观众的形态开始多样化，从新闻节目、纪录片、娱乐节目、访谈节目到打乱各种电视节目形态规范的真人秀节目等。人们对电视的最初认识也开始改变，它不再是单纯的"宣传品"，亦非"艺术品"，而是如同我们生活中的其他日用品，等待我们需要时去消费它。

电视节目形态的变化随着电视功能的发展，可谓经历了由舆论宣传、社会教育到娱乐审美表现再到以商品的形式提供社会服务和进行文化传输的阶段。

### 3. 电视从"奢侈品"到"必需品"到"消费品"再到"老人用品"

电视机在中国从 50 年前的奢侈品、30 年前的必需品、20 年前的消费品到现在的辅助品，眼见要沦为"后网络时代"的老人用品。根据不同年代的发展态势，电视的内容也随之改变。

20 世纪 50 年代末，当电视在中国作为"新生物"出现时，它是以"奢侈品"的身份存在于人们的生活当中，一般的家庭通常是买不起电视机的。人们在用新奇的目光打量着屏幕传达出来的声画信号时，并不完全懂得和理解它所承载的宣传任务和传播功能。当时，电视节目以新闻为主要呈现方式，而新闻节目的统一格调，加上其居高临下、灌输式的传播态势，使得电视节目成为单一的说教工具。电视节目以"我说你听"、"我播你看"的话语霸权，成为高高在上、可望而不可即的"稀罕物"②。

1978 年 5 月，原来的北京电视台改名为中央电视台（CCTV），并被确立为国家电视台。这一项改制首先体现在对新闻节目的改革上。1978 年 6 月，中央电视台

---

① 陈国钦、夏光富：《电视节目形态论》，中国传媒大学出版社 2006 年版，第 19 页。

② 刘静：《从电视节目形态 30 年的演变看媒体文化的发展》，《当代电视》2009 年第 7 期。

首次通过国际通讯卫星现场直播了第十一届世界杯足球赛。1979 年 8 月推出了《为您服务》栏目,第一次通过电视节目与观众有了互动。电视节目栏目化的趋势也是从那时开始的。所谓节目栏目化,就是把同一内容或同一风格的节目归为一个栏目,并安排在固定的时间内进行播放,使其有一个固定的名称和时间长度。栏目化是电视节目走向成熟的一个标志,是电视文化发展到一定阶段的产物①。电视栏目从本质上说是一种节目的编排形式,它使节目的内容、类型系统化,使时间长度规范化,使节目编排条理化,起着定点、定主题、定形式播出的作用。它既是一种节目组织形态,又是一种节目管理样式。因此,电视栏目可以被理解成以固定的周期、时段和长度播出的、具有内容与形式同一性或相关性的专栏节目②。电视栏目的出现培养了观众的收视习惯,让观众根据自己的选择定时地打开电视关注自己喜欢的栏目,同时也让节目拥有一个相对稳定的收视群体。

到了 1980 年,《新闻联播》节目中加入了"国际新闻"的栏目,开拓了新闻报道的国际视野,从而成为广大观众了解国内外时事与党和国家政策的窗口③。同年,中央电视台也开办了新闻评论性栏目《观察与思考》以及系列节目《动物世界》等。1983 年春节,春节联欢晚会开播,开启了中国人乃至世界华人"春节必看春晚"的文化习俗,可以说是中国人通过电视创造的文化事件,"春晚"促成了全民通过电视共度春节的庆祝形式。时至今日,每年的"春晚"依然是全世界中国人在春节期间的一大期待。由此看来,电视开始注意与观众的互动,让人们不再对其感到陌生。电视也逐步融入百姓生活,成为人们的"必需品"。

90 年代开始,随着社会和经济向市场化转型,传媒行业也走上了市场化的道路。中国电视媒介的经营管理理念也随之改变,实行企业化的管理方式,走向了产业化发展之路。此外,电视在农村的普及、从黑白到彩色电视的更换、卫星传输的完善和数字电视的发展也使得电视媒介中的内容形态发生了变化。灌输式的节目传播形态遭遇了日渐觉醒的受众"自我意识"的"抵抗",促使电视人不再盲目地制作自己要求观众看的内容,而是根据受众的需要来制作节目。电视节目平民化的趋势也随之出现,这意味着电视草根时代的来临。1993 年中央电视台开播了《东方时空》栏目,通过这档栏目讲述老百姓自己的故事;而 1994 年的《焦点访谈》和《世界报道》等节目提升了电视报道的深度、拓宽了报道的广度。电视从"播"故事的方式变成了"说"故事的方式,燃起了电视节目中故事化叙事策略的热潮。90 年

---

① 陈国钦、夏光富:《电视节目形态论》,中国传媒大学出版社 2006 年版,第 2 页。
② 李立:《认识电视节目形态》,《新闻界》2006 年第 1 期。
③ 陈国钦、夏光富:《电视节目形态论》,中国传媒大学出版社 2006 年版,第 30 页。

代中期,中国电视吸收了国外电视节目的精髓,开始走电视节目娱乐化的路线。从《快乐大本营》、《欢乐总动员》、《开心辞典》和《幸运 52》等节目中,我们不难发现:电视不再是严肃的信息传输工具,而是大众的休闲消费用品,这也让电视媒介成为消费文化的一部分。因此,电视成为人们的"消费品"。

电视作为消费品使得节目形态的品种迅速增加,娱乐节目和新闻节目各自分化,衍生出了更多的节目类型,包括真人秀节目、综艺节目、生活服务节目、纪实节目、体育节目和访谈节目等。2005 年,湖南卫视的《超级女声》让电视从传播平台变成了表演平台。《新周刊》在其所刊的《2010 中国电视红皮书》一文中指出,"电视上播放的不再是电视,而是表演",电视成为平民表演的大众舞台。此外,网络的普及让电视从大众渐渐走向了小众。从频道设计专业化、节目地域化与本土化到服务范围社区化,电视的小众化传播已成为当代电视的显著特征。随着网络媒体成为人们的日用品,电视已失去它当年的光辉。电视机前的观看者越来越少,而电脑屏幕和移动终端前却聚满了参与者。这也促成了"没有网络不成电视"的格局,电视也纷纷建立起属于自己的网络平台,并让受众成为节目的参与者,甚至叙述者。电视主持人在当下也不再是主角,他们只是在电视节目中充当控制者,控制着在电视上表演和叙述的参与者。所以,电视也不再真实,而是一种根据真实所塑造的幻觉,是电视节目生产者通过控制参与者在节目中的表现所制造的幻觉。然而,电视受众的变化并不意味着电视完全失去了属于自己的收视群体,电视前依然有守候着新闻节目、电视剧和经典电视节目的老一辈观众。这使得电视节目成为"后网络时代"的老人用品,年轻人的辅助品。

## 第二节　电视节目形态研究

电视节目形态研究是目前电视研究中出现频率很高的一个关键词,它综合了对电视节目各个元素的空间分布规律和时间展开规律的探讨,所涉及的课题方向包括电视节目中的元素、作用、规律、与其他节目元素的关系、影响和创新。与电视节目形态相关的关键词包括电视栏目、电视节目类型和电视节目模式。截至目前,形式、类型、模式、模板和元素等都是众多电视研究中与电视节目形态有关的关键词。这些词汇之间没有统一的划分标准,通过对不同研究成果的分析,本节试图探讨四种电视节目形态研究的代表性说法及其差异。

### 一、电视节目形态的表现形式说

国内最早在研究电视节目形态时把形态看作为一种电视节目内容的表现形

式,认为它是电视节目制作方式的核心,对于不同的电视节目内容利用不同的处理方式。形态是内容的重要框架,它从形式上重新建构内容①,让电视节目具有不同的风格。形态从表现形式的层面上定位,它基本上是电视节目用来包装内容的工具,是节目的存在方式,是节目内容的基本载体,也是对各类节目要素的综合加工之后呈现于受众面前的物化产品样式②。在对"形态"进行定位时,许多早期研究者把"形态"和"形式"两个词视为同一个意思。《汉语词典》对"形式"和"形态"的解释分别是"事物的形态、结构等"和"事物的形态或表现"。虽然两者差异不大,但我们可以发现"形式"注重的是事物的整体结构和样式,而"形态"关注的是事物的动态。李幸把形式、形态及样式的关系从大到小排列为形式——形态——样式,认为形式是形态的母体,而样式属于形态中的一部分③。由此可见,电视节目形态作为一种表现形式的观点让研究者们厘清了形式和形态的概念。

**二、电视节目形态的类型说**

电视节目形态经常被看作是一种分类体系,所以,许多研究者一般把电视节目形态也理解为电视节目的类型,它是电视节目存在的样式和运动状态④。有学者说"形态"源自电影中"类型"这一概念,电影分类的体系主要以"类型"为主,可以根据类型分为爱情片、动作片、恐怖片和悬疑片等。但是,电视节目类型作为电视节目的分类体系的说法已渐渐地遭到淘汰,而是被形态取代。这是因为"形态"比"类型"的内涵更为丰富且不稳定,而且形态的变化非常快、流动性强,所以它的生命力要比类型弱。把"形态"一词分解后,"形"指的是类型,而"态"指的是一种流动和变化的状态⑤。电视节目在发展过程中经历了从无分类到简单分类,然后不断增加类型,以适应节目分化与发展需要的过程。时至今日,虽然研究者们在分类上已经做出了极大妥协,依然很难适应电视节目分化和发展的速度。类型化的概念讲求一定的稳定性和限定性,而电视节目一直处在急剧变化的过程之中,其生命周期相对较短,求新求变是它的基本生存需要,这对于类型化的稳定性构成了一种威胁⑥。所以,形态取代了电视节目类型的说法。

电视节目形态从整体上可划分为两大类,即非虚构节目和虚构节目;如果以生

①　杨奇维:《论新闻节目品牌经营的形态创新》,《传媒观察》2008 年第 10 期。
②　申启武:《改革开放 30 年广播新闻节目形态的演变和发展》,《现代传播》2008 年第 2 期。
③　李幸:《电视节目形态之我见》,《电影艺术》2004 年第 1 期。
④　吕正标、王嘉:《电视新闻节目理念、形态与实务》,中国广播电视出版社 2004 年版。
⑤　李幸:《电视节目形态之我见》,《电影艺术》2004 年第 1 期。
⑥　张小琴、王彩平:《电视节目新形态》,中国广播电视出版社 2007 年版,第 53 页。

产方式为标准,可分为录像节目、影片节目、直播节目、现场节目和演播节目等;如果以节目结构方式为标准,可分为一般性节目、对象性节目、综合性节目、专题性节目等;如果以节目的内容为标准,可分为新闻类节目、教育类节目、娱乐类节目、生活服务类节目等;如果以节目的形式为标准,可分为报道式节目、讲解式节目、表演式节目、竞赛式节目和主持人式节目等;如果以节目的播出频率为标准,可分为日播节目、周播节目、月播节目和年播节目等;如果以节目的来源为标准,可分为自办节目、交流节目、联办节目和转播节目等①。

综上所述,节目形态的多种分类法都是为了适应各种需求,而无论哪种分类法,都要遵循一个标准,节目形态随着标准变化而有所不同。此外,节目形态在分类过程中或多或少都存在着交叉、重叠或遗漏的现象,这是因为分类更多是机动的而非严格的,是历史的、约定俗成的。各种对电视节目进行类型化的努力,一般都避开形态的概念和分类的严格标准,而是找出常见的有明显共同特征和结构规律的几种节目形态②。

### 三、电视节目形态的模式说

电视节目形态也被看作是电视节目的基本模式,大卫·麦克奎恩的《理解电视——电视节目类型的概念与变迁》是最常被研究者引用的一本把"形态"解释为"模式"的书。模式的英语"format"与形态的"form"确实很接近。麦克奎恩认为形态是一种程式,它是一种固定的模板,是系列电视节目制作的框架。节目模式是由节目模块或节目环节结构而成的。模块(module),又称构件,是指能够单独命名并独立地完成一定功能的程序语句的集合,即程序代码和数据结构的集合体③。因此,模式更多是一种构造节目框架的结构,它就像在建筑房子时的整体规划图,按照规划图,使用所需的材料进行建构,就能造出房子来。它也像配方或秘籍:从最初的创意开始,演化成一个描述基本理念、种类、呈现形态、目标观众的大纲和样片,之后形成一个"秘籍包",包括节目理念、流程细则以及所有异地复制所需的元素,比如制作宝典、节目标版的视觉设计和音乐样带、主题音乐、固定的流程实施细则等④。

模式的说法主要源自美国,美国的广播电视业主要以商业化方式操作,为了达

---

① 壮春雨:《电视节目学概要》,浙江大学出版社 2001 年版,第 178—179 页。

② 梅笑冰:《电视节目形态研究述评》,《现代视听》2009 年第 3 期。

③ 谭天:《论电视节目形态构成——一种用于节目研发的理论模型》,《现代传播》2009 年第 4 期。

④ 陆晔、赵民:《"无脚本娱乐":节目模式与电视娱乐全球化》,《南方电视学刊》2012 年第 5 期。

到盈利的目的和更好地控制节目的走向,模式这一概念被广泛采用。它是观众与制作者共同的语言基础,也是节目中所包含的一系列不可变更的因素。在国内,形态不完全是一种模式,它不仅仅停留在一个程序的层面上,还包含着文化的因素。有研究者认为模式也是产业链当中的一部分,它是精神层面的,是改变电视文化的主要因素。当观众对某种模式产生期待,这有助于生产者对电视节目进行相应包装。模式是电视节目组合和创新的核心成分,换句话说,观众喜欢怎样的模式,生产者就可以在这一种模式的基础上进行创新。

### 四、电视节目形态的元素说

在电视节目形态作为一种模式的说法的基础上,众多学者随之提出了"元素组成形态"的看法,并认为电视节目元素是构成电视节目模式的基本单位。这些元素包括视觉元素、听觉元素、刺激元素、情感元素、故事元素、时间元素、空间元素,甚至经济元素、政治元素、文化元素、社会元素和技术元素等。不同元素的排列组合或者编码方式构成了不同的电视节目形态,从理论上说,有多少种元素的编码或组合方式就会有多少种节目形态,而节目形态的创新就是元素的更新与组合方式的变化①。此外,不同电视节目形态的元素相互交叉、互为文本,已成为当代电视节目形态发展和演变的一个重要特征和潮流②。

"元素"的概念较为宏观。它最早出现在古希腊人提出的"四元素说"中,他们认为世界是由四种元素——水、火、土、气所组成;而中国的祖先则有着"五元素说"的说法,即世界是由水、木、金、火、土所组成。如今,一般提到元素,我们通常是指化学元素,也就是元素周期表里的化学元素,这些化学元素是组成所有物质的基本单位;而在数学学科中,元素指的是组成集合的每个对象,某些指定的对象集在一起成为一个集合,其中每个对象被称作元素。由此看来,元素几乎可以指称世间万物。因此,元素自身的定义就是难以琢磨的。作为组成电视节目形态的基本单位,元素是最根本的。但如果没有特定的框架和文化内涵,这些元素是成不了节目形态的。

上文对形态、类型、模式和元素的四种说法进行了梳理,我们认为,形态、类型和模式各有相似之处,而元素是构成形态、类型和模式的最基本单位。类型与形态相近的地方主要是它们都具有相对稳定的文化内涵。类型的概念更多是给事物一种思路或者指示,而模式的概念更多是给事物一种样式或操作方式,所以结构是模式当中的

---

① 梅笑冰:《电视节目形态研究述评》,《现代视听》2009 年第 3 期。
② 李立:《认识当代电视节目形态》,《新闻界》2006 年第 1 期。

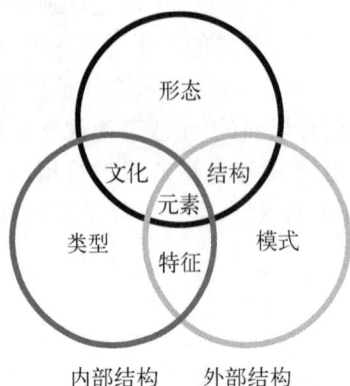

**图 1-2 形态、类型和模式的关系图**

主要成分，而这种成分在形态当中也可见。此外，类型主要是一种分类体系，而模式则是一种构架体系。两者都具有相对稳定的限定性特征，才得以作为一种可被参照的体系(图 1-2)。

把形态一词解构成"形"和"态"，也可看作是形态的内外之分，形态是由形式(外部结构)和态势(内部结构)所组成；同样的，模式和类型一样具有相应的内部和外部结构。模式是由框架(外部结构)和程序(内部结构)所组成的。框架是模式的整体支柱，而程序是线性的，它在这个框架内设计出相应的操作方式，也就是说如果框架是硬件，程序就是软件。类型的外部结构是造型，它具有可塑性，而类型的内部结构——属性则是一种本质的特性，或者说它是先天的、与生俱来的。

## 第三节 电视节目形态构成

在本节中，笔者将通过五种解构方法来分析电视节目形态的构成，其中包括宏观—中观—微观之解、动静之解、内外之分、正反之辩和信息之分。从不同角度去理解形态的构成能够使我们全方位地理解形态的特征和功能，更准确地观察和预测到形态在规定的时间和空间内的变化。

做研究一般都会从多个层面分析一个事物的特征，物理学普遍把物质细分为三个层级——宏观、中观和微观，这三个层面的构成要素虽不太一样，但相互间却有着紧密的关系。如果从这三个层面分析形态，我们可以更清楚地理解笔者在上一节中所梳理的形态、类型、模式和元素的关系。从宏观层面看，电视节目形态是由若干个基本节目形态组成；从中观层面看，电视节目类型和模式的变化和交界组成了形态；从微观层面看，电视节目形态构成的最小单位是元素符号[1]。

形态一词在许多字典中的意思是指事物的形状神态或形状姿态，这种解释一般指的是事物的运动和静止状态的综合体。物理学中把运动和静止状态视为所有物质存在的基本状态，运动是物质的根本属性和存在方式，这其中包括该物质的所

---

① 谭天：《论电视节目形态构成——一种用于节目研发的理论模型》，《现代传播》2009 年第 4 期。

有变化及其过程,而静止指的是事物的位置或性质未变的状态。所以,运动是绝对的,它包括宏观和微观;静止是相对的,它的判定需要参照物的参照。把运动和静止的概念纳入电视节目形态的结构中进行分析,我们可以看出节目形态的研究包含对静(形式、形状、样子)和动(状态、态势)的研究,"形"关注的主要是电视的构成元素、相互作用及其意义;而"态"关注的是我们看到的和听到的,即元素的走势(表1-1)。

表1-1 电视节目形态的动静之解

| 形　　态 | 形　　式 | 静的样子 |
|---|---|---|
| | 态　　势 | 动的样子 |

在本章第一节中提到,电视节目形态必须具有相对稳定的内部和外部结构,而它的内部和外部结构在如今对电视节目形态的分析中大多指的是其内容和形式。内容和形式密不可分,这是因为内容决定形式,而形式服务内容。内容包含着文化、民族、时间和空间的因素,在节目形态创新中所谓的"本土化"创新,一般都是在内容层面的创新。不同文化、民族、时代和地域的受众对内容有着不同的需求,所以内容变化可以迎合不同的受众;形式指的是节目的组成方式、排列方式或者说是程序,它包含着节目的所有固定化元素,而这些固定化元素取决于生产者,它不承载任何先天或节目本质的因素,它是被塑造出来的。形式是跨时空的,所以与内容不同的是,形式可以不断地被套用,而原创的创新方式一般是建立在形式上的。表1-2显示的是形态的内外之分。

表1-2 电视节目形态的内外之分

| 形　　态 | 内　　容 | 文化、时空 |
|---|---|---|
| | 形　　式 | 方式、方法 |

黑格尔在逻辑学中提出了正反合三段式的辩证法,认为辩证是由正题、反题和合题所组成的。正题必然地派生出它的对立面——反题,并且与反题构成对立,最终两者被扬弃而达到统一的合题。借用黑格尔正反合的规律去辩证形态,它包含着限定性和丰富性的特征,而形态本身中和了两者的特征,形成一种平衡的状态。节目形态的限定性就是指制作者通过自觉的控制对电视节目内容与形式作出的比较明确的限定,限定性是电视节目形态的基本要义,没有限定性就谈不上节目形态。形态创新,也就是对限定方式的创新。限定性主要呈现在节目形态的规则和结构上,这种范围的规定,一方面能够使电视大量地分化成不同的形态,使得每个

节目设定各自的特征以便相互区别，共同生存；另一方面可以避免节目之间的同质化，通过这些差异，受众能够更迅速地辨识节目，使节目在更大程度上得到市场的认可。限定的目的其实并不是要让电视节目千篇一律，反之，它是为了使节目在保持稳定特征的同时更加丰富多彩。纵观电视的发展史，我们可以发现如今的电视节目正以前所未有的速度和规模在创生、分化和变异着，如真人秀节目就带动了这种强限定下呈现的丰富多彩的面貌。节目的意境、气势和神韵都是变数极大的因素，这些变数就如同人的情绪，它是一种精神、内涵。也正是这些变数，使得真人秀节目当中充满悬念，令人无法预测，也让观众有所期待。电视节目形态的限定性和丰富性虽然看起来是对立的，但限定性保证了丰富性，而丰富性是限定性的修辞，让不同形态之间在保持稳定的同时也存在着差异①（表1-3）。

表1-3　电视节目形态的正反之辩

| 形　态 | 限定性 | 规定、结构 |
|---|---|---|
|  | 丰富性 | 精神、内涵 |

电视节目形态的形成是通过编码和解码的机制所构建的。根据德国姚斯教授在1967年提出的接受美学中的观点，他认为所有的艺术作品的核心是从受众出发的，就是说艺术作品完成以后如果没有受众的参与，也只是个半成品。因此，制作者在制作节目时除了要考虑自己要传递的信息外，也要考虑到受众的审美接受机制。这两者在相互建构和生成的过程中会形成一种双向构建的关系，也就是现代主体间性哲学思维强调的"视角融合"和接受美学强调的"期待视野"的综合②。从传播学的角度分析，"视角融合"可以被看作是编码的一种参照，它是节目制作方在设计形态时所要考虑的因素，而"期待视野"则是受众解码过程中的一种期待。形态让编码者有一个特定的编码方向，也让解码者根据所设定的形态有一定的解码预案。电视节目作为一种主要由收视率决定其存活的视听载体，它依靠着制作方即电视台和受众而存在，因此双方的长期互动是必然的（表1-4）。

表1-4　电视节目形态的信息之分

| 形　态 | 视角融合 | 编　码 |
|---|---|---|
|  | 期待视野 | 解　码 |

---

① 张小琴、王彩平：《论电视节目形态的限定性》，《现代传播》2006年第6期。
② 徐东：《美学视野中的电视节目形态》，《合肥工业大学学报（社会科学版）》2008年第3期。

# 第四节　电视节目形态创新的必要性和可行性

一味抄袭的"山寨"文化已成为本国的思想毒瘤,"创新"意识的构建迫在眉睫。在一项"上海大学生电视关注度"的调查中,我们发现相较于内地媒体,大学生更喜欢收看港台电视,最主要的原因就是港台媒体"更具创新性"。看来"创新性社会"的口号已全面渗透到电视行业,面临如此巨大的冲击,就一定要适应新媒体的发展趋势,与时俱进。

创新是电视媒体获得较快发展的不二法门。创新体现在电视节目的方方面面,从制作到播出,从节目形式到节目内容。创新离不开研发,要特别重视研发工作对整个电视事业的战略发展、对电视事业经营管理机制改革以及对节目制作、编排、评估的重要促进作用,加大研发人力、物力和财力的投入,积极借鉴现代企业管理的先进理念和经验,在如何整合现有的研发资源、进一步发展电视研发工作方面进行不懈的积极探索。

电视媒体是文化的载体,也是文化的本体。作为文化的载体,电视媒体要善尽媒介的责任,努力做好提供信息、承载文明、传递娱乐的角色;而作为文化的本体,电视媒体又要义不容辞地为这个时代的文化创新和本国、本民族的文化创新作出独特的贡献。电视节目是电视的立身之本,只有产品好才能有市场。电视节目如此繁多,待创新的方面也是数不胜数,但总体来说可以归结为:理念创新、内容创新和形态创新。

电视节目的理念创新为创新之本,理念决定了节目的观念走向。理念的形成并不是一两天的工夫,是在长期节目制作中积累形成的,如果把原有的节目理念全部推倒重新构建不现实,应在审视原有的电视节目理念的基础上,融合新的理念元素,做到理念的"本土化"。

在这个"内容为王"的时代,节目内容决定一切。以传统媒体的报业为例,在西方一张报纸花在编辑内容上的支出已经下降到了30%以下,这意味着70%的支出都流向了报纸的纸张、印刷和发行的人工费用上。这并不是一种可维持生存的稳定的商业模式。一旦30%的内容支出已不能够吸引读者眼球,70%的形式支出将付诸东流,因此要在内容上下工夫。

电视节目形态创新最能为观众所察觉,并且形态创新也是现在媒体运用得最娴熟的创新模式。在全媒体时代中,电视为了提高收视率在节目中添加新媒体技术元素成为一种应景风尚,但一味单纯的"徒有其表",观众必会厌倦,所以技术上的形态改变只是其他若干改变的辅助元素。

电视节目形态创新，一方面是指赋予原节目形态新的内涵，另一方面是指产生新的节目形态。电视事业的发展以及受众欣赏水平的提高和欣赏口味的多样化不断催生着电视节目新形态的产生。但是，如何实现电视节目形态的创新呢？从广电总局下发的《关于表彰2012年广播电视创新创优栏目的决定》中，我们可以获取宝贵的经验。这当中包含18个电视节目，分别为中央电视台《谢天谢地你来啦》、《梦想合唱团》、北京广播电视台《好人故事》、《选择》，天津广播电视台《非你莫属》，河北电视台《村里这点事》，辽宁广播电视台《老梁观世界》，上海广播电视台《大爱东方》、《劳动最光荣》，江苏电视台《一站到底》、《花样年华》，浙江电视台《中国梦想秀》、《中国好声音》，湖北广播电视台《我爱我的祖国》，湖北全省对农服务电视栏目《垄上行》，湖南广播电视台《天声一队》、《平民英雄》，云南广播电视台《士兵突击》。纵观这些节目，它们都具有三个值得我们学习和借鉴的特点：一是坚持正确的导向，拥有健康的品位，自觉强化媒体的责任意识、服务功能和引导能力；二是专注于创新，在节目内容和形式上不断突破固有模式；三是严格遵守广电总局的相关规定，切实抵制低俗之风。

因此，节目制作人员在创新电视节目形态时，首先要从以上几方面进行考虑。另外，创意对于电视节目形态的创新而言，具有极其重要的作用。造成我国电视节目原创能力偏弱、模仿复制盛行的一个重要原因就是缺乏创意。每当一个新节目风靡荧屏后，就会产生无数跟风之作：《超级女声》之后，类似的选秀节目多达20余档；《非诚勿扰》走红后，同类相亲节目也纷纷亮相；《中国好声音》的火爆，使得导师制被众多节目仿照。所以，我们应该有意识地注重"创意"的激发和生产。就电视节目形态而言，建立一个高效的节目形态创新机制，将有助于电视媒体获取各种"创意"并将其集成转换为电视产品，同时，还能让电视媒体有效配置各种资源，合理调动生产要素，使各环节处于协调统一、高效运作的组织和环境之中。值得一提的是，自主研发创新是长期保持电视节目形态优势的最主要手段。但要进行大规模的研发，电视媒体就必须投入足够的资金。

虽然电视节目形态创新具有高风险、高投入的特征，但同样具有高收入、高回报的好处。电视节目形态创新不是人人可为，更不可能事事成功。不过，对节目制作人员而言，创新的理念必须时时有之，事事尝之。

# 第二章 电视节目形态创新

　　创新是电视传媒永恒的主题。在市场竞争日趋激烈的今天,创新已经成为电视传媒生存的必要手段。

　　在美国,每个电视网平均每年用1亿元(占广告收入的1/20)购买创意案,它包括创意概念、脚本和样片等。每年有6 000个以上的创意入围各大电视网,每个电视网会收到数百个创意案。这些创意案主要来自:独立制片人、电影公司的电视部门、电视网的员工、业务爱好者等。电视网会从创意案中选出25—50个,然后和制片人签合同做样片(pilot),最后真正能播出的可能只有几个①。很多原创节目模式来源于欧洲,电视网往往通过制作人经纪公司和制作人签约。

　　中国电视媒体生产从根本上来说都是非市场化背景下的电视节目生产。近年来,我国电视节目市场不断有新鲜的节目元素涌现,节目内容逐渐丰富,节目的构成、环节和播出方式也有很大的变化,但遗憾的是,到目前为止,我们的创新大都还止于借鉴国外成功的节目模式,对其细节进行修改和创新。许多电视节目的研发过分依赖某个制片人、编导的个人智慧,节目出台带有较大的盲目性和随意性,听说国外某档节目火了,看完一两盘海外节目的带子就匆忙上马,节目的核心内容、游戏规则及价值观念均缺乏论证,结果马失前蹄,出师不利。还有的电视台过分听命于某些教授、学者的"谆谆教导",以为他们的字字珠玑,定能点石成金。殊不知这些教授只是在某一领域学有专长,那些高深的新闻学、传播学、美学理论或许能从宏观上对整个电视频道或栏目建构提供帮助,但是并不一定能指导某个具体节目的运作。

　　台湾著名主持人凌峰曾就大陆电视节目的创新情况谈了一些自己的看法,他说:"与港台的专业电视策划人相比,大陆这些电视谋士对电视的参与,还不能叫电视策划,只能算出两个点子,给电视支支招。其实电视策划是一门

---

　　① 陈书昊:《电视:学会管理你的创意了吗?》,综艺报社官方网站。

科学，它有一套完整的运作规律，从严格意义上讲，大陆电视界在这方面还有许多空白。"①

在内容为王的时代，如果不重视研发投入，不注重产品的推陈出新，总是跟在别人后面跑，节目在市场竞争中就会因为缺乏核心竞争力而始终处于弱势地位，很难走向市场化、专业化。我们应该加大研发投入，继续发挥频道、节目等各个利益主体创新的积极性，并采取前期投入、后期奖励等各种形式鼓励各个利益主体在节目研发的整体目标下进行创新，以项目为纽带进行联合研发，形成矩阵式的研发框架；并建立节目创新基金，改变目前国内电视节目简单克隆、自产自销的生产方式，促进中国电视节目的繁荣。

# 第一节　电视节目创新概念

创新与发明最大的区别在于创新是经济行为，而发明是技术行为，简单地说，创新是发明的商业化过程或商业化结果。世界著名经济学家熊彼特（Joseph Alois Schumpeter）在《经济发展理论》一书中首次使用了创新（innovation）一词，他将创新定义为"新的生产函数的建立"，即"企业家对生产要素的新组合"②。电视节目的创新同样如此，是指传媒机构在特定的产业环境中出于对目标成长绩效的追求而在核心能力的基础上创造新的电视节目，或对现有电视节目实施改进的行为过程③。

节目创新通常分为三个层面：理念创新、内容创新和形态创新（图 2-1）。

图 2-1　电视节目创新构成

## 一、理念创新

理念创新是指思想观念的创新和思维方法的创新。形态和内容都是附着于理

---

①　引自央视国际网站，http://cctv.com.cn。

②　参见熊彼特：《熊彼特：经济发展理论》，邹建平译，中国画报出版社 2012 年版，第 68—73 页。

③　钱睿：《重视系统创新——后频道时代省级卫视的制胜之道》，《视听界》2009 年第 1 期。

念的,是理念的具体化表现。电视节目创新的根本是理念的创新,只有体现了先进的文化理念,电视节目创新才可能走得更长远,走得更精彩。

以《超级女声》的文化理念为例,虽然该节目在很大程度上借鉴了《美国偶像》,但它在借鉴的过程中对新兴文化的一系列鲜明特质进行了独到的抽象和演绎,特别是在比赛规则方面做得尤其出色。这些新兴文化特质给长久以来习惯按部就班、服从等级制度、评判标准单一化、凡事都讲求面子、长幼有序、宁可被动接受也不主动参与的中国老百姓带来了极大的新鲜感和娱乐性。尤其是手机短信的互动性,给节目现场带来了真实的悬念,就像在人们的日常生活里放置了一个随时可能实现的奇迹。这些都代表着《超级女声》产品创新的核心价值。

**二、内容创新和形态创新**

内容创新是指不断地寻找生活中具有新颖性、变动性、时效性和突发性的素材,让受众耳目一新。节目内容对收视率的影响举足轻重,优化节目内容是提高收视率的重要一环。

电视节目形态就是电视节目设计的基本模式。这个形态既包括电视节目的构成要素(如人、声、词、画、音、字等),也包括节目结构(节目时间长度和环节构造),还包括节目的播出方式(直播/录播、日播/周播/季播)等等。不同的电视节目形态规定着不同的电视节目内容,对应着观众的性别、年龄、受教育程度并决定着观众的规模。对电视节目而言,节目内容无论面对何种收视需求,都必须转化成相应的充满个性化色彩的电视节目形态,才能更具活力,为观众所接受和喜爱。一个节目能否吸引观众,很大程度上在于其形式能否吸引观众,因而一个好的节目形式是获得高收视率的必不可少的重要条件。纵观我国新推出的节目,播出后获得较高收视率的,很大部分是在形式上有所创新的。如江苏卫视《非诚勿扰》的灭灯、浙江卫视《中国好声音》的转椅等。

电视节目形态创新,即对节目构成要素、节目结构和播出方式进行不同的排列组合,一方面是指要赋予原节目形态新的内涵,另一方面是指要产生新的节目形态。当然,并非所有的电视节目都具有形态意义。有些电视节目刚一诞生可能就意味着一种新形态的产生;而有些模仿和克隆的节目只会增加节目数量,却不会对电视节目形态有所贡献;而那些粗制滥造的节目,则给电视节目形态带来了负面影响。先进的形态设计本身就是电视节目生产经验和创意的精华所在[①]。电视形态的创新要建立在不同受众的不同收视习惯之上,从观众对特定信息的接受和欣赏

---

① 孙宝国:《电视新闻节目形态定义与元素简论》,《北方传媒研究》2008年第1期。

习惯出发，以新的节目形态来适应观众需求。

形态创新和内容创新相辅相成，节目基本要素的重组和变动往往会导致新的节目要素和节目类型的出现；而特定的内容元素或节目类型又需要特定的节目模式来表现。当特定的节目形态和特定的内容选择有机地结合在一起的时候，就产生了节目模式，也就是我们通常所说的模式化节目。在西方，节目模式被称为节目"圣经"。节目"圣经"包括脚本、制作流程、板块格式、游戏环节、演播室、舞美、道具、植入式广告设计、观众参与设计、多媒体联动、节目测试等内容。节目模式成为电视的重要生产力和盈利来源。在美国，最受欢迎的电视节目有五分之三是模式类节目。再看欧洲，情况也相仿，近年来最受欢迎的电视节目有五分之二是模式类节目。换句话说，节目模式在电视节目中占据了很重要的地位，能左右市场占有率。

# 第二节　电视节目创新战略

电视传媒创新战略是电视传媒战略的有机组成部分，是电视传媒在正确分析自身的内部条件和外部环境的基础上所作出的创新总体目标部署，以及为实现创新目标而提出的谋划和根本对策。电视传媒创新成功的前提和保障，就是制定适合自身特点的创新战略。

## 一、节目创新的类型

节目创新的类型划分标准很多，这里选择两种主要标准来描述节目创新的类型。

一种是按照节目创新过程中变革强度的不同，节目创新可以分为渐进性创新和根本性创新两种类型。其中，渐进性创新又称为改进型创新，是指对现有节目的改进引起的渐进的、连续的创新。根本性创新是指推出新的节目，或者对现有节目作出全面的、非连续性的改进，其特点是非连续性和重大突破。

另一种是按照电视传媒作为创新主体与外部经济环境的关系来划分，节目创新可以分为自主创新、模仿创新和合作创新三种基本类型。

### 1. 自主创新

自主创新是指电视传媒依托自身创新能力，独立完成电视节目创新的活动。一个电视媒体如果缺乏自主创新能力，过度依赖节目版权购买的话，不仅在节目改编方面处处受制于人，而且要支付高额的版权费。业内人士预测，随着综艺娱乐节目版权制度的规范,在今后的综艺娱乐节目制作过程中,只有中央台和具备一定实力的省级台才有实力支付高额的版权费用,购买国外的节目格式,大多数城市台和民营制作机构只能将创新的重点转向本土化模式的开发①。本土的电视节目要保持竞争力,最终必须依靠自主创新。

### 2. 模仿创新

模仿创新是指电视机构以市场领先者的创新思路和创新行为为榜样,进一步开发和生成富有竞争力的电视节目,进而参与到市场竞争中的一种"渐进性创新活动"。

在多数人的观念中,模仿似乎不够光明正大,往往背负"抄袭"的恶名,很难与创新画上等号。但事实上,模仿也是一种创新途径,这是对传统"创新"观念的颠覆性理解。伏尔泰曾说过,独到性就是明智而审慎的模仿。我国企业管理界有一句名言——"创新就是率先模仿",即学习和模仿过程中孕育着创新,要善于学习和模仿世界上最好的东西来实现跨越式的进步。哈佛大学教授西奥多·莱维特也曾提出模仿创新是一种创新战略,他认为创造性模仿的实质是充分利用后发优势。经济学对后发优势有个通俗解释:发展中国家不需要再生一个牛顿,随便哪本物理教科书上都可以找到牛顿定律。包括牛顿定律在内的所有成功探索,都是后起者避免走弯路,降低创新成本,分享首创者创造的效益的机遇宝库。后起者之间的竞争,某种程度上就是学习的竞争,看谁学得更快更好②。

和原创相比,模仿创新的投入产出效益高。任何一种产品的前期开发和市场培育成本都是相对较高的,如果模仿国外相对成熟的节目形态,研发难度和试验成本可以大大降低。在很长一段时间里,我国大陆的娱乐节目基本是通过这样一条途径引进的:北欧原创,经过美国市场检验,然后到日本、中国台湾或香港地区进行东方化,最后在中国大陆落地开花。这里的每一次移植都是一次市场检验,都意味着节目形态和内容的一次完善。作为后起者,对经过市场过滤表现出竞争优势的产品进行模仿创新,投入产出效益更高。

另外,模仿创新的产品经过多个国家和地区的检验,创新风险成本低。随着中国电视竞争的进一步升级,电视节目的制作成本越来越高、人力投入越来越大,一档节目制作费动辄几百万,甚至几千万(如 2006 年东方卫视《加油!好男儿》的制作成本 1 000 多万,为节目宣传与其他媒体置换的广告约 3 000 万元),这么大的投

---

① 《中国电视综艺娱乐节目市场报告(2006—2007)》,中国建筑工业出版社。

② 张立伟:《媒体发展的机遇来源与机遇管理》,《中国记者》2002 年第 12 期。

入是经不起失败的。

### 3. 合作创新

合作创新是指传媒间或传媒、研究机构、高等院校之间联合以促成共生经济的创新类型。它通常以合作者之间的共同利益为基础，以资源共享或者优势互补为前提，有明确的合作目标、合作期限和合作规则，各合作方在电视节目创新的全过程或某些环节共同投入、共同参与、共享成果、共担风险。如2001年8月，由四川电视台、上海有线电视台、北京有线台、湖南经济电视台等20多家广播电视单位和北京维汉文化传播有限公司共同打造的一档大型真人秀节目《走入香格里拉》就是合作创新的成果。《走入香格里拉》由于在全国108家电视台的黄金时段播出，社会影响力远远大于某一电视台制作的节目。

合作创新可以缓解技术创新的资金不足的问题。中小电视传媒之间合作进行节目创新，根据承担的任务、提供的设备、参与研发的人员等，分担相应的技术创新成本。同时，合作创新可以共享创新所需的人力、技术、信息等稀缺资源，克服单个企业无法克服的困难和危机，取得规模经济效益，扩大传媒创新空间，获得研究开发的规模优势，分散或降低风险。

当然，合作创新也存在一定的风险。第一，知识产权风险。当电视传媒独自进行创新时，其创新成果所带来的经济回报完全属于拥有版权的一方。然而，在传媒合作创新时，由于参与的企业、机构不只一家，同时由于技术研发和管理的复杂性和不确定性，合同条款及其他约束难以明确和监督，而合作伙伴的行为准则都是使自身利益最大化，因此，知识产权的分享和合作伙伴的最优化行为的威胁，使得合作企业的知识产权存在潜在风险。第二，组织风险。合作创新需要成员的共同合作、努力，有效合作中所需的行为模式与单个组织的正常运作有所不同。而组织风险主要来自合作成员不同的优先权和不同的行为风格。由于不同的优先权和不同企业管理人员的行为风格不同，最终可能导致合作难以有效进行。

## 二、节目创新的动力

电视节目创新动力是指来自电视传媒机构内外部，促使电视创新主体萌生创新意愿，从而推动节目创新实践的各种影响因素的总和[①]。电视节目在其创新过程中，必然受到政治、经济、文化等多方面因素的影响，这些因素不断激发创作者的活力，推动电视节目的创新。归纳起来，这些动力主要有四个方面。

---

① 杨乘虎：《电视节目创新的动力及其要素研究》，《现代传播》2012年第7期。

### 1. 体制与政策

电视节目制作从根本上受到电视传媒管理体制的制约。完善灵活的运行机制能够调动电视工作者的积极性。市场化运作机制、全民参与创作等均是电视节目创新的良好土壤。

我国电视事业具有社会主义性质,由国家进行管理。目前不断推行的制播分离制度等政策,正逐步克服电视管理方面的体制缺陷,给高水准、好创意的节目制作提供了条件。同时,国家对电视节目的宏观调控包括政策支持和播出监管等,能保证电视节目制作环境的稳定和健康发展,有效遏制节目生产中所存在的雷同化等不利于节目创新的现象,催生出内容新颖、形式多样的新节目。

另一方面,奖惩机制的不断完善也是鼓励电视节目创新的有效方式。我国1987年创办的中国广播影视大奖·广播电视节目奖(电视文艺"星光奖")评选活动,是对电视节目创作成果的有效肯定,能不断激励工作人员的创造性。自2007年开始,广电总局每年向全国推介创新创优栏目,这一举措能很好地发挥创新节目的示范效果,提供成功经验。

### 2. 社会与文化

创新动力源于生活,源于群众。社会问题的出现、社会结构的变化、文化思潮的涌入、价值观的改变等,都对电视节目形态样式产生深刻的影响。例如,中国市场化进程中出现的贪污腐败、道德沦丧等现象,促使《焦点访谈》这类以揭露曝光为特色的节目形态出现。又如随着社会的发展,老百姓的精神诉求逐步增加,于是催生出了很多反映百姓生活、服务普通人民的民生新闻、民间选秀、家庭调解等节目样式。

### 3. 市场

电视节目成功与否最终要受到市场的检验,得到大众的评判。通过节目创新,从而使经济效益最大化,是推动电视节目创新的核心动力。

市场动力包含两个方面。一是市场需求。需求是推动社会进步发展的原动力。观众想看什么内容、喜欢什么方式、有什么诉求,均推动着电视工作者通过改进节目模式、完善相关制作等来满足受众的需求。二是市场竞争。当今传媒界竞争激烈,一方面,电视节目数量众多,未能获得相应的收视率和满意度,便会惨遭淘汰;另一方面,电视媒体受到新媒体的外部压力,受众市场被瓜分,电视业生存面临困境。因此,电视媒体要想占有受众,赢得认可,就要不断推陈出新以获得节目竞争优势,提升核心竞争力。

#### 4. 科技

科技是第一生产力。科技的进步孕育出了更多先进的传播手段和技术，它使得电视节目更具有观赏性和趣味性，能够不断在新形态、新功能中给受众新的感觉，创造良好的视听环境。

电视节目制作前期采集技术的发展以及后期编辑技术的进步，都对电视节目形态产生重要影响，直接决定着电视节目的播出内容和样式。如红外摄影、高速摄影等先进的摄影手段能够呈现人类肉眼无法体验的现象，被纪录片等多种节目应用。

此外，很多新科技产品能够成为电视节目创新的手段。例如《快乐大本营》利用分贝仪来测现场欢呼声的大小，从而判定人物的人气，增强了节目互动性，展现了节目的新鲜元素；其子栏目"啊啊啊啊科学实验站"更是将科学实验和娱乐有效结合，充分利用科技呈现出新的内容。借助手机客户端应用"呼啦"，进一步实现了电视与手机移动媒体的有效融合。

除上述四个方面以外，电视节目创新的动力也和电视从业人员的素质水平、职业理想等息息相关，加强电视人才的培养是促进节目创新的重要任务。

### 三、率先创新的优势和风险

率先创新是指一个电视媒体领先于其他电视媒体，首次将某种类型的节目市场化，并获取相应的经济效益和社会效益的过程。率先创新更容易吸引观众的目光，可以在一段时间内享有一定的超额垄断利润。率先创新的这种收益被熊彼特称为"先驱者利润"。不过由于我国节目创新缺乏版权法的保护，新节目的形态很容易被借鉴和克隆，因此率先创新随时面临替代者和赶超者的威胁。新节目能够在多长时间、多大范围内维持收视效果，一方面取决于节目本身能否长期吸引并维持住观众群体，另一方面取决于仿制该节目的难易程度。

湖南卫视 2004 年在国内率先推出《超级女声》这种全新的节目形态，获得巨大成功。之后，国内许多电视台相继推出同类型的节目，对于相同的这部分受众，其新颖度必然递减，很多同类型节目迅速被市场所淘汰。创新理论认为，后进者如果想把观众从率先创新者那里吸引过去，就必须支付高于率先创新者的"消费者成本"，以使观众觉得改变收看习惯是有利可图的。

对替代者而言，能否在市场上取得成功，关键在于与率先创新者的差异化。替代者如果能够在模仿率先创新者的节目模式的前提下，通过创新找到吸引观众目光的新选题、新定位，它就能超越率先创新者的地位。如果替代者的节目与率先创新者的节目没有差异、缺乏个性的话，它就无法与已成为品牌的率先创新者的节目抗衡。

率先创新蕴含着丰厚的利益回报,但并不是所有的电视台都有能力或愿意选择这一创新方式,这是因为率先创新同时承担更为巨大的创新风险。这种风险具体表现为三点。第一,率先创新的高投入。任何一种产品的前期开发和市场培育成本都是相对较高的,电视节目的前期研发更是费时费力费钱的,一个样片的制作成本就要花费几万甚至几十万,一次次的反复拍摄,一次次的效果测评,必然消耗大量的人力、物力、财力。随着电视媒体竞争升级,电视节目投入越来越大,这种高额投资是电视传媒面临的主要投入性风险。第二,率先创新的高要求。率先创新由于是创造新节目模式,很难找到达到新节目类型要求的熟练运作的编导、摄像、经营人才。率先创办某类栏目的电视媒体需要承担满足新节目类型特殊需要的人力资本的培养成本。第三,率先创新的市场风险。新节目往往具有很多不确定性,这种不确定性在高强度的市场竞争条件下意味着后期市场的开拓风险。率先创新需要在市场开发、广告宣传和知识普及等方面投入大量的资金,挖掘有效需求,打开节目局面。由于这种市场开拓对用户所起的作用在很大程度上是一种新节目概念的导入,因此投入具有很强的外溢效果,即相当部分的投资收益将被模仿跟进者无偿占有。

### 四、模仿创新成功之道

#### 1. 电视节目模仿创新的方式

目前电视节目模仿创新的方式主要有三种:购买版权式、购买品牌式以及免费直接吸纳部分优秀元素。三种方式各有利弊。

(1) 购买版权式。购买版权式适用于引进者全然不懂运作规则,要请对方的策划、创作人共同制作,具体操作严格按对方要求实施,并充分利用对方的品牌效应做宣传,以确保节目成功。当然,付出的代价也很大。

首先,购买版权要支付高昂的版权费用。香港电视台购买英国《百万富翁》的版权一次性支付25万港币;美国《百万富翁》每集15万美金出卖版权;《幸运52》购买《GO BINGO》版式花费400多万人民币,终因不堪重负,一年后终止购买合同。《幸运52》栏目虽然首开国内版权购买的先河,但在节目制作过程中对节目的创新只属于《GO BINGO》的整个品牌体系。

其次,版权法规定,只有版权拥有者才有"修改权",购买者只有按部就班使用版式的权利,没有改编权。这就意味着国外电视节目版式的输出要求"版式引进方全面接受境外节目版式的一切元素",包括舞美、灯光、环节设置,甚至连主持人的手势、眼神都必须分毫不差。但许多国外电视节目类型文化特征很浓,很难完全在另外一个国家复制。许多东方国家购买了西方国家品牌栏目的版权后，除个别节目很成功以外，大多反响平平。由于文化上的差异，节目需要进行"本土化"改造的地方很多，买了版权反而受到限制。

（2）购买品牌式。这是指购买对方品牌使用权，总体规则使用对方的，也可以进行自我改造。1998年，由央视体育频道引进的法国体育竞技节目《城市之间》，吸引到总计12亿人次的观众，成为该频道年度收视冠军。

（3）免费直接吸纳部分优秀元素。这是指从节目元素入手，比如从主题、规则、参与者、情境、舞美等方面进行借鉴。比如《超级女声》的节目性质与《美国偶像》有共通之处。湖南台在借鉴"平民选秀"的大理念下，再创造出诸如海选、PK、"玉米"、"凉粉"之类的新鲜环节和词汇。

2. 电视节目模仿创新的特征

（1）跟随性。模仿者因受自身实力的限制，为了回避风险、节省投资，跟随原始创新者对其有价值的节目创新之处边观察、边学习、边追赶，充分利用首创者已经开辟的市场。

（2）开拓性。模仿创新不同于机械复制，在模仿的过程中，需对原创节目进一步完善和开发，对首创者已开辟的市场空间做进一步拓展和扩充。例如，脱胎于英国节目《谁想成为百万富翁》的《开心辞典》，许多内容克隆原版，包括舞台搭建、重要比赛环节和规则等，但同时也舍弃了原版百万大奖的设置和其他一些比赛规则，这就是所谓的部分"克隆"，对于《开心辞典》成功避免侵犯版权有重要意义①。

（3）"看中学"的积累机制。20世纪90年代，湖南卫视通过观察、选择、借鉴、模仿港台电视界的创新行为，在观察他们的成功和失败中学习，在模仿中吸收大量外部知识，使自主创新能力大大提高。

（4）资源投入的中间积聚性。原始创新者着力于研究开发和后期的节目销售，对中间环节如成本控制、节目管理等方面受到人力、资金等资源的限制，往往无力投入。这对模仿者就是极好的机遇，把资金集中投入在创新链的中间环节上，可以形成强劲的后发优势。

3. 如何进行成功的模仿创新

（1）精确解读。失败的模仿创新很大一部分原因在于电视传媒只将目标锁定

---

① 林丽臣：《电视节目应学会科学"克隆"版式——关于电视节目版权之争的再讨论》，《新闻记者》2007年第2期。

在率先创新者的电视节目上面,而忽视对电视节目成功原因的深入分析。对于模仿创新者来说,率先成功的电视节目仅提供了观众需求的现实方向和可能满足的方式,模仿创新的关键在于以市场为起点,从观众需求角度着手改进产品。在进行模仿创新之前,要对原类型节目有充分的了解,明确其内在要素以及彼此的关联,做到精确解读。

电视节目的模仿创新,其实施过程主要有对原始节目的监视、核心技术破译和二次创新等阶段(图 2-2)。

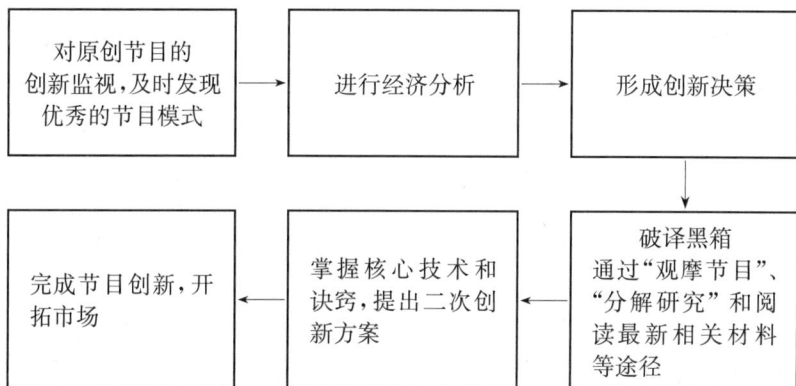

**图 2-2 模仿创新流程**

在对原创节目的监视阶段,电视传媒的主要任务是通过各种信息渠道(如新闻报道、收视调查、学术刊物、出版物等)跟踪全球最新最火的节目,及时发现优秀的节目模式,并对其进行科学的分析,包括对节目的先进性和经济性进行系统的比较研究,从而形成创新决策。这一阶段信息的收集是电视传媒组织学习的基础,技术经济分析是决策的依据。通过学习总结,可以不断提高电视传媒的技术监视能力、技术鉴别能力以及创新决策能力。目前,国内许多电视台都花重金从海外购得节目样片,但是为了节省成本往往每种只购买几集。在跨文化的语境之下,通过观看一两集的样片企图理解节目背后的一整套操作流程、规则设置、技术要求等等,困难重重。许多电视台在一知半解的情况下,就对海外节目的规则进行修改,导致节目精华流失的例子比比皆是。

在对原始创新核心技术的破译阶段,电视传媒通过"观摩节目"、"分解研究"和阅读最新相关材料等途径,迅速打开原创节目的"黑箱",揭开核心技术的机密,使模糊化的知识明晰化、结构化,为电视传媒实施二次创新打好基础。

在"二次创新"阶段,实施"变异战略",对引进或破译的技术进行局部改进和连续创新,努力开发比原创节目更具有市场竞争能力的节目。此阶段电视传媒应加强各个职能部门的管理,实现高效配合,同时加大节目创新投入,集中创新资源,并合理配置、积极利用外部资源,跨越"技术创新陷阱"。如果电视传媒不能实施有效的二次创新,就只能永远跟在原始创新者后面,陷入引进—落后—再引进的恶性循环。

为了避免解读不精确带来的问题,有以下几种应对策略。那些实力相对较弱的电视台,由于人才或者资源方面的限制,本身不具有准确解读海外节目的能力,可以通过直接购买节目版权的方式来引进优秀的节目样式。海外的公司会提供节目策划、制作、操作流程的全套培训服务。这就相当于一种"加盟"经营,有助于保证节目质量。而那些已经具有模仿创新能力的电视台,则可以通过其他方式,比如邀请海外的节目策划人来对我们的节目创制人员进行讲座或培训,来进一步加深对节目本身的理解,以便完善和提升我们自己的电视节目①。

（2）模仿创新要有广阔的视野。模仿创新不能局限于国内,尤其在当今全球化趋势下,电视类型的跨文化传播更为普遍,"得风气之先"意味着快速地占领类型高地,因此,要有全球视野。

（3）注意文化相容性。相容性是指创新与现有的各种价值观、以往的各种实践经验以及潜在采纳者的需求相一致的程度。模仿总是在"跨语境"的情况下进行的,所以,必须要作社会语境的估量与分析。比方说,考察不同地域受众的心理状况、意识形态差异以及文化差异（如生活方式、传统习俗等）,唯其如此,才能使电视类型的重新组合真正成为一种创新。

西方的电视节目是建立在西方的道德伦理及价值观念之上的,包括真人秀在内的众多节目,其竞赛规则多数是鼓励参与者暴露其人性弱点的。如生存竞争中的人性暴露是《幸存者》游戏节目主题的精髓所在,也是该节目构思的核心目标。《幸存者》节目执行制片马克·伯纳特曾经说过:"我们就是想让观众看看普通人身处充满勾心斗角的人际环境中如何生存下来。"许多评论家认为,《幸存者》之所以成功就在于它展示了人类生存的真相:要生存,就要与他人合作;要成为最后的幸存者,就要战胜自己的合作者。在游戏中,参与者为了能赢,往往会不择手段,甚至相互倾轧、朋友离间、情人反目、仇敌牵手,所有的阴谋、串通、诡计和勾心斗角,都是为了在竞争游戏中不被淘汰。这与讲求宽容、合作、和平共处的中国传统伦理道德以及主流意识形态相违背。

中国的电视节目在娱乐趣味、道德标准等方面都会受到中国特定的意识形态、

① 谢耘耕、戴晔:《模仿创新:电视创新的另一种战略》,《中国广播影视》第 377 期。

文化传统、社会价值观念甚至生活方式的制约和规定。中国观众的电视欣赏习惯是：在公众媒体上看到的，一定要是符合传统道德标准、传统审美的东西，所以一旦遇到要暴露人性丑恶（甚至未必是丑恶，只是些小毛病）或个人隐私的东西，制作节目的人就放不开手去做，看节目的人也放不下脸来看，这也使得这类节目的国内版本很难做到尽兴，更有甚者则难逃"夭折"厄运。如湖南经视《完美假期》节目出现的"打情骂俏、拉帮结派与勾心斗角"，让观众感觉它是"一场令人恶心的人生丑剧"。最终，这档真人秀节目被相关部门叫停。同样，包括《生存大挑战3：美女闯天关》在内的众多"真人秀"节目，都受到类似的道德审判。因此，我国电视节目在模仿国外节目的同时，必须予以适当的本土化，在兼顾文化相容性的同时又不丢失节目的精髓。

**五、节目创新战略的选择**

创新永无止境。电视传媒面对宽广的节目创新领域，可供选择的方向很多。但节目创新必须要有明确的目标、方向和计划，不能无组织无目标地创新，否则既耗费资源，也会使电视传媒无所适从、一事无成。电视传媒到底选择何种战略，要根据自身宗旨与发展目标、总体经营实力、产业竞争态势和国家政策等因素，进行综合评判后作出自己的选择。创新战略是一个动态的战略模式或战略组合，没有固定不变的模式。只有在不同的发展阶段选择不同的战略模式，才能不断推动电视节目的发展。所以，对创新战略的选择也应是一个逐步升级的过程。

1. 三种类型的创新相互融合、相互促进

在电视传媒的创新活动中，自主创新、模仿创新和合作创新三种类型的创新战略之间有着内在的互动关系，是相互融合、相互促进的。由于现代电视节目的高度融合性，使得每一项所谓的自主创新活动或多或少带有模仿的成分；同样，每项模仿创新不管其模仿的比例有多大，其中也必然含有"自有成分"，否则，就不能称之为"创新"了。

同时，三种创新战略之间还呈现明显的互补性和递进性。模仿创新是创新的初级形式，自主创新是创新的高级形式，是电视传媒追求的最高目标。模仿者在充分学习、吸收、消化首创者的成果和经验教训的基础上进行创新，通过模仿创新提高自身的竞争能力，最终走向原始创新的轨道。要充分认识模仿创新的内在价值，无论是现在还是将来，电视节目模仿创新都具有广阔的空间。合作创新则是形式多样，贯穿始终，且具有巨大的经济价值。另外，电视传媒不能因为合作而忘掉了自主创新，电视传媒只有提高研发能力，加强自主开发,从而创造拥有自主知识产权的产品,才能在竞争中立于不败之地。模仿创新并不否定自主创新,"模仿"是基础,"创新"是目标,二次创新是推动模仿创新的主要手段。

电视节目创新过程的一般规律表明:模仿创新在前,自主创新在后,而合作创新则贯穿始终。不过这种顺序只具有相对的意义,事实上,它们之间并无明显的分界线,一种形式向另一种形式的转化和演变是悄然发生的,电视传媒实力和规模的变化是促成节目创新战略转换的根本原因。当电视传媒发展成熟,具备了较强的资金投入能力、风险承受能力、技术储备能力,则会毫不犹豫地转向自主创新战略。

### 2. 电视传媒在不同发展阶段应采取不同的创新战略

电视传媒的发展过程一般可以划分为孕育期、新生期、成长期、成熟期、衰退期等五个阶段,在不同阶段应采取不同的创新战略。

在新生期和成长期阶段,电视传媒创新能力一般较弱,表现为资金缺乏、人力资源不足,承受创新失败风险的能力也较弱,这时可以选择模仿创新。在此基础上,利用自己的某些特长进行再创新。在发展过程中,逐步提高自主开发的成分,使竞争力不断增强。

在成长后期及成熟期阶段,由于资金较充足,技术积累增加,研发条件改善,电视传媒应采用投入较多、可以创造丰厚收入的自主创新战略。再进一步,可以推行全球化创新战略,在国外设立研究机构,利用国外的节目资源、人才资源实现创新。这是有实力的电视传媒迅速提升创新能力的最佳选择。

### 3. 模仿创新是当前中国电视最具操作性的创新之路

对成功节目模式的购买和移植已是普遍的市场操作行为。在我国某种新类型节目发展的初期,直接引进原创国家经过长时间播放得以验证的优秀节目的样式及创意并进行模仿创新,不失为中国电视明智的战略选择,是一条最具操作性的创新之路,会大大缩短我们的探索过程。不过,随着我国电视业的发展、电视市场的开放和相关法律体系的健全,我们不可能长久"无偿"地借鉴海外的成功模式。

纵观国内外的电视传媒,很多知名电视台都是靠模仿起家,用最少的投入接触到领先者的核心理念,经过一段时期的能力积累,由模仿创新最终过渡到自主创新阶段。在实施这一创新战略的过程中,要注重培养自己的消化吸收再创新的能力,有效避免重复引进,不断增强研发实力,并在此过程中不断增加自主创新的比重,最终过渡到以自主创新为主的阶段。

**4. 国内电视媒体当前创新工作的主要任务是推出以地方性、全国性市场为目标的创新**

按区域性指标来划分,节目市场创新可分为地方性、全国性和世界性三个层次,其中,创新难度最大的是世界性产品,它要求面向全球推出首创电视节目,以跨国传媒集团为创新竞争对手。

近年来,中国电视产业经历了飞速发展的过程,取得了令世人瞩目的非凡业绩。与西方发达国家相比,虽然我们在电视技术、硬件等方面正在逐渐缩小与它们的距离,但在节目内容、样式及创意等方面还有很长的路要走。在这种情况下,我们认为,国内电视媒体当前创新工作的主要任务不是推出以跨国传媒集团为创新竞争对手的世界性产品,而是进行以地方性、全国性市场为目标的创新。

当前,许多学者把中国电视面向全国市场的创新置于国际化市场空间进行考量,认为中国媒体推出的节目,多数克隆于海外节目,缺乏创新能力,这其实是批评者理论考量假设空间指向和传媒创新的现实空间指向的错位①。在国内许多电视媒体还在蹒跚学步的阶段,连本地市场都占领不了的时候,大谈世界性创新,只会造成误导。

**六、电视节目形态的版权保护**

近年来,围绕节目形态展开的法律诉讼不断在全世界范围内展开。

2004 年,美国 NBC 电视网将福克斯电视台告上法庭,认为后者抄袭了自己的《竞争者》节目。不久,ABC 电视网投诉福克斯将该台的《换妻》节目改头换面、据为己有。从国际上看,迄今尚无一个各国达成共识的电视节目版式版权保护法。就连自称电视节目版权保护非常完善的欧洲,也直到 2001 年 4 月才在法国戛纳成立了第一个欧洲电视节目版式版权协会,但该组织仅是一个在版权纠纷各方之间起斡旋、协调作用的民间机构,而不是一个官方的、具有法律权限的机构②,因而影响力甚微。

由于立法等方面的相对滞后,国内电视节目形态在申请专利方面受到一些客观条件的明显制约。我国《版权法》保护的对象为有形实体,如文字作品、图案、摄

---

① 朱春阳:《成就卓越:传媒产品创新研究——一种行为与能力的分析范式》,复旦大学博士学位论文。

② 张子扬:《警惕,外来电视节目"版式化"对亚洲的新文化垄断》,《现代传播》2003 年第 1 期。

影作品、软件等,却对制作有形实体的方法未作限定,抽象的概念无法进行保护。

例如,北京电视台和怡通广告公司联合制作的电视游戏节目《梦想成真》,是日本 TBS 电视台《幸福家庭计划》的中国版本。制作公司每年仅版权费用一项就高达数十万美元。2001 年,《梦想成真》制作方向国家知识产权局专利局申请节目形式专利权保护,被拒绝受理。专利局的理由是电视节目形式专利申请尚无先例。这是我国电视节目制作人首次试图申请节目形式专利权。随后,制作方按照国家知识产权局有关人士的建议向国家版权部门申请版权保护,得到了这样的答复:"除了对《梦想成真》和《幸福家庭计划》的图案可以申请保护外,其他如游戏方法、规则、节目形式等创意性的东西不能进行保护。"由于得不到法律保护,许多电视台克隆《梦想成真》的节目形态,有的电视台竟然连"梦想成真"的节目名称都保持不变,有的则采用日本原有节目名称,有的则在其大型节目的一个板块上进行克隆。虽经制作方一再交涉,但大多数电视台或节目公司依然如故。又比如,湖南卫视曾状告江苏卫视《非诚勿扰》侵权《我们约会吧》,浙江卫视状告湖南卫视《挑战麦克风》侵权《谁敢来唱歌》。

直接抄袭是对节目形态创新的一种打击。2000 年,央视体育频道曾经与《谁想成为百万富翁》的制作公司洽谈节目样式的引进事宜。但接洽之中,发现未经授权的模仿节目已经横行国内荧屏。当年,全国仅省级电视台跟风开办的同类型节目就有 48 个,而地市级电视台开办的数量更是高达 87 个之多。体育频道的跨国合作也就只能不了了之了。

因此有学者指出,为了保护电视节目形态而制定相关的法律已刻不容缓。

## 第三节　电视节目创新流程

### 一、节目创新全流程设计

节目策划过程是一个有着内在联系的不可分割的整体。它是由制作理念的策划(定位、选题、构成)、制作过程的策划(采拍、制作、合成)、传播方式的策划(包装、宣传、时机)、节目播出效果评析等构成的系统工程。传统的节目策划大都偏重节目的前期制作,也就是定位选题、采拍制作、包装合成等,往往将节目的最终播出视为一次传播过程的完结。其实,在节目内容被最终确定后,检验节目策划优劣成败的航路才刚刚开通,紧接着就是收视调查和评估反馈,了解节目被受众接受的程度,能不能引起其他媒体共同运作并进行新一轮"炒作"。从这个意义上说,整个节目策划是一个结构紧密、循环往复的整体(图 2-3)。

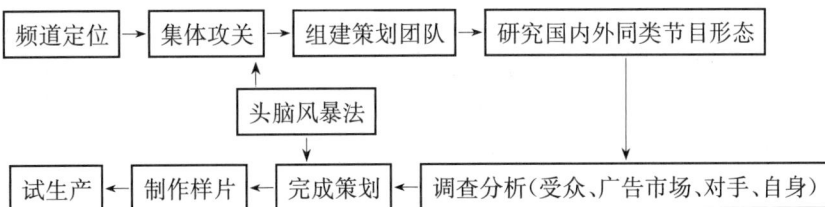

**图 2-3　节目创新流程**

1. 新节目的前期创意策划阶段

根据频道的整体定位和需要,研发部门和高层决策者确定节目创新方向,然后"有的放矢"进行项目研发。

（1）头脑风暴法。

头脑风暴法,又称智力激励法、BS 法。它是由美国创造学家 A·F·奥斯本于 1939 年首次创立并使用的。其特点在于有组织地集体进行创新思维,利用集体智慧,让人们的思想与思想之间产生碰撞,使得新奇的设想在这种脑力激荡的过程中诞生。一般做法是,让人们围绕某一个确定的待探索或待解决的具体问题,运用语言、文字、符号、图画这些表达和交流思想的工具,按照一定的方式和规则表述各自的思考结果。在反复进行的思考与表述的过程中,每个人每次提出的思考结果即设想,既是在别人的思考结果的启发下形成的,同时又成为刺激别人再思考的因素[①]。实践证明,头脑风暴法所激发的群智力量,其创新成效远远胜过个人的孤思独想,因而头脑风暴法在电视节目策划中得到了较广泛的应用。

头脑风暴法的要点是: ① 严禁批评; ② 畅所欲言; ③ 追求数量; ④ 不给结论; ⑤ 人人平等; ⑥ 议题不宜太小或带有限制,但在讨论时要把握问题方向,集中注意力; ⑦ 所有设想都应予以书面记录。这些规则是用来保证会议上每个人的见解和独创性设想都得到尊重,让参与者的思维能力得到充分解放。

（2）集体攻关。

由节目研发部门从台里组织专门的精干力量,成立强有力的策划执行团队,进行专业策划,有效征求各方意见后,形成最终策划方案。前期"海选"结束后,按既定的节目方向,节目策划组根据需要聘请专业节目咨询策划公司,再次集中观摩国外同类节目,甚至是某一个重点模仿节目的多期节目,对"海选"出的优秀创意进行二度策划,并借鉴海外节目创新经验,形成节目本土化发展思路。

---

① 刘昌明、赵传栋:《创新学教程》,复旦大学出版社 2006 年版,第 371 页。

（3）调查分析。

创新，要把握市场脉搏，了解观众需求，前提条件是对市场的深入分析、对观众需求的准确把握。一个节目在播出前，必须清晰地解决三个问题：有没有市场；确立什么样的受众群；怎样吸引这样的群体。因此节目定位之前，必须进行系统、科学的调研工作(图2-4)，由专门的市场研究人员进行研究，分析各电视台同类节目有哪些、什么时间播出、风格如何、收视率如何、广告客户如何，真正做到从定性到定量、从粗放到精确、从宏观到微观地进行分析；然后，与广告客户和观众座谈，与节目制作部门进行各方面信息的反馈及磋商，最后提出大致的节目定位。节目定位只是受众定位的反映。能否找准最大限度的目标观众群，可以说是节目成败的关键。目标观众群有大有小，也并非一成不变，它可能在节目播出过程中有所变化，如少儿节目做得好，可能吸引一部分成人观众；女性节目做得好，也会吸引部分男性观众。但在多频道混合覆盖、观众群越分越细的情况下，很少有适合所有人的电视节目。

**图2-4　调查分析构成**

第一，受众分析。电视节目竞争到最后其实就是收视率和观众的竞争，只有赢得了观众才能真正赢得市场。要想占有受众，就必须注意他们的心理取向。受众的心理是复杂的、多层次的、富有变化性的，其收视行为是在多重心理的共同作用下产生的。我们应该重视、分析、研究受众心理，开发出更多更好的"色香味俱全"的节目大餐，才能达到最佳传播效果，赢得经济效益和社会效益。

美国CBS(哥伦比亚广播公司)有一个专门的观众调查机构，每天12小时为CBS节目服务。该公司有25 000个观众样本，通常以电子邮件手段来做问卷测试，此外还有网站、传统信件等形式。观众测试的费用并不昂贵，不需要对每个调查对象支付额外的费用，不过有时也会通过一些奖励手段来刺激调查对象的积极性。在新节目推出之前，每天测试的人数将增加到500人，通过观众调查对新节目做进一步的改进。

在美国，观众满意度调查是评论一个节目好坏的重要指标，并不亚于节目的收视率数据。比如，美国选秀节目《超级模特》在当地的收视率并不高，但通过观众满意度调查发现该节目的目标观众对节目的好评度很高，吸引了一大批年轻女观众的注意,观众忠诚度很高,因此该节目依旧吸引了一些时尚消费品的广告客户。

第二,广告市场分析。对广告市场的分析必须考虑到广告主的目标消费者、节目所属类型的普遍度、平均的收视率(绝对收视率和有效收视率)和整个广告市场的现状、趋势以及影响因素等,并初步制定出节目的广告价格。节目的收视率与广告的目标消费群有着密切的关系,所以,在分析节目的广告收入时,不能只单纯研究怎样使收视率节节攀高,而应综合考察其中有效点数的多少、观众群与广告主的目标消费群是否契合,等等。

例如,凤凰卫视在开发一个新节目时,会先分析受众及广告商需求,进而拿出节目策划书,然后找目标广告客户洽谈。通过这样的方式,根据市场来做节目,大市场大节目,小市场小节目,没市场就不做节目。这样就明显提高了节目的生命力,不至于到最后"漂亮女儿嫁不出去",大投资的节目结果反而赔了钱。因此,凤凰卫视的很多节目在面世之前,其广告时段就已经被广告商买断。

第三,对手分析。谁是我们的主要竞争对手? 竞争对手的优势、劣势、战略目标是什么? 竞争对手的反应模式是怎样的? 我们在竞争中所处的地位如何? 谁是市场的领导者、挑战者、追随者、补缺者? 我们应该采取什么样的方略参与竞争? 这些都是在进行调查分析时要考虑的。

第四,自身分析。在市场竞争激烈的时代,仅仅关注市场机会,依靠独特的市场定位是不够的,还要对本电视台与本频道自身的优势与弱势进行认真、客观、实事求是的分析研究,根据自己的实际情况,确立节目发展战略,不要盲目跟风,贪大求全。对于一些中小电视台来说,由于自身实力的限制,可以选择一些投入不大、技术难度较小的节目样式进行研发。

以这些调研数据与分析结果作为节目定位的基本依据,然后根据目标观众的需求制作出适合他们的节目。当然,在判断市场的时候,也不能过分依赖数据。数据能提供一些参考,但最终还是依靠决策者的判断力,就是对观众心理的深层把握和判断。此外应减少不必要的组织层级,尽可能使"决策—执行"扁平化,领导层要对一线充分授权,明确职责,缩减决策时间。

2. 样片制作及制片人的产生阶段

新节目方案确定后,样片制作及制片人的选定有两个方案可以选择。

其一,由台里节目研发部门出面,组织选拔人才进行样片制作,再综合各方面条件,指定新栏目制片人;

其二,面向全台进行制片人公开竞标。对新栏目方案的理解和样片创作方案(包括资源及团队组织)开展公开答辩活动,优选出制作样片的负责人。

3. 节目生产阶段

节目样片制作出来以后，可以从目标观众群体中随机抽取部分观众看样片，看完后由其完全按照自身感受进行综合评价。如果评价结果好，那么预期收视率看好；如果评价结果差，必须重新策划、创作。也可以将样片在企事业单位或社区的闭路系统内播放几次，然后再随机进行问卷或电话调查，根据调查结果统计预期收视率，作为节目推出与否的依据。

为了保证创新，栏目组可设立特别的课题研究和电视节目跟踪小组，关注国内外最新的电视动态，并对可借鉴的内容进行仔细研究，写出相应的策划方案。这种创新机制为节目不断注入新鲜血液，形成出其不意的节目亮点，从而保证节目具有极强的竞争和生存能力。

此外，还必须配以全新的管理机制。如 2002 年中央电视台建立了节目综合评价体系，并以此为依据推行栏目警示及淘汰制度。如果在一段时间内收视份额连续不达标，栏目将会被警告，直至暂停播出，进行休整改版；重新播出后，仍连续多期不达标，栏目将被停播。被淘汰栏目不允许恢复播出，被淘汰栏目所在部门一年内在该频道不能新增栏目，被淘汰栏目制片人两年内不得以制片人身份开办新栏目。

**二、CBS 和中央电视台等媒体的节目研发流程**

1. CBS 节目研发流程

CBS 节目研发有 4 个环节(图 2-5)：

| 1 000 个创意案 | 节目部 | 100 个具体策划案 | 研发中心 | 25—30 个样片 | 观众测试 | 8 个新节目 |

**图 2-5　CBS 节目研发流程图**

第一，每年以公开招标的形式，从 CBS 节目部或社会电视制作公司搜集 1 000 个左右的节目创意案。

第二，CBS 节目部负责人再从 1 000 个个案中选出 100 个，要求提案者进一步完成具体文字策划方案以及节目前六集的脚本。

第三，CBS 节目研发中心再从这 100 个详尽的节目创意案中挑选出 25—30 个，提出改进意见，然后交给提案者制作样片。CBS 将给这些提案者提供标准的样片制作费。但是提案者为了使样片做得更精致、质量更高，往往自己掏钱增加样片制作费。

第四，CBS 节目研发中心对这些样片进行专门的观众测试，详细搜集观众对样片的反应，最后将观众满意度最高的 8 个节目作为 CBS 年度新节目推出。

新节目的推出同时必定有一些老节目被淘汰。CBS 淘汰节目的标准有两项：一是节目收视率低；二是观众满意度差。

### 2. 中央电视台节目研发流程

中央电视台的一个新节目，从策划到最后正式播出的流程主要如下：一个新节目，要在中心形成意见，各个中心如广播中心、海外中心把自己的创新节目报到编委会，经过编委会讨论以后，再将意见返回各个中心。各中心根据台编委会意见组织相关人员进行前期开发工作并且制作成样片，然后将样片以及节目策划书一起报到台编委会，编委会审查通过之后，新节目就可以在某个时段、某个频道正式播出了。这个流程一般需要三个月以上的时间，甚至半年，当然也有一些新节目比较快，可能只需要一个月的时间①。

### 3. 湖南卫视新节目出台程序

湖南卫视有自己专门的研发中心。研发中心首先进行集体研究和创作，形成思路后制作出节目策划方案。之后便在全台或整个社会范围内进行公开招标，以此来确定新节目的制片人。通过对新制片人在各方面的考核之后，新节目便正式推出（图 2-6）。通过这种方式，湖南卫视在节目创新方面取得了较大发展。

集中创作研发 → 形成策划方案 → 公开招标 → 确立新栏目制作人 → 新节目推出

**图 2-6　湖南卫视新节目出台流程**

### 4. 凤凰卫视新节目出台程序

凤凰卫视新节目推出一般由分管节目的副台长提议，经过高层决策之后，由各频道的编辑部制定相应创意策划方案，同时广告部门开始和各广告客户洽谈，进行预售，获得广告赞助之后便推出新节目（图 2-7）。凤凰卫视节目的去留与市场广告效益有极为密切的关系。

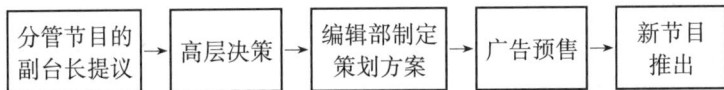

分管节目的副台长提议 → 高层决策 → 编辑部制定策划方案 → 广告预售 → 新节目推出

**图 2-7　凤凰卫视新节目出台程序**

---

① 王甫：《2006 中国电视栏目创新思考》，2006 中国电视栏目创新论坛上的演讲。

### 三、独立的节目研发机构

我国电视节目创新不足，很大原因是市场上缺乏自主创新力量。在国外，很多节目的模式都是由独立于电视台和节目制作公司之外的节目研发机构研发的，这些独立的节目研发机构在创新动机、创新流程和创新环境方面与电视台、电视节目制作机构有很大差异。

对于独立的研发机构而言，节目创新是它们售卖的商品，没有创新就没有市场，因此它们在节目研发的过程中，有很强烈的标新立异的诉求。以真人秀节目为例，当独立的节目研发机构确立要开发一档真人秀节目之后，它会对市场上现有的真人秀节目进行详细的研究和分析，寻找它们的弱点，发现它们的漏洞，并针对现有节目的缺陷以及观众市场的变化情况，开发出与众不同的新型真人秀节目模式。节目的新颖性和观众反响是节目模式最大的卖点，如果一个节目模式区别于现有节目模式并在多个地区获得成功，那么其开发机构将获得可观的利润①。但独立的研发机构的创新是概念上的创新，它们只需要向客户提供自己的节目设计概念和少量的样片，不需要提供节目的成品，因此，它们不必承担太大的风险。

同独立的节目研发机构不同，电视台和节目制作机构在进行创新的时候，只是为了让自己的节目更符合观众市场或节目市场的需要，创新固然是在竞争中制胜的一项法宝，但创新又必须面对风险。创新并非电视台的直接目的，原创节目需要承担的巨大风险往往让电视台更愿意选择已经成功的节目模式进行本土化，而不会选择另起炉灶。

## 第四节　新形势下我国电视业面临的新格局

本节将结合电视业所处的新格局，从整体上对电视节目的创新趋势进行展望。电视肩负着引导社会道德和价值标准的重要作用，必须在这种新格局中找到自身定位，谋划发展战略，使电视节目能够在"三网融合"、制播分离和跨界经营的大潮中不断创新，取得长足发展。

2010年"三网融合"政策推出之后，国家广电总局下属单位有权开展有线互联网、IP电话等业务；同时，"符合条件的国有电信企业可在有关部门的监管下，从事

---

① 《中国电视综艺娱乐节目市场报告（2006—2007）》，中国建筑工业出版社。

IPTV 传输业务、手机电视分发业务"①。顺应三网融合的需要,广电企业在信息化、市场化的社会中,时刻把握行业动向,预见行业发展趋势,及时作出相应调整,在具体实践中不断摸索前进。与此同时,传统电视纷纷采取各种举措,突破原有的疆界:新华社进军电视新闻领域,成为内容生产商和提供商;中国网络电视台(CNTV)正式开播,被视为中央电视台向互联网扩张的重要一步;上海广播电视台第一财经与宁夏卫视的跨省合作,打破了地方电视台原有的行政区域限制。在这种大背景下,电视业经过多年的发展变化后出现了新的格局。作为多节目形态共存的电视行业在这种格局当中面临新的机遇,更多的则是挑战。

### 一、"三网融合"稳步推进

在各种新媒体中,互联网和电信网最为强大,与电视网形成了三足鼎立的竞争局势,并且对电视构成了极为严峻的挑战。互联网、电信网和广播电视网实现"三网融合",已然成为传媒业发展的理想格局。近几年来,新媒体发展迅速,为人们提供了更多、更便捷的获取新闻资讯和娱乐消遣的途径。传统媒体电视的观众被大量分流,市场份额被大量分割,主流媒体的地位逐渐被撼动,这种趋势将进一步延续和加速。新媒体在技术和市场两方面所显现的优势正是传统媒体所缺失的。技术方面,互联网和电信网可以凭借多种先进而实用的传输手段,把受众高度整合在一起,克服了电视媒体传输手段单一导致受众走向碎片化的弊端;市场方面,互联网和电信网的盈利模式多种多样,市场规模正在极度扩张,弥补了电视媒体以广告为主的单一盈利模式所带来的市场规模有限、增长速度缓慢的不足。表 2-1 是广电、电信两大行业 2006—2011 年总收入对比情况,由该表可见,电信行业的收入远超过广电行业。

表 2-1　广电、电信两大行业总收入对比　　　　　　（单位/亿元）

| | 2006 年 | 2007 年 | 2008 年 | 2009 年 | 2010 年 | 2011 年 |
|---|---|---|---|---|---|---|
| 广电行业 | 1 099 | 1 314 | 1 452 | 1 959.5 | 2 301.87 | 2 894.79 |
| 电信行业 | 6 483 | 7 280 | 8 140 | 8 707 | 8 988 | 9 880 |

数据来源:广电总局 2006—2011 年《中国广播电影电视发展报告》、工业和信息化部 2006—2011 年《全国电信业统计公报》。

广电行业在市场化方面也远远落后于电信行业,电视媒体在技术、市场等方面

---

① 康钊:《三网融合试点名单出炉　电信广电企业积极性不一》,新浪科技,http://tech.sina.com.cn/t/2010-07-01/10164373585.shtml.

的不足已经妨碍了电视本身的发展,面对"三网融合"这种新格局,电视业勇敢地融入和尝试不失为实现突破的上策。

### 二、制播分离再次扬帆

随着互联网等新媒体的产生,屏幕资源不再稀缺,在互联网强有力的市场化竞争之下,电视业所掌握的屏幕如果不作出相应的调整,将会在未来竞争中处于劣势。因此,若能借助三网融合逐步推进"制播分离"改革,将会有助于电视节目形态的创新。

在文化体制改革向纵深推进的大背景下,广电总局于 2009 年先后出台了关于广播电视制播分离、推进广电影视产业发展、广播电视广告播出的一系列政策。这对电视媒体来说是一把"双刃剑",既是机遇也是挑战。所谓制播分离,就是指电视媒体要把除新闻和公益性节目之外的可经营性资产从事业中剥离出去,把静态的资产转化为动态的资本,建立现代企业,开展市场经营,链接社会资本,做大媒体产业。制播分离是为了借助市场机制,整合全国庞大而分散的传媒产业资源,并在此基础上吸收社会资本,壮大传媒产业。国家将鼓励有条件的电视传媒企业挂牌上市,放开民间资本进入电视传媒行业,在更大范围内进行社会化融资,同时允许电视传媒企业实行跨媒体、跨区域、跨行业、跨所有制的并购和重组。制播分离改革主要是为了提高电台、电视台的节目质量,降低节目成本,丰富节目内容,转换运营机制,增强发展活力,调动社会力量制作节目,改变各台自制自播节目的模式[①]。《中国好声音》便是制播分离的产物,它由隶属于星空卫视的上海"灿星制作"公司制作,于浙江卫视播出,节目的制作与播出分属不同机构。包括央视的《小崔说立波秀》、北京卫视的《最美和声》等等都是制播分离的有效尝试。

通过制播分离的改革,把属于事业性质的播放部分纳入广播电视台,把内容制作等产业单位划归市场主体,那么在形成市场主体之后,就会有效地带动资本的积累,促进各种创意内容的生产制作[②]。在这种"制播分离"制度的推动下,电视媒体也会更积极地融入市场经济的大潮中寻找自己的一片领地。

### 三、"跨界行动"来势凶猛

我国电视媒体数量庞大,而市场容量有限,各媒体的发展水平也参差不齐,在三网融合、制播分离的大背景下,电视媒体间的跨界整合经营已成为一种有效的发

---

① 《广电总局:制播分离改革中,严禁频道频率公司化》,中国新闻网,http://www.chinanews.com.cn/cul/news/2009/09 - 15/1868017.shtml。

② 解凡:《电视媒体体制改革中制播分离新探》,《新闻传播》2011 年第 3 期。

展途径。正是在国家广电总局大力推动制播分离的背景下,湖南电视台和天娱传媒为青海卫视专门打造了选秀节目《花儿朵朵》,上海广播电视台第一财经与宁夏卫视也进行了跨省合作。2009 年 11 月初,上海盛大网络发展有限公司和湖南广电集团宣布共同出资 6 亿元人民币成立盛视影业有限公司,在影视制作、发行和相关的衍生业务领域进行战略合作。此举不但实现了常规的资本合作,也实现了对电视产业发展具有标杆意义的跨媒体合作、跨行业合作、跨地域合作和跨所有制合作①。

在欧美等市场经济发达的国家,电视多被几大集团高度垄断,竞争程度相对较低但垄断利润却较高。在我国,电视媒体呈现出强者愈强、弱者愈弱的两极分化局面。央视的霸主地位遥不可撼,其他的省级台、城市台、地方台的发展严重失衡,其中以省级卫视最为突出。在收视率方面,尽管近年来省级卫视的收视份额持续上升,但份额最多、增长最快的还是排名前 10 位的频道,其中前 4 位的频道尤为强势;在广告方面,巨额广告资金正在向强势卫视频道流入②。

竞争导致的最后结果必然走向集中和垄断。未来的中国电视市场很可能出现三阶梯垄断格局:全国性的传播平台、区域性的传播平台和下设的分支机构。其中全国性的传播平台以央视和个别省级台为主,区域性的传播平台以若干个强势省级台为主,全国和区域平台的下设分支机构则以其他相对弱势的电视台为主。

## 第五节 电视节目形态创新趋势

面临着"三网融合"、制播分离和跨界经营的新格局,电视媒体的发展已经处于一个重要的转折点。电视媒体只有认清自己的优势和不足,尽快融入新的发展框架之中,不断探索新型的节目形态,努力打造立体化传播,并与其他各类媒介实现资源共享、优势互补、协同发展,才能真正实现中国电视传媒业的跨越式发展。结合前文所述,我们可以看出目前的电视节目主要有以下几大创新趋势。

### 一、利用互联网,加大内容合作

电视与新媒体的竞争主要表现在与互联网的竞争上。为了取得竞争优势,现在的电视节目应多从以下两方面下工夫。

第一,引入互联网的思维。众所周知,互联网将人类带入了 Web2.0 时代,它

---

① 陆地:《风雷激荡大潮涌——2009 中国电视业回顾与展望》,《新闻战线》2010 年第 1 期。

② 《2010 年电视市场发展趋势及竞争战略》,中广影视网,http://www.crftv.com/showNews.asp?newsid=5002&borderid=1。

最突出的特点就是互动性。在电视节目中主要有以下三种互动方式：一是主持人或嘉宾与现场观众进行互动，如主持人鲁豫在节目中与现场观众的交流；二是在直播室接入场外观众的热线电话，如齐鲁电视台《开讲天下》中的"call in"方式；三是通过网络或手机等平台与观众进行实时互动，如《东方直播室》节目进行中屏幕下方滚动播出的网友实时留言和短信内容。再如凤凰卫视的新闻资讯节目《全媒体全时空》整合了电视、电台、网络等所有媒体资源，节目每日针对一个话题通过不同方式和平台与受众互动，使节目成为全民参与报道、全民相互讨论的媒体平台。受众可以参与凤凰新媒体的街采、通过《全媒体全时空》节目微信留言、电话给凤凰U-Radio、在微博上发表意见看法等等。这种全媒体全民参与的方式，改变了以往主持人主讲、专家解读、记者连线的方式，是一档真正的全媒体节目。这些互动方式的加入，可以增加观众的参与度，让人们从电视上也能体验到网络中的互动感受，为观众及时发表个人的意见和看法打开了多个通道。

第二，在节目中直接加入互联网上的内容，如对网络热门话题的讨论等。如上海艺术人文频道于2009年开播的文化批评类节目《大声说》，就是与新浪博客、139说客、西祠胡同等平台进行了深入的合作，打出"下期话题是什么，谁来谈，都由你决定！"的口号。可以说，它真正地在电视上呈现了一个Web2.0社区，还原了互联网上"一石激起千层浪的惊心动魄"。又如东方卫视2010年播出的节目《东方直播室》，也是和天涯社区进行了内容合作，利用天涯上的网友群资源和热门话题展开讨论。栏目讨论的话题70%来自天涯社区论坛①，实现了该节目的真实性和互动性，引起观众的高度关注。据中国互联网络信息中心（CNNIC）发布的《第32次中国互联网络发展状况统计报告》显示，截至2013年6月底，中国网民规模达到5.91亿，较2012年底新增网民2 656万人，互联网普及率为44.1%；我国手机网民规模达4.64亿，较2012年底增加4 379万人，网民中使用手机上网的人群占比提升至78.5%②。如此大的网民资源，电视媒体如能很好地加以利用，在节目中多关注网民讨论的热门话题，定会带来不错的收视表现和社会反响。

**二、整合独家资源，力推特色节目**

全国有2 000多个频道，50多家上星卫视，电视台之间的竞争博弈非常激烈，

---

① 《"网民"上荧屏 东方卫视首推电视论坛交互节目》，中国新闻网，http://www.chinanews.com/it/news/2010/03-19/2178287.shtml。

② 中国互联网络信息中心：《第32次中国互联网络发展状况统计报告》，http://www.cnnic.net.cn/hlwfzyj/hlwxzbg/hlwtjbg/201307/t20130717_40664.htm。

呈现出强者愈强、弱者愈弱的"马太效应",省级卫视更是面临着严峻的考验。电视台如要积累自身的品牌价值,必须打造一些有自己鲜明风格的节目。那么,整合独家资源,尤其是本地资源,打造适合本地观众的特色节目无疑是一大良策。所谓的特色节目,首先从节目名称上就能体现。比如同是竞技冲关类节目,湖南卫视的名称为《智勇大冲关》,透露出湖南卫视以及湖南人所具有的那种"霸气";而浙江卫视则取名为《冲关我最棒》,延续《我爱记歌词》的特色,突出"我"这个主体。其次,从节目内容本身来看,也充满了地域化色彩。如上海东方卫视的《壹周立波秀》就是为海派清口代表人周立波量身打造的。这档节目对熟悉海派文化的上海观众来说,无疑更有吸引力。同样,天津卫视为著名相声演员郭德纲定制的《今夜有戏》,用"郭氏"语言、说书逗乐的方式串起整个节目。据 CSM"2010 年第一季度新节目观察"显示,自 2010 年 1 月 3 日开播起,《今夜有戏》在天津地区的平均收视份额超过 11％,且表现出较好的收视冲高能力①。又如,黑龙江卫视的《本山快乐营》、辽宁卫视的《明星转起来》等,都是从本地文化出发打造的特色节目,吸引了大批观众。

由此可见,关注社会热点,围绕本地文化,充分利用本地资源,尤其是名人资源,从节目定位、形象包装到宣传推广都为名人量身定制,从而多角度地打造符合本地观众口味的特色节目,已成为电视节目创新的一大法宝。

但是,独家资源并不仅仅限于本地资源,有学者认为它包括四层含义:一是本地区所独有的历史、经济、文化、精神特质;二是能够抢先以恰当的角度开发共有资源;三是与众不同的先进管理运行体制;四是拥有具有特质的优秀节目策划人和主持人②。独家资源是不可复制的,因此电视台在进行节目创新时,要充分发掘这些资源,对之进行有效整合,实现合理利用。

**三、混搭元素多,融合创新引潮流**

媒介形态的丰富性和多样性,使得观众的选择性越来越多;同时,观众的文化素养、技术素养、媒介素养等逐渐提升,他们的要求也越来越高。而网络技术的发展特别是微博的兴起,又使得受众的关注度转向这些新的网络应用,并通过微博等途径第一时间获得信息,或者在互动式的交流中参与事件的发展,甚至在议程设置中起到举足轻重的作用③。观众不再是被动地接受电视媒体传递的信息,而是希望寻找一种能够参与、能够表达、能够互动的方式。在这种形势下,电视节目仅凭

---

① 郑玉:《2010 年第一季度晚间新节目观察》,《收视中国》2010 年 6 月。
② 朱晓:《论"奥运"对中国电视格局的影响及西部卫视策略》,《中国广播电视学刊》2008 年第 7 期。
③ 姜燕:《试论超媒体时代对中国电视媒体发展的影响》,《当代电影》2011 年第 6 期。

单一化的元素是无法吸引观众眼球的。那么，在节目中使用多种元素，进行合理编排，也成为电视节目创新的策略之一。比如在谈话类节目中融合娱乐、闯关等多种元素，而生活服务类节目可以包含娱乐、竞技、真人秀等元素。以河北卫视的《家政女皇》为例，它就结合了真人秀、情景剧、谈话、游戏等多种元素。再如湖南卫视的《天天向上》，其中融合了娱乐、歌舞、访谈、情景剧、竞技等多种元素，混搭特色鲜明。正因为它融合了多样化的元素，使其具有丰富的内容，适合各种层次的受众群，开播以来一直受到广大观众的喜爱，节目品牌价值不断提升。在 2010 年 11 月 10 日的"快乐夺标——湖南卫视黄金广告资源招标会"中，《天天向上》以 1 亿 3 千余万的冠名费夺得标王。又如中央电视台互动真假求证节目《是真的吗》，包含脱口秀、真相视频调查、现场真假实验、嘉宾竞猜真假游戏等环节，结合了脱口秀、新闻调查、综艺娱乐多种元素。可以看出，现在的电视节目形态越来越复合化和多元化，也使得研究者们无法对其进行简单归类。

有学者提出将经济学里的"融合创新"引入电视业。融合创新是将各种创新要素通过创造性的融合，使各创新要素之间互补匹配，从而使创新系统的整体功能发生质的飞跃，形成独特的不可复制、不可超越的创新能力和核心竞争力[1]。那么，电视节目出现多元素组合的现象也正暗合了"融合创新"这一理念。通过对不同元素的重新组合，突破传统，打造出新的风格。但是，"混搭"不等于"乱搭"，节目制作组在制作节目的过程中，必须事先对节目本身的定位进行深入分析和研究，加入的多种元素应符合节目的整体风格，这样才能真正提升节目的价值。

**四、确立服务意识，增强服务力**

2009 年，江苏卫视的情感类节目《人间》荣获我国广播电视业界具有绝对权威的中国广播影视大奖。该节目自 2007 年开播至今一直保持着高收视率的一个重要原因，就是它不仅关注人的情感，并且为每一个当事人提供了最好的情感服务。《新周刊》曾评之为"最具人性深度情感节目"，并给了这样的评价：它把演播厅变成了故事发生地、人性中转站。主持人在节目中以人文的视角和与人为善的态度，去与每个事件当事人进行深入的沟通，在情感上力求为之提供最周到、最贴心的服务，并推动每一个事件趋向和谐的结果。一条新闻提供了新情况、新知识，满足了观众的好奇心，就达到了基本的服务效果。更进一步讲，这些新信息、新情报还能有效地帮助观众，改变他们的生活生产行为，就实现了增值服务，意味着新闻产品

---

① 刘新、吕廷杰：《融合创新的概念、背景和特点》，《通信企业管理》2006 年第 12 期。

本身具备了附加值①。

一个节目的价值大小在很大程度上取决于它与受众生活方式的关联方式和关联程度，这种关联方式和关联程度的指标是服务力。浙江卫视推出的《寻找王》的定位就是这样一档具有服务力的帮助类栏目。它打出的口号是："10亿人帮您寻找!"开播以来，播出的节目中不仅有为观众寻子、寻妻、寻友等富有情感的服务，也有帮人们寻医问药、追回大学通知书的服务，还有为警方播出通缉令的服务。可以说，该节目为观众提供了综合性的服务，真正凸显了电视人的社会责任感。只要你需要帮忙，节目人员就会竭尽所能为你服务。该栏目开播第一周，收视率在杭州地区就从第24位升至第3位。

2012年至今，无论是中央电视台的《梦想合唱团》、《为你而战》，还是浙江卫视的《中国梦想秀》，湖南卫视的《天声一队》，又或是佛山电视台的《一封私信》，都打出了诸如公益、慈善的理念。节目通过这种新的理念增强了自身的服务能力。

从以上分析可以看出，在电视节目中加强服务理念，在为观众提供人性化服务的同时，电视自身也能得到很好的收视表现，实现双赢。传播学者施拉姆曾提出过一个有名的公式：某种媒介或信息被受众选择的或然率＝报偿的保证/费力的程度。这表明，某种媒介或信息是否会被受众选择，由两方面决定，"报偿的保证"指媒介或信息的价值对选择者而言是高还是低，"费力的程度"则包括所需时间、金钱及方便程度等。人们总是希望付出最小的代价而获取最大的报偿。因此在电视节目的传播内容中确立服务意识并加强服务力，融入人们的"生活圈"、"工作圈"和"消费圈"，就能在降低观众费力程度的同时，使之获取更多有价值的信息，从而会吸引更多的观众。

**五、开放思维，形成广电产业链**

2009年，我国对文化产业的振兴首次制定规划。对于各级电视频道而言，这是打造并延伸产业链，推动制播分离，壮大媒体实力的大好机会②。各大卫视正积极从整合自身品牌、加强跨地域、跨产业合作等方面来开发产业链。

首先，利用自有品牌形成栏目产业链。深圳卫视2003年开播的大型娱乐节目《饭没了秀》因其以宝宝语言为笑源的另类思维，开播以来一直是珠三角地区娱乐节目的收视冠军。而在《饭没了秀》栏目形成品牌后，节目在2010年又开播了周五

---

① 夏学民：《"寻找王"：电视版的"网络通缉"行动》，人民网，http://media. people. com. cn/GB/22114/136645/137543/8265700. html.

② 郑玉：《2010年第二季度晚间新节目观察》，《收视中国》2010年第9期。

版《〈饭没了秀〉"宝贝赖上大明星"》。此外，该栏目还拥有 7 大类的附属品牌，包括"饭没了秀"常规节目、"饭没了秀"常规特别专场、"饭没了秀"主持人见面会、"饭没了秀"魔力宝宝一帮一、"饭没了秀"魔力宝宝超级演唱会、"饭没了秀"非常规特别节目、"饭没了秀"魔力宝宝演艺。由此看出，深圳卫视充分利用自有品牌的优势，成功地打造了一个品牌栏目产业链。《中国好声音》也利用自身的品牌优势，延伸推出《酷我真声音》《学员推介会》《成长教室》《加长解密版》等衍生节目，有效拓展了节目的品牌产业链。东方卫视脱口秀节目《今晚 80 后脱口秀》2012 年推出的现场演出《今晚 80 后说相声——王自健第一次》，首轮 6 场演出出票率 100%，实现了"在播"到"在场"的产业链延展。

其次，跨地域的合作日渐增多。近年来，纪录片的国际合作成为发展趋势，包括和国际知名机构合作、邀请国际团队参与创作等合作方式。比如国务院新闻办公室与美国 Discovery 频道联合拍摄、英国独立电视台联合制作的《北京地铁系统》；中央电视台和美国弗吉尼亚政府合作拍摄的《来自弗吉尼亚的故事》；央视纪录频道与英国广播公司、美国国家地理频道、法国国家电视集团合作摄制的纪录片《秘境中国·天坑》《非洲》《生命的奇迹》，等等。双方及多方的合作能够有效实现优势互补，协同发展。

再次，电视业与电影业的合作也越来越频繁深入。省级卫视已从单纯为电影提供首映礼的宣传平台转向参与电影的制作，如《十月围城》的投资方就有东方卫视、江苏卫视、广东卫视、湖南卫视、旅游卫视五家重量级卫视台资源，这五家电视台为电影提供了全方位的宣传，包括播出首映盛典或邀请剧组参加本台各种综艺节目等。中小型制作的电影也开始采用与知名栏目合作的方式进行宣传，如湖南卫视的《快乐大本营》多期节目的参与嘉宾均为电影剧组，包括《铜雀台》《杀生》《北爱》《窃听风云》《追影》《机器侠》《大兵小将》《枪王之王》等剧组。电视业投资电影成功有先例可循，如上海文广集团主导制作的两部动画电影《风云决》《喜羊羊与灰太狼之牛气冲天》，前者以 3 000 多万元票房打破尘封已久的国内动画电影票房纪录，后者最终票房成绩过亿。上海大学影视学院教授石川认为，电视业"大鳄"涉足电影制作业是一个值得鼓励的现象。广电集团资源优势明显，一方面它们资金雄厚，另一方面，它们拥有的媒体资源亦是一般电影发行公司无法比拟的，这对于电影营销、宣传非常关键①。

最后，通过跨产业合作来打造产业链，也是目前电视业的一大亮点。2009 年12 月，淘宝和湖南卫视合作组建了"快乐淘宝"公司，联手拓展电视网购新市场，不

---

① 施晨露：《三大广电集团冲进电影"围城"》，《解放日报》2009 年 4 月。

仅推出"快乐淘宝"节目《越淘越开心》,还在淘宝网上开辟"快乐淘宝"子频道专区和外部独立网站,创建了电子商务结合电视传媒的全新商业模式。这就打造了一个电视与电子商务领域的产业链,改变了电视之前一次性广告收入的盈利模式。

无独有偶,凯撒旅游和旅游卫视在 2010 年年初也联合制作了国际旅游推介节目《凯凯莎莎游世界》。该节目结合凯撒旅游的众多旅游线路,进行旅游产品、当地文化、历史地理、购物、时尚、餐饮等各种特色介绍,节目涉及亚洲、非洲、欧洲、美洲多个地区的旅行线路展示,极具实用性和趣味性,收视人数在播出当月就突破了80 万。

可见,电视媒体通过整合自身品牌资源或进行跨地域、跨产业合作来开发新节目,并互为联动,从而形成广电产业链,已是今后电视发展的一个重要趋势。只有形成广电产业链,才能推动广电业持续、稳定发展,让电视突破依靠广告单一盈利的旧模式,实现盈利模式的多样化。同时,在保证市场效益的前提下,电视节目制作人员也会有资金和精力研发更多的优质节目。

### 六、大投入大制作,打造优质节目

2009 年 7 月起,国家广电总局制定各种政策希望扭转电视媒体一味利用电视剧资源而忽略优质节目创作的习惯,使各级电视频道逐渐转向节目创新之争,加快研发非电视剧类节目的步伐,打造新的节目资源优势。2010 年最受关注的两个节目是上海东方卫视的《中国达人秀》和江苏卫视的《非诚勿扰》。这两档节目在市场效益和社会效益上无疑都取得了巨大成功,可谓优质节目的代表。据统计,第一季《中国达人秀》的总收入超过 2 300 万,平均收视率在 3% 以上。而《非诚勿扰》2010年 6 月 6 日的收视率则高达 4.53%,刷新了之前所有卫视节目的收视纪录。那么,究竟如何打造优质节目? 应该从哪些方面努力呢?

第一,大投入、大制作才有大产出。以《中国达人秀》为例,版权购买的费用是110 多万人民币,导演组团队约 60 人,加上宣传、制作共 100 多人,一个栏目投入如此大的人力在国内是很少见的。同时,《中国达人秀》也投入了极大的物力:在选手进等候区之前、等候区、上侧幕前、侧幕、表演结束后的密室等都有摄像机拍摄。舞台表演有 13 台摄像机,一共 20 个机位[1]。正是如此多的机位,才会全方位、多角度地拍摄到选手的表现、现场评委、观众和侧幕主持的反应,以及现场其他的戏剧性表现。《中国达人秀》的每集节目是从 150 盘素材带中剪出来的,制作之精良,可

---

[1]　胡里:《专访〈达人秀〉导演金磊:"高"里面要有暖意》,《综艺报》,引自搜狐娱乐,http://yule.sohu.com/20100909/n274818700.shtml。

见一斑。这也有力地说明了此档节目创造出收视奇迹绝非偶然。电视与新媒体相比，由于电视屏幕及收视时间等的限制，在信息数量上毫无优势。但是，电视在品质上则拥有相当大的潜力。我们可从中得到启示：加大资金投入和组建强大的制作团队，集中精力打造精品节目，是当下电视媒体拓展生存发展空间的一个重要途径。

第二，加大对舞美的重视。电视节目的舞美包括节目现场的布景、灯光、化妆、服装、效果、道具等。随着人们生活品位的逐步提高，观众对视觉效果的要求也越来越高。现代电视舞美强调层次感、节奏感和实用性，这也使舞美不仅仅是促成节目形式的一种手段，而且要介入节目内容本身，成为其一部分，加强节目的表现力，渲染出特定的氛围。有数据显示，《中国达人秀》平均每集节目的制作成本高达上百万；《非诚勿扰》每期的成本为30万至40万。其中，舞美占据着相当大的份额。我们可以在《非诚勿扰》中看到，不论是环境、灯光、服装、化妆、道具，还是节目的背景音乐、节奏控制等，都已达到同类节目最上乘的水准。再如东方卫视的《幸福魔方》在舞台中央设计了一个"玻璃屋"，主持人和当事人居其中，各方当事关联人和心理疏导师围坐在四周，通过灯光的变换，矗立起全景空间360°的原点，突破了原来的平面视角，营造出全新的收视体验。而河北卫视播出的《家政女皇》栏目更是邀请了国际顶级舞美、灯光设计及人物造型大师量身打造每一期屏幕形象。此外，东方卫视《舞林大会》、安徽卫视《天声王牌》、江苏卫视《幸福晚点名》、湖南卫视《以一敌百》等都是通过舞美技术实现了节目的华丽创新。

第三，精心选择嘉宾。嘉宾原只是电视节目中的元素之一，根据节目内容需要而邀请至现场。从热播的电视节目来看，嘉宾对观众眼球的聚焦作用越来越凸显。可以说，嘉宾本身也成为电视节目创新的一种手段。嘉宾选择得好，不仅能有力提升节目的知名度，也能为节目整体形象加分。例如安徽卫视的语言竞技真人秀节目《超级演说家》的四位导师便非常有看点，包括有东方奥普拉之称的鲁豫，央视著名综艺节目主持人李咏，由《非诚勿扰》而被大家熟知的心理专家、演说家乐嘉，以及当红影视演员、歌手、企业人士、赛车手林志颖。四位导师均在演说上有过人之处，极具名人效应，同时又各具特色，互相补充。四人的搭配将感性、幽默、理性、娱乐等多重元素组合起来，是节目的核心竞争力之一。再如贵州卫视热播的电视谈话栏目《论道》，由于博鳌亚洲论坛秘书长龙永图的加入，不仅保证了该栏目的思想、风格、语态和视角，也是栏目实现可持续发展的一个重要前提。

## 七、引进优质模式，推动节目创新

节目模式与节目形态是基于不同分类而产生的两个概念。那些优质的、典范性的节目模式，往往是将多种节目形态高度整合在一个节目模式当中，进而产生出各类创意元素①。当然,某些被众多从业者竞相模仿的节目,由于其成功的技巧、元素、结构、形式、类型、定位甚至题材取向、内容编排等,可能使其本身就固化为一种节目模式。好的节目模式可以通过将各种节目形态的特性高度融合在一起,推动节目形态的创新。

近年来,我国电视节目"模式引进"如火如荼(表 2-2)。2010 年被世熙传媒总裁刘熙晨称为我国"模式启蒙年"②,代表为购买 Fremantle Media 公司节目版权的《中国达人秀》和借鉴《Take Me Out》的《非诚勿扰》。2011 年,各电视台从引进节目开始发力。中央电视台从英国 Fremantle Media 公司引进版权,制作了《谢天谢地你来啦》;湖南卫视《舞动奇迹》第三季上演,同期播出的引进版权模式的节目还有《称心如意》、《我们约会吧》和《最高档》;5 月,东方卫视《中国达人秀》第二季登场,《我心唱响》也随之起航;浙江卫视高调推出了《中国梦想秀》,主打平民梦想牌,节目引自英国 BBC 综艺节目《就在今夜》;山东卫视引进《Surprise! Surprise!》,上星节目直译为《惊喜! 惊喜!》;辽宁卫视推出中国版《X Factor》——《激情唱响》;深圳卫视《年代秀》引自比利时综艺节目《Generation Show》的模式;东南卫视则一举引进三个节目,分别是《欢乐合唱团》、《明天就出发》、《朋友就该这样》。2012 年,湖北卫视从荷兰塔帕传媒集团购买了《我爱我的祖国》的中文版权,引进整体节目制作模式,荷兰方派制作人到湖北武汉对栏目组人员进行培训。安徽卫视联合光线传媒引进 Fremantle Media 公司的节目《Don't Stop Me Now》,推出新才艺竞技节目《势不可挡》。该年,引自荷兰音乐节目《The Voice of Holland》的模式标杆节目《中国好声音》的蹿红引起业界对模式的广泛关注,电视节目模式的竞争愈演愈烈,模式节目急剧增长,竞争激烈。2013 年,湖南卫视《我是歌手》、江苏卫视《星跳水立方》、东方卫视《中国梦之声》、湖南卫视《中国最强音》、北京卫视《最美和声》等纷纷推出,模式节目常态化已经成为一大创新趋势。

表 2-2　我国主要模式节目

| 节 目 名 称 | 播出频道 | 来源国家 | 原 版 名 称 |
|---|---|---|---|
| 谢天谢地你来啦 | | 澳大利亚 | Thank God You're Here |
| 梦想合唱团 | 中央电视台 | 英国 | Clash of the Choirs |
| 超级减肥王 | | 美国 | The Biggest Loser |

---

① 袁靖华:《电视节目模式创意》,中国广播电视出版社 2010 年版,第 5 页。
② 《综艺报》2013 年 6 月 10 日第 11 期。

（续表）

| 节 目 名 称 | 播出频道 | 来源国家 | 原 版 名 称 |
|---|---|---|---|
| 中国达人秀 | 东方卫视 | 英国 | Got Talent |
| 梦立方 | | 英国 | The Cube |
| 妈妈咪呀 | | 韩国 | Super Diva |
| 顶级厨师 | | 英国 | Master Chef |
| 舞林争霸 | | 美国 | So You Think You Can Dance |
| 我心唱响 | | 荷兰 | Sing It |
| 步步惊心 | | 美国 | Minute to Win It |
| 名声大震 | 湖南卫视 | 英国 | Just the Two of Us |
| 舞动奇迹 | | 英国 | Strictly Come Dancing |
| 我们约会吧 | | 英国 | Take Me Out |
| 最高档 | | 英国 | Top Gear |
| 百变大咖秀 | | 西班牙 | Your Face Sounds Familiar |
| 女人如歌 | | 荷兰 | The Winner Is |
| 我是歌手 | | 韩国 | I am a Singer |
| 中国最强音 | | 英国 | X Factor |
| 老公看你的 | 江苏卫视 | 德国 | My Man Can |
| 星跳水立方 | | 德国 | Stars in Danger：High diving |
| 芝麻开门 | | 以色列 | Raid the Cage |
| 中国好声音 | 浙江卫视 | 荷兰 | The Voice of Holland |
| 中国梦想秀 | | 英国 | Tonight's the Night |
| 越跳越美丽 | | 美国 | Dance Your Ass Off |
| 转身遇到 TA | | 美国 | The Choice |
| 中国星跳跃 | | 荷兰 | Celebrity Splash |
| 黄金年代 | 安徽卫视 | 意大利 | The Best Years of Your Lives |
| 势不可挡 | | 英国 | Don't Stop Me Now |
| 我为歌狂 | | 荷兰 | Mad For Music |

（续表）

| 节 目 名 称 | 播出频道 | 来源国家 | 原 版 名 称 |
|---|---|---|---|
| 我爱我的祖国 | 湖北卫视 | 荷兰 | I love My County |
| 我的中国星 | | 韩国 | Superstar K |
| 年代秀 | 深圳卫视 | 比利时 | Generation Show |
| 男左女右 | | 荷兰 | Battle of the Sexs |
| 一声所爱·大地飞歌 | 广西卫视 | 英国 | True Talent |
| 惊喜！惊喜 | 山东卫视 | 英国 | Surprise! Surprise! |
| 中国星力量 | | 韩国 | K-POPSTAR |
| 完美暗恋 | 广东卫视 | 荷兰 | Dating in the Dark |
| 激情唱响 | 辽宁卫视 | 英国 | X Factor |
| 天下无双 | 天津卫视 | 英国 | Copycat Singers |
| 最美和声 | 北京卫视 | 美国 | Duets |

如此大批量地引进国外模式,是否会引起同质化竞争? 中国传媒大学教授、著名电视策划人苗棣表示,如果形成一个比较规范化的市场,由于"引进"具有排他性,"引进"本身就在一定程度上是差异化的。但是,模式并非拯救一个节目或者平台的法宝,它只是提供了一种有益的方式,电视人不断学习和借鉴的过程才最为重要。深圳卫视副总监易骅认为:"引进成形的节目类型,会让节目环节设置与内容表达、操作方式瞬间站在 70 分的起点上,但是 70 分对于所有平台都是不够的。任何节目如果不进行本土化改造,就会水土不服。"由此可见,节目模式的引进与本土化改造是相辅相成的。只有将两者进行有效融合,才能真正实现节目的创新,推动整个电视业的持续发展。比如,《我爱我的祖国》原模式中的题目主要是一些字母游戏,适合欧洲人的语言习惯,不适合中国人。湖北卫视既保留了原节目中起承转合的模式,以及"接歌"等经典环节,同时进行了本土化改造,大量的内容来自中国各地的传统文化、民俗风情等,尤其还关注了荆楚文化。又如戏剧真人秀节目《谢天谢地你来啦》中,每一个情景和故事需要自己的设计和想象,这样提高了自身的创作和制作门槛,有效避免了抄袭。

## 八、技术引领创新,内容依然为王

纵观电视业的发展,技术起到了非常重要的推动作用。没有技术的更新,难有节目的创新。比如齐鲁电视台2003年创办的《开讲天下》已两次夺得中国电视十佳谈话节目桂冠,其中"call in"技术起到了不可替代的作用。根据百度百科的解释,"call in"的准确表述是:自动语音接入系统的数据实时表决系统。即观众在收看《开讲天下》的同时,通过拨打电话选择数字按键的方式投票表达自己或支持或反对的意见,接入系统会将观众投票自动生成为统计数字,实时显示在电视屏幕上,从而真正实现了民意调查与电视辩论内容的同步呈现。2009年K歌类节目引入的评分机器系统同样是技术革新的成果,湖南卫视引进了MR. MIC,江苏卫视有SAM,浙江卫视则是蓝巨星。东方卫视的《东方直播间》更是利用技术将电视手段、网络媒体、短信直播等多种传播手段相结合,致力于构建一个三屏合一的意见平台。而如今,随着技术的发展,四屏合一(手机、iPad、电脑、电视)的时代已经到来,正在继续推动节目的革新。从以上分析可明显看出,技术领先带动了节目进步,而节目创意又会促进技术进一步革新。电视本身就是技术和艺术的结合体,两者的良性循环将是今后媒体生产创新的必然趋势。

加拿大传播学者麦克卢汉认为媒介是人的延伸。他说任何媒介都是人的某种功能的延伸,比如书本是人的视觉的延伸,广播是人的听觉的延伸,电子媒介是人的中枢神经系统的延伸。而人类就是通过不断地创造新技术扩展了自己的身体与能力,人类自身的每一次延伸必将在人类的发展进程中引入一种新的尺度。

当然,技术性传播媒介的发明和使用,的确极大地扩展了人类进行信息交流的能力。在电视的发展史上,技术一直扮演着非常重要的角色,推动甚至领引着电视业向前发展。所以,电视节目制作人员首先要尊重新技术,改变原有的"高高在上"的观念。其次,我们也要认识到:电视节目还是以内容取胜。技术最终只能从形式上对电视节目产生影响,而"内容"为王依然是不变的法则。可以说技术引领了创新,但真正的创新还是要回归到节目内容本身,回到制作节目的人身上。在电视节目创新的过程中,仍需继续秉承"内容为王"的宗旨。创新节目只有具备核心的不可替代的竞争优势,才能避免速朽。收视居前、口碑较好的节目,无一例外都是从前期策划、录前准备、现场拍摄到后期制作等各个方面精益求精,具有创新精神的高品质节目。

# 下篇　节目形态实践篇

# 第三章　电视新闻节目形态创新

电视新闻节目是电视新闻传播的基本载体和表现样式。短到滚动字幕的一句话新闻,长到几十分钟的深度报道、新闻评论,新闻节目在日常生活中发挥着重要的作用。新闻节目在其不断发展过程中,已经在题材、体裁、制播方式、编排方式、播报语言等方面呈现出丰富多样的形态。

## 第一节　电视新闻节目创新历程

### 一、电视新闻节目的定义

电视新闻节目作为传播信息、引导舆论的重要工具,在节目中占有重要的地位。目前学术界及业界从内容、功能、分类等不同层面对电视新闻节目作出了界定,代表观点如下。

内容上,1991 年出版的《电视艺术辞典》认为,新闻类节目是以传播新闻、报道真人真事为主要内容的电视节目的总称,以播出消息为主,同时也播出电视评论、专题报道、电视专访、调查报告、记者来信、电视新闻纪录片等①。与之类似,1999 年出版的《广播电视辞典》认为,电视新闻节目是指电视屏幕上播出的新闻信息、分析、解释与评论新闻事实的各种新闻节目的总称②。

功能上,陈莉认为新闻节目是“以播发消息为主,旨在迅速及时反映客观实际的重要发展变化,借以满足公众信息需求,引导社会舆论的节目类型”③。

分类上,孙宝国把电视新闻节目分为微观、中观和宏观三个层面。微观层面的

---

① 王云缦、果青、张捐中:《电视艺术辞典》,学苑出版社 1991 年版,第 148 页。
② 赵玉明、王福顺:《广播电视辞典》,北京广播学院出版社 1999 年版,第 102 页。
③ 陈莉:《广播电视概论》,南京师范大学出版社 2004 年版,第 141 页。

电视新闻节目一般是指电视新闻传播内容、形式相结合的最基本的视听单位；中观层面的电视新闻节目一般是指电视新闻栏目这一收视单位；宏观层面的电视新闻节目一般是指电视新闻频道这一收视单位[①]。

**二、电视新闻节目发展历程**

1. 美国电视新闻节目的发展历程

从世界范围来看，美国的电视新闻业发展较早。1939年，NBC记者首次用电视对总统竞选做了实况转播[②]。美国电视新闻节目主要经历了三个阶段。

**第一阶段：20世纪40年代—50年代**

这一阶段，美国电视节目开始起步，并逐渐出现多种形态。

美国早期电视新闻主要受新闻电影纪录片以及广播新闻节目的影响。20世纪40年代，电视新闻发展还较为落后，主要是播音员的口播报道。1940年，NBC试播了第一个新闻节目——《电视新闻记者》。节目以风琴曲作为背景音乐，屏幕上显示标题字幕，同时辅以解释性的图表。

之后NBC在1947年推出了《会见新闻界》，这是美国四大电视网中最早创办的周末新闻访谈节目。

1949年2月14日，NBC由骆驼香烟公司赞助的晚间新闻节目《骆驼新闻大篷车》播出，时长15分钟。主持人约翰·卡梅隆·斯威兹(John Cameron Swayze)对新闻影片进行简短的解说。与之类似的有CBS的《道格拉斯·爱德华兹新闻》，每次播放6—8条新闻。

进入50年代，电视新闻具备了创办时事专题节目的条件[③]。1951年，默罗着手创办CBS时事新闻节目《现在请看》，每周播出半小时，集中讨论一些具有新闻价值和引起争议的事件与人物。如在1954年，默罗评述并播放麦卡锡的演讲影片，展开了对麦卡锡主义的斗争。

1952年1月14日，NBC早间新闻节目《今天》播出，填补了早间电视的空白。节目以软性新闻为主，主持人不像晚间新闻主播那样严肃，而是以亲切自然的交流者身份出现，给人以轻松的感觉。该节目融合新闻、访谈、资讯于一体，是一档综合类节目。

1953年，CBS人物专访节目《面对面》播出，是世界上较早的人物专访节目，由

---

① 孙宝国：《中国电视新闻节目形态研究》，新华出版社2008年版，第7页。
② 李岩、黄匡宇、张联：《广播电视新闻学》，高等教育出版社2002年版，第33页。
③ 屈小平：《美国电视新闻节目纵览》，《国际新闻界》1999年第6期。

主持人爱德华·默罗创办。

1956年,NBC在《晚间新闻》中推出亨特利和布林克利二人共同担任主持人,取代了斯威兹的单人主持,开创了伙伴型主持人节目的先河。

**第二阶段:20世纪60年代—70年代**

60年代,由于通讯卫星技术以及ENG电子新闻采集系统的发展,美国电视新闻节目快速发展。

电视辩论是美国大选中一道独特的风景。1960年9月26日,在芝加哥哥伦比亚广播公司的一个电视直播间里,总统候选人尼克松和肯尼迪进行了美国总统竞选历史上第一次电视辩论,美国三大电视网同时直播。

1968年,CBS播出《60分钟》,被誉为美国杂志型电视栏目的鼻祖。节目采用杂志的编排方式,由片头节目导视、深度报道和评论版块构成,加广告共计60分钟。深度报道的三段报道一般包括一则硬新闻、一则较为严肃的新闻以及一则富含人情味的软新闻。一期节目往往由多名主持人各自主持、共同完成,但每个版块的主持人相对固定。如评论版块主持人安迪·鲁尼自1978年加入《60分钟》后,直到2011年才卸任。节目以滴答走动的钟表介绍节目的进程,每个报道开始或结束时,主持人在《60分钟》的杂志封面背景前进行介绍或者总结。随着节目的普及,类似节目相继诞生,如ABC在1978年推出的《20/20》等。

这一时期,美国电视新闻节目报道了众多美国重大事件,包括肯尼迪遇刺、越战、"阿波罗11号"飞上月球等。

**第三阶段:20世纪80年代以后**

1980年6月1日,CNN(美国有线电视新闻网)创立,开始进行24小时新闻播放,成为新闻传播的一大创举。节目以大量现场直播的方式同步报道新闻,迅速及时。1982年,CNN创办第二个新闻频道CNN Headline News,主要对突发事件进行独家抢报。CNN在众多突发事件中报道迅速,包括1981年里根总统遇刺、1986年"挑战者号"宇宙飞船爆炸等,因而迅速崛起。

CNN于1985年推出了《拉里·金直播》。主持人拉里·金身穿背带裤,访问各种政界人物,提问直接且有人情味,成为节目的主要标志。

这一时期,美国各类新闻节目,包括新闻杂志节目、联播型节目、新闻访谈节目等都呈现出繁荣的发展状态。代表节目如NBC在1992年推出的《日界线》、CNN在2003年推出的《安德森·库珀360°》等。

**2. 英国电视新闻节目的发展历程**

英国于1936年正式开始播出电视节目。1937年,BBC转播了英国国王乔治六世的加冕典礼,是较早的实况转播。英国电视真正崛起是在 1953 年。当年 6 月 2 日,BBC 转播了英国女王伊丽莎白二世在威斯敏斯特宫举行的加冕典礼。

1953 年末,BBC 开播《全景》,这不仅是英国最早的,也是世界最早的真正意义上的杂志型电视新闻栏目,它包括了时事、艺术、名人等各种内容的报道和评论①。杂志型栏目在英国很受欢迎,主要节目如《举国上下》、《真实故事》、《新闻秀一秀》等。《全景》之后逐渐淡化了杂志型编排方式,开始朝调查性新闻节目方向发展。

1963 年,格拉达纳电视台播出《世界在行动》,节目致力于以调查方式报道和解释时事,是有名的调查性新闻报道节目。之后英国调查类新闻节目蓬勃发展,包括 20 世纪 90 年代 BBC 的《新闻内幕》、ITV 的《假面》等。

20 世纪 70 年代,英国电视开始走向成熟。BBC 的新闻节目在形式上也发生了改变,主持人展示出轻松随意的风格。1972 年,BBC 一档面向儿童的新闻节目《约翰·克瑞文新闻纵览》播出,这是世界上第一个儿童新闻节目。主持人克瑞文身穿毛衣,不系领带,在午茶时间播报新闻。他向青少年报道饥荒、灾害、选举、流行歌星的行踪、动物故事与其他影响年轻人生活的一切事情②。

1980 年,新闻深度报道节目《新闻夜》播出,话题的高端和广泛、嘉宾的权威、记者型主持人等要素使得该节目受到受众欢迎。

英国日播新闻常以时刻命名,如 ITV 在 1967 年开播的《十点新闻》、BBC 在 1970 年开播的《九点新闻》和 1984 年的《六点新闻》等等。节目通过修订不同时段、不同频道的新闻标准,从而吸引不同的受众,如妇女、男性、青年、受教育程度高者等。

英国新闻节目很多要素和我国不同,如主持人会有多个,而非一到两个;搭档主持人身高悬殊等等,这些新闻节目制作理念均可被我国借鉴。

### 3. 中国电视新闻节目的发展历程

**第一阶段：1958—1977 年**

电视业初创时期因技术制约等因素,我国电视新闻节目较为简单。尤其是 1966 年 5 月至 1976 年 10 月的“文化大革命”期间,我国电视新闻节目受到严重干扰。在初创期,我国电视新闻节目主要有四种形态。

《图片报道》是我国电视新闻最早的形态之一,播出时由播音员解说图片内容。1958 年 5 月 15 日,《图片报道》首期节目《“东风牌”小轿车》内容为介绍我国制造的小轿车,时长约 4 分钟。

---

① 刘昶、甘露、黄慰汕:《欧洲优秀电视节目模式解析》,中国广播电视出版社 2010 年版,第 199 页。

② 郭镇之:《中外广播电视史》(第二版),复旦大学出版社 2008 年版,第 134 页。

　　1958 年 11 月 2 日,《简明新闻》首次播出,这是我国早期电视新闻节目的另一种形态,即播音员口语播报消息类新闻。节目稿源来自中央人民广播电台,由我国第一位电视播音员沈力播出,每次约 5 分钟。

　　第三种形态为电视新闻片。早期的电视新闻片主要借鉴新闻电影和继承苏联模式的新闻纪录片。中央新闻纪录电影制片厂摄制的《新闻简报》是电视台长期、经常和大量的新闻节目来源[①]。1958 年 5 月 1 日,北京电视台在 19 点 15 分试验播出了由中央新闻纪录电影制片厂摄制的新闻纪录影片《到农村去》。电视新闻片主要形式为字幕后出现影片新闻,解说词由播音员配音直播,并有配乐和音效等。新闻每条约 2 到 3 分钟,每次播出 3 到 4 条,总长 10 分钟左右。1958 年 5 月 29 日,北京电视台播出了电视新闻片《朱德副主席为石景山钢铁厂扩建工程剪彩》,6 月 1 日,播出了《中共中央机关刊物〈红旗〉杂志创刊》。

　　第四种形态为实况直播。1958 年 10 月 1 日,北京电视台首次实况转播了天安门广场庆祝建国九周年的阅兵典礼和群众游行。此后,国家重大时政活动经常以实况转播的形态进行报道。1959 年 4 月 18 日,北京电视台实况转播第二届全国人民代表大会第一次会议上周恩来总理作政府工作报告。

　　20 世纪 60 年代初,许多省市建立了电视台,大多数电视台的新闻节目只能靠口播新闻和图片新闻当家,也有的能拍少量新闻片——其中不少还要送到北京洗印[②]。这一时期因资源有限,新闻节目多间断播出。1960 年起,北京电视台的《电视新闻》栏目固定下来,成为第一个每晚播出的节目,每期约 10 分钟。

　　这一时期电视新闻节目的主要内容为国家和人民政治生活的重大事件、社会主义建设成就、领导人出访、体育赛事等。先后播出 26 次的《电视通讯》记录了周恩来对 14 国的访问。又如《支援地震灾区人民重建家园》,报道了 1966 年 3 月的河北邢台地震。体育新闻报道如 1958 年 6 月 19 日“八一”篮球队和北京篮球队比赛的实况转播,1959 年中华人民共和国第一届全国运动会、1961 年第二十六届世界乒乓球锦标赛的转播,1963 年《新运会简报》报道的雅加达“新兴力量运动会”等。

　　此外,这一时期还对国际新闻作了报道。1958 年 5 月 8 日,北京电视台第一次播出外国电视节目。此后不定期播出如《苏联新闻》、《德意志民主共和国新闻》等专辑,内容多是国外电视机构的电视新闻片,经过编译和配音后在国内播出。1959 年,不定期的单国新闻专辑的编辑方法被改为由若干国家电视新闻构成的《国际新闻》,采用黑白无声片,配以解说和音乐。

---

①　王兰柱:《广电产业化进程中的节目形态演变》,中国传媒大学出版社 2007 年版,第 15 页。

②　刘习良:《中国电视史》,中国广播电视出版社 2007 年版,第 34 页。

**第二阶段：1978—1992 年**

这一时期，因电子新闻采集设备的使用，节目向录像化过渡。我国电视新闻节目数量增多，时间加长，时效性显著提高，开始出现多样的节目形态。

1978 年 5 月 1 日，北京电视台正式改名为中央电视台。1978 年 1 月 1 日，当时的北京电视台和地方电视台合作，正式创办《新闻联播》，对国内、国际重要事件进行报道。国际新闻主要从电视新闻社如合众独立新闻社、维斯新闻社等接收。1981 年，节目改变了过去国内新闻片、国际口播稿和国际新闻录像明确的三块，将节目按重要程度进行编排，沿用了 20 多年的新闻片配乐的做法被取消。从 80 年代中期起，《新闻联播》多次推出连续报道和系列报道。如关于大兴安岭火灾的报道持续了一个多月，共播发了一百多条新闻。系列报道《弹指一挥间》播出 180 条新闻，反映了建国 40 年来我国取得的成就。1987 年，《新闻联播》实行了两个播音员串联播音，充分利用了播音员在语言、形象、服饰等方面的传播符号。

除《新闻联播》外，这一时期还出现了其他新的节目形态。

1980 年 4 月，中央电视台开办《国际见闻》栏目，主要播出外国电视机构提供的较为轻松的新闻节目，涉及国外经济、科技、文化、生活等方面，如《会跳舞的喷泉》、《奇异的脚踏车》等。

1980 年 7 月，中央电视台创办了我国第一个评论性节目《观察与思考》。该节目打破了以往只有报道没有评论的形态格局，并开始采用主持人形式主持。节目通过对群众关心的敏感热点问题等进行深入报道和评述，以起到舆论引导的作用。开播的第一期节目为《北京居民为什么吃菜难》。之后比较有影响的节目如《菜篮子里看改革》，节目从"菜篮子"出发，对武汉市蔬菜和其他副食品产销体制改革进行介绍和分析。1988 年《观察与思考》和《社会瞭望》合并成为《观察思考》，该节目设置了固定的主持人，最终于 1994 年 3 月停播。

1980 年底，《国际评论》栏目开播，节目主要对国际热点进行评论。1984 年 7 月，《今日世界》播出，节目主要对世界上的重大事件进行报道和评述。

1983 年，《交流》节目改为《电视论坛》，这是一档以讲话为主要形式的评论性节目，观点和意见通过领导、干部和群众讲话传达。节目还曾组织北京市某单位职工展开关于服务态度问题的辩论。

除此之外，1984 年中央电视台直播了庆祝建国 35 周年盛典。1987 年，中央电视台首次对党代会的开幕式和闭幕式进行了现场直播。

1987 年，上海电视台开播《新闻透视》，将节目划分为几大板块，如《纵与横》、《社会广角》、《当代人》、《长焦距》、《观众中来》和《快节奏》等，具备了杂志节目的雏形。

1992 年，中央电视台国际频道新闻节目《中国中央电视台新闻》（节目经过历年改版,最终改为《中国新闻》)创办,每期 10 分钟,宗旨为向全球华人传递中国新闻资讯。

**第三阶段:1993—1997 年**

从 1993 年开始,我国电视新闻节目逐渐由录播改为直播。节目在播放次数、新闻时效、报道内容上都有很大提升,同时新闻栏目开始不断增多,节目形态有了崭新的变化。

1993 年,《东方时空》诞生,作为一档新闻杂志型栏目,节目结束了央视早晨 7 点到 8 点无节目的历史。节目最初由《新闻》《东方之子》《金曲榜》《生活空间》《焦点时刻》五个板块组成。之后经过了多次改版包括取消节目、增设节目、改名等。1996 年,节目增加了《面对面》,各子栏目由总主持人统一串联。

1994 年 4 月,中央电视台创办《焦点访谈》,节目以深度报道和述评为主,以舆论监督见长,每期 13 分钟,引发了舆论监督节目的热潮。最初节目曾大量采用演播室访谈的形式,最后逐渐形成了以现场采访为主、首尾加以点评的节目形态。节目定位于时事追踪报道、新闻背景分析、社会热点透视、大众话题评说(2000 年改为用事实说话),既包含政策的宣讲、对正面事件的表扬,同时还有大量对社会不良现象的曝光。

1995 年,随着双休日制度的实施,出现了一批双休日新闻栏目,如浙江卫视周末版中的《时事圈点》。节目以"双休日"为诉求点,围绕"休闲"的定位,选择贴近观众、趣味性强、有社会意义的事件,对一周以来的重大新闻进行二次传播。

1996 年 5 月,《新闻调查》节目开播,节目时长 45 分钟。相比之前时间较短的深度报道,该节目能更加详细透彻地剖析相关事件,是一档深度调查节目。节目以记者调查采访为叙述形式,有主题性调查、事件性调查、舆情调查和内幕调查,对事件进行多层面展示和深入挖掘,富含丰富信息。

这一时期,直播应用广泛。1997 年,包括日全食等天文奇观、香港回归、三峡截流、黄河小浪底截流等重大事件均采用了多点直播报道。

在报道方式上,节目也有了新的手段。《世界报道》在 1996 年 3 月报道首届亚欧会议时,采用了模拟双视窗方式。此外,图表、动画、现场报道、电话采访、邀请专家到演播室等多种形式的应用越来越普遍。1997 年日全食报道时,黑龙江电视台、江苏电视台、云南电视台和中央电视台合作,通过调度漠河、南京、昆明和北京四地信号,充分展示了当天各地的日全食现象。而香港回归的报道更是开创了央视直播时间之最。黄河小浪底截流报道中,采用了多点移动直播,镜头始终跟随主持人的行进路线,通过主持人通俗易懂的话语以及中途穿插的背景介绍来报道。三峡截流报道中,演播室直接设在离龙口 200 米处江面上的一艘船上,极具现场性。

这一时期，多种领域的新闻报道栏目也逐渐增多。时政新闻、经济新闻、对外新闻、体育新闻等多领域新闻逐渐完善，如开播了《经济信息联播》《军事新闻》等栏目。邓小平曾说："《经济信息联播》专门谈经济，开办得及时。《经济信息联播》的时间并不长，只有30分钟，但每期内容丰富，节奏明快，信息量大，对我国的经济发展、社会主义市场经济的发展，将会起到积极作用。"①

另外，各个时段如早间、午间、晚间的新闻节目也不断完善。《晚间新闻》采用综合报道形式，在新闻报道中长短搭配，有要闻，也有对一个事件做深度剖析的长新闻。

**第四阶段：1998 年至今**

这一时期，我国新闻节目日益成熟，主要表现在以下几个方面。

第一，新闻频道开始建立。1999 年 5 月，我国内地第一个全新闻频道——福建电视台新闻频道开播，频道内容丰富，包括国内外最新时事消息、言论、新闻深度报道、新闻故事、新闻访谈以及非虚构性的纪实类节目等②。2003 年，中央电视台新闻频道正式播出。新闻频道以"24 档整点新闻＋专栏节目"为原则构建，实现了新闻每日 24 小时不间断播出，开创了"整点新闻＋现场直播＋字幕新闻＋专题深度报道与评论"的新闻传播模式③。

第二，20 世纪 90 年代后，娱乐类新闻栏目开始出现。1999 年，我国内地第一档娱乐新闻节目即光线传媒的《娱乐现场》开播。之后，湖南电视台的《娱乐无极限》、央视的《综艺快报》等陆续播出。

第三，新闻节目运用更多直播化手段，在重大事件和突发事件中能够及时、全面、深入地进行报道。如澳门回归、我国加入世贸组织、2008 年抗击雨雪冰冻灾害、汶川地震等报道中，都大量运用了直播手段。

第四，新闻报道语态有所转变。1998 年，凤凰卫视的《凤凰早班车》开播，节目主持人陈鲁豫以"说新闻"的方式播报新闻，使"说新闻"迅速得到广泛应用。同年，《锵锵三人行》开播，主持人窦文涛和两位嘉宾针对每日热点新闻事件各抒己见，展开激烈讨论，节目言论大胆，不追求最后的结论，力求轻松娱乐，在谈笑风生中传递信息与观点，给人以启发。2003 年，凤凰卫视《有报天天读》栏目开播，节目以播报世界各地主流报纸文章为主要形态，主持人杨锦麟快人快语、睿智犀利，在播报中

---

① 转引自赵化勇：《铸就历史　创造未来》,《中央电视台发展史(1998—2008)》,中国广播电视出版社2008年版,第3页。

② 刘习良：《中国电视史》,中国广播电视出版社2007年版,第322页。

③ 赵化勇：《中央电视台发展史(1998—2008)》,中国广播电视出版社2008年版,第34页。

针砭时弊,节目反响热烈。2006年,中央电视台在两会期间推出时政特别节目《小崔会客》,崔永元幽默风趣的语言和平民化的形象,改变了电视新闻节目传统的话语形态。

第五,民生节目大量涌现。2002年江苏广播电视总台城市频道推出一小时新闻杂志栏目《南京零距离》,它改变了以往新闻节目的固有模式,定位于报道地方性社会日常生活事件,注重社会新闻的趣味性和服务性,反映民意,体现大众收视趣味,掀起了全国民生新闻的热潮。其中的《孟非读报》栏目受到广泛欢迎。之后,全国各电视台纷纷推出了类似的民生新闻栏目。2009年5月1日,《南京零距离》正式更名为《零距离》。除此之外,中央电视台《新闻联播》压缩了时政新闻中的会议新闻,《朝闻天下》等节目也增添了很多社会民生新闻。

第六,特别节目影响巨大。2003年2月14日,中央电视台播出《感动中国》2002年年度人物评选的颁奖盛典。节目以年度人物梳理为基本形态,作为一档品牌节目一直延续至今。2005年7月,中央电视台《东方时空》栏目推出特别节目《岩松看台湾》,采访了连战、宋楚瑜等政要。2007年3月,中日关系转暖,总理访问日本前夕,中央电视台推出《岩松看日本》,采访了十位日本著名人物,如安倍昭惠、渡边恒熊、滨崎步等,并对日本的文化历史、社会问题等作出全方位分析。2007年6月,香港回归祖国十周年时,又推出了《岩松看香港》节目,对香港的经济、教育、文化等进行了深入的采访报道。又如2010年5月12日,汶川地震两周年纪念日当天,四川卫视推出大型新闻直播《见证》,主题为"见证·重建"。节目通过现场直播、新闻专题、当天新闻等形式报道了当天的祭祀等多种活动,同时卫星直播车在北川、青川、汶川等多地设点,全面反映了灾区两年来的新景象。

第七,节目形态丰富多样。这一时期推出的《每周质量报告》、《新闻1+1》、《新闻会客厅》、《新闻深一度》、《看见》等节目不断丰富完善着新闻节目的形态。如2003年开播的《新闻会客厅》,以家庭式的客厅为演播室基本形态。再如中央电视台深度新闻节目《看见》的节目形态由两大部分组成:专访和故事讲述。这两大板块在顺序和时间长短上无固定模式,呈现方式主要依据节目题材而定,行为线索较少的一般需要通过专访来完成。

## 第二节　电视新闻节目创新元素

### 一、题材元素

题材元素是指电视新闻节目报道的具体题目范围,又是指表现主题思想的材料①。按照题材的领域来划分，电视新闻节目有经济新闻、政治新闻、法律新闻、体育新闻、科教新闻、军事新闻等。广东卫视的《财经郎眼》以财经类新闻评论为特色。节目以固定嘉宾郎咸平、主持人王牧笛和另一位非固定嘉宾如企业家、财经方面的专家、知名人士等通过谈话聊天的形式来解读财经新闻事件，讨论中国现象，让观众从个案中了解其背后的体制、结构和观念。

按题材的受众年龄来划分，有不同年龄段的新闻节目。少儿新闻节目如中央电视台的《新闻袋袋裤》、中央教育电视台的《少儿新闻》、浙江电视台的《小智情报站》、武汉电视台的《武汉少儿新闻》等。

按照题材的地域来划分，可以分为国际新闻、国内新闻。如中央电视台的《环球记者连线》、《世界周刊》等均以世界新闻为主。福建海峡电视台的《今日海峡》节目主要以海峡两岸为关注点，内容涉及台湾岛资讯、两岸经贸文化交流以及大陆台胞等"跨两岸"的题材，是了解两岸信息的重要来源。

按题材的新闻性来考虑，主要有真实性、时效性、重要性、新鲜性、接近性等几大元素。从时效性来看，随着手机、社区网站、微博的发展，很多网民纷纷承担起"新闻播报"的职责，使新闻消息能在第一时间传播，而电视则在此方面显示出自己的弱势。电视新闻节目要与新媒体竞争，也要在时效性上下功夫。2008年5月12日14时28分，汶川发生特大地震。中央电视台核实有关情况后在当天14点50分，以滚动字幕方式作出报道；15时，央视新闻频道整点新闻进行头条口播；15时20分，央视新闻频道推出直播特别节目《关注汶川地震》，震发3个多小时后，第一批记者赶赴现场发回报道，在温家宝抵达成都机场10余分钟后，《新闻联播》播出了总理在专机上的讲话，充分体现了新闻节目的时效性。从接近性来看，很多省市县电视台以当地新闻为主要内容，当地群众更易于接受。从新鲜性来看，中央电视台走基层专栏《蹲点日记》的记者深入到基层中，采用"蹲点"的方式发现新闻，改变了传统的"先有线索再去采访"的逻辑，使新闻更加鲜活。

## 二、体裁元素

电视新闻节目按照体裁元素来划分，可以分为以下几大类。

### 1. 消息报道类

消息是指只报道新闻事件的概貌而不讲述其中细节的一种新闻体裁。因其简短、明晰、客观等特性，消息成为新闻节目最常用的表现题材。按照中国广播电视

---

① 孙宝国：《中国电视新闻节目形态研究》，新华出版社2008年版，第16页。

新闻奖的评选标准,"短消息"时间在 1 分 30 秒以内(含 1 分 30 秒),"长消息"时间在 1 分 30 秒至 4 分钟之间①。消息报道类节目以播报消息为主,有助于扩大信息量,增强节目的时效性、客观性,是人们获取新闻信息的主要渠道。如中央电视台的《新闻联播》、《新闻 30 分》、《新闻直播间》等都是以消息报道为主的新闻节目。辽宁卫视《说天下》的《新闻速读 120 秒》等形式能够在短时间内传达丰富信息。

### 2. 新闻专题类

新闻专题是就某一新闻题材所作的深度报道,这种报道比较详尽且有深度,是对新近发生的重大事件的充分报道②。目前我国新闻专题节目主要呈现的形态有调查性报道、故事类新闻等。

调查性报道是一种较为系统、深入的以揭露问题为主的新闻报道形式③。节目主要针对某一事件、人物、现象或问题,以暴露和揭丑为核心,还原不为人知的真相,往往与人的利益切身相关,充满悬念、矛盾和冲突,能够吸引观众的普遍关注。中央电视台《新闻调查》就是一档深度调查类节目,节目关注我国社会变革中的重大新闻事件,以纪录式的拍摄方式为主,以记者独立的调查为主要表现手段,通过发现新闻背后的新闻而探寻事实真相。

故事类新闻是指以讲故事的手法来真实记录发生在老百姓生活中的新闻事件。此类节目详细交代事件的来龙去脉,注重事件的叙事方式,有时加入主持人适当的点评,主要突出事件的矛盾和情绪等,有层层设置的悬念、跌宕起伏的情节、感人至深的细节,具有感染力、戏剧性、冲突性和完整性。如江西卫视的《传奇故事》每期讲一个"传奇"的新闻事件,通过节目巧妙的编排、主持人通俗易懂的讲述与精彩的点评等营造"传奇"的氛围,使新闻生动有趣的同时产生正面的引导效果,传达真善美的价值。类似的有南京新闻频道的《周涛讲故事》、辽宁卫视的《王刚讲故事》等。

### 3. 新闻评论类

新闻评论性节目是从新闻事件出发,以说理为主要表现手段,着重从思想、政治、伦理等角度分析具有普遍意义的新闻事实或社会现象、社会问题,旗帜鲜明地表达态度,阐述自己的见解和主张,以指导当前的社会实践,影响和引导社会舆论④。代表

---

① 《中国广播电视新闻奖》,引自中央人民广播网,http://www.cnr.cn/home/column/qtzg/jxjs/200311300076.html。

② 周勇:《电视新闻编辑教程》,中国人民大学出版社 2002 年版,第 16 页。

③ 甘惜分:《新闻学大辞典》,河南人民出版社 1992 年版,第 153 页。

④ 张振华:《中国广播电视新论》,中国广播电视出版社 2004 年版,第 266 页。

节目如中央电视台的《新闻1＋1》、辽宁卫视的《老梁观世界》等。凤凰卫视的《时事开讲》也是一档时事评论节目，每期针对最新的新闻时事邀请时事评论员如曹景行、阮次山、杨锦麟等作出相关解释、解答和点评。

### 4. 新闻谈话类

新闻谈话节目，是在主持人的主持下，邀请嘉宾和观众（也有的节目不设现场观众），就社会当前关注的热点、焦点问题，进行平等的对话交流，为各种意见、观点、见解的表达、沟通提供一个平台①。中央电视台的《面对面》注重采访人物的新闻性，通过主持人对嘉宾的访问来解读新闻，记录历史。CBS的《拉里·金直播》中，谈话嘉宾具有极高的知名度，多为美国政界、商界、娱乐界的著名人士，甚至包括历届美国总统等。讨论内容多为时事话题或热点事件。该节目是第一个在世界范围内开通热线的栏目②，观众可以对节目嘉宾或主持人进行提问。

### 5. 新闻直播类

新闻现场直播是指广播电视利用电子信号把新闻现场的声音或图像直接发送并同步播出的节目形式③。新闻直播节目目前以新闻现场内容为主，以记者采访报道为辅，以演播室主持或访谈为主要衔接调度和补充评论手段。

### 三、叙事元素

这里主要从叙事主体和叙事方式来论述。

主持人是新闻叙事中最重要的主体之一。很多国家的电视新闻节目，尤其是欧美等国家，主持人是新闻节目的灵魂，是节目的品牌象征。主持人的风格特征、专业技能直接影响节目的收视率。如迈克·华莱士自1968年主持《60分钟》以来，直至2006年才离开，共主持节目38年。他以辛辣、强硬、不留情面的"侦探式"采访风格，进行追踪式报道，揭露社会问题。《60分钟》创办人、美国著名电视制片人唐·休伊特曾经说："我们这里的一切好事之所以会发生，原因就是从一开始我们这儿就有个迈克……迈克·华莱士对《60分钟》节目的贡献简直无法描述，因为迈克本人就是《60分钟》!④"又如我国的《南京零距离》节目，曾经的主持人孟非睿

---

① 叶子：《现代电视新闻学》，中国广播电视出版社2005年版，第336页。

② 汪文斌、胡正荣：《世界电视前沿Ⅰ》，华艺出版社2001年版，第196页。

③ 张均昌：《超媒体时代——新世纪电子传媒经营与创新》，新华出版社2003年版，第177页。

④ 转引自李法宝、张骏德：《美国电视栏目〈60分钟〉与〈20/20〉的差异化竞争》，《中国电视》2008年第4期。

智、理性、幽默的风格成为节目的核心竞争力。再如《财经郎眼》的监制兼主持人王牧笛表示："郎咸平的个人风采和本节目的真诚对话是《财经郎眼》最重要的因素。"①

关于叙事方式，主持人在叙述过程中，可采用播报、讲故事等多种表达方式。如黑龙江电视台《天下夜航》的板块《天下相声会》中，主持人以东北话诙谐调侃的语言风格来讲述新闻故事。吉林电视台都市频道的《说实在的》，其主持人通过角色演绎的方式，表现市井巷陌中的故事，在谈笑之间将新闻加以串联、品评。

此外，叙述可采用录播或直播的制播方式；在编排方式上可采用系列报道、组合报道、连续报道等多种方式。电视系列报道主要针对某一重大题材从不同角度，不同侧面来报道，多为主题性新闻报道，即通过多次报道来体现某种主题。组合报道指集中一组稿件反映同一时间不同地点的同类情况或同一主题不同门类的情况。电视连续报道节目通常针对重大复杂的新闻事件，追踪新闻的最新动向，连续深入地展开报道。

**四、视听元素**

1. 视觉元素

电视新闻节目的视觉元素，包括演播室和画面等。电视新闻已进入"内容为王，视觉为后"的阶段，充分利用视觉艺术达到高效传播是电视创新的一大手段。

（1）演播室。新闻传统意义的演播室主要在室内，形式较为固定，形态比较单一。新闻节目在经过多年发展后，其环境设计也发生了一定的变化。比如美国经典电视节目《今天》的主持人身后并非演播厅的背景，而是曼哈顿的流动街景。又如日本 TBS《御法川法南一早就一针见血》的开场板块是一个巨型新闻板；《News Zero》则采用 32 个 37 英寸的巨型显示器。又如 CNN 在 2009 年改版中，一个标志性的变化就是在演播室里设计了很多区，在不同位置放置 LED 显示屏，每个屏是一种不同的讲述视角。例如根据地域区分，不同屏幕播放不同地域的新闻，如亚洲新闻、欧洲新闻。这样节目内容虽然没有变化，但是通过立体化、分层次的新的演播形式，让受众更容易识别新闻的来源。

（2）画面。画面一方面包括现场录制的画面，同时还包括字幕、动画、漫画、统计图表、模型等元素。字幕是电视新闻节目中应用最为普遍的一种手段，包括标明新闻标题与主要内容、插播新闻动态、显示重要信息等。对字幕的开发有效克服了图像的限制，通过其精炼的概括可以有效传递主题、丰富报道信息、美化节目画面，

①　张莉：《年度节目〈财经郎眼〉》，《综艺报》2011 年 3 月 25 日第 5 期。

而动态的字幕所产生的流动感更可以给人强烈的视觉冲击。动漫可以将抽象的文字叙述转为直接可感的非语言符号。在电视新闻节目中，将动漫作为表现新闻的一种形式已经非常普遍。一方面借助动漫可模拟新闻事件，使表达更加客观、科学、直观，比如一些复杂的交通事故，可以通过动画的方式还原原貌；另一方面，动漫可以直接表达新闻观点，构成评论的一部分。

画面叙事元素的丰富、多种手段的引入有助于提升新闻节目的表现力，使新闻节目更加生动。这样，新闻节目既能报道现场记录的事件，同时还能展示无法拍摄的画面、过去发生的事件以及对未来的预测等。

2. 听觉元素

电视新闻节目的听觉元素包括现场同期声、解说词、音乐和音响等。

现场同期声真实记录新闻拍摄现场的声音，包括人物对话、讲话等，与画面同步，具有真实性和客观性，有效提高了节目的说服力。

因受新闻的时效性以及真实性等因素制约，电视新闻节目有时在拍摄较为完整美观的画面时存在一些困难，这时听觉因素便是对电视新闻节目的重要补充，借助解说词或者主持人的语言可以使新闻更加连贯和丰富。

音响包括自然音响、动物音响、噪音音响等以及现场音乐等，能够交代背景、渲染节目气氛、传递真实信息。人为添加的音乐和音响在新闻节目早期发展时曾经是很多消息类节目的构成要素，如今多已不再使用。但在一些新闻故事类节目中，会借助音乐来烘托情感、渲染气氛，如江西卫视的《传奇故事》中，在讲到动情之处时，往往会有抒情音乐出现，在讲述悬疑故事时，又会借助音响来增强叙事效果。

# 第三节　电视新闻节目创新方式

## 一、嫁接

新闻节目可与其他类型节目嫁接，从而产生新的形态，在这里列举一些主要的嫁接类型。

### 1. 新闻节目与真人秀

在传统观念中，新闻报道是对正在发生的或已经发生的事实的报道。《零距离》推出的新板块《新闻敏感度》则突破了这一观念。该板块每期有一个测试话题，记者在被测试者不知道自己被测试的情况下，记录当事人的某种行为、对某一事件的看法等。如工作人员假扮成小学生家长的朋友,测试小学生会不会轻易相信陌生人。该形态不同于传统的新闻报道方式,而是应用社会调查的方法,收集和分析例子,反映现象,主动采访,摆脱了以往被动报道的局面。《新闻敏感度》作为一种电视民生新闻表现形式的创新尝试,被认为是真人秀节目和新闻调查的一种结合形式,是一种"跨界"产品①。

### 2. 新闻节目与脱口秀节目

此类节目吸收了脱口秀节目的优势,以主持人为中心。如辽宁卫视的《老梁观世界》就是以脱口秀形式来进行新闻评论的新形式。节目主持人老梁以犀利的目光解读最热辣的新闻话题,挖掘真相,还原真实。主持人梁宏达自幼学习京韵大鼓、评书、相声等多种曲艺,讲话风趣幽默,同时敢讲真话,受到大家喜爱。节目在选题上涉及面广,包括政治、社会、娱乐、科学、体育等多个方面的热点,曾做过体育、新闻等节目的梁宏达都能够驾轻就熟。

### 3. 新闻节目与娱乐节目

新闻节目同样可以与娱乐节目进行嫁接。如美国《Headline News》加入了娱乐性的新闻板块,模仿白宫人物的口吻进行报道。又如《说天下》节目坚持以轻松为宗旨,充分满足观众在午间时段放松愉悦的诉求。其中一个固定板块《唱说天下》,每次以一首歌曲作为背景音乐,画面播放新闻相应的外延信息。如 2012 年 12 月 4 日的节目中,在播放完一则"奥斯卡公布最佳视觉初选,李安《少年派》入围"的消息后,节目以电影《Once》的插曲《Falling Slowly》唱出了被评为第 85 届奥斯卡"最佳视觉效果奖"的十部影片。在优美的音乐中,既传达了信息,也让受众得到美的享受。播放完之后,节目会对所播放的音乐进行介绍,通过音乐吸引了观众的兴趣,有效丰富了节目形态。再如湖北经视的《阿星笑长开讲》,也是将新闻和娱乐结合在一起,包含《阿星讲笑话》、《阿星说新闻》、《阿星品图片》、《阿星逗嘉宾》、《阿星念短信》五个板块。节目由笑星阿星主持,力求让观众在快乐中了解新闻,通过新闻感受快乐(2012 年 5 月,主持人喜子代替阿星,节目之后更名为《笑长开讲》)。

### 4. 新闻节目与谈话节目

凤凰卫视的《时事辩论会》,每期以一件时事为辩论题目,节目参加者各抒己见,驳斥异己观点,陈述自身看法,同时场外观众可在网络上争论,由主持人播报代

---

① 殷亮:《〈新闻敏感度〉:电视民生新闻的又一创新》,《中国广播电视学刊》2011 年第 11 期。

表观点。在这种开放的话语环境下，参与者通过思维的碰撞、激烈的争辩，使事实更加清晰，真理更加明确。

**二、借鉴**

1. 电视新闻节目与其他媒体

电视新闻节目要充分借鉴包括传统媒体以及新媒体在内的各种媒体的优势，以开放的心态和其他媒体合作。白岩松曾说过："未来的媒体是嫁接的，各种媒体的边界变得模糊，这是我做《新闻1＋1》的感受。通过这个栏目，我们把来自报纸、网络的话题、意见、各界声音汇总到电视屏幕上，一个小时后节目又会出现在网络上，我们已意识到这是一个网络、电视、平面媒体融杂在一起，只不过是在电视上直播的栏目。"①具体来讲，电视新闻节目可借鉴利用以下媒体。

第一，电视新闻节目与广播。辽宁卫视的《说天下》除了在电视上进行直播之外，还会在调频 FM90.4 和 AM882 重播。与此相似，太原调频 FM91.2 转播和共享太原电视台的《新闻快车》节目，使得广播受众也可以听电视节目。这种融合使电视新闻节目充分利用了广播资源。

第二，电视新闻节目与杂志。电视新闻杂志节目是电视新闻和杂志融合的最佳体现。它借鉴了杂志的编排方式，整个节目由若干个板块组成，主持人一般负责每个板块的串联，可融合消息报道、评论、访谈等多种形态，代表节目如美国 CBS 的《60 分钟》、德国 ARD 的《新闻专题》、法国公营电视台的《时事的秘密》等。除此之外，江西卫视还开办了《杂志天下》，通过主持人阅读杂志的方式来传播具有流行价值的新闻。

第三，电视新闻节目与报纸。读报节目是最常见的电视新闻节目利用报纸的形态。日本 TBS 的早间新闻节目《御法川法南一早就一针见血》在《一面简略看》板块中，将关于同一事件不同报纸的报道都打印出来贴在一起，以比较的方式来报道新闻。

第四，电视新闻节目与网络。网络中的应用包含众多，如博客、社区网站、微博等。安徽卫视的栏目《超级新闻场》最初因大量解读和重构来自网络上的信息而受到观众喜爱，是将电视和网络内容相结合的成功案例。微博不仅可以帮助节目寻找素材，同时网民意见的监督性、多元性能够使电视新闻报道更加客观全面。新闻节目可以以播出微博网友观点、前期征集选题、借鉴微博应用等方式与微博合作。江苏省广播电视总台新闻中心和搜狐微博联手打造的《夜宴微波炉》是我国首档跨

---

① 《让新闻更好地回到新闻》，《综艺报》2009 年 4 月 10 日第 6 期。

媒体融合的电视-微博新闻节目。该节目对每周首发在搜狐微博上的热点进行梳理和再调查,每次邀请两位现场评论员和一位网络评论员进行点评。节目下方不断滚动微博网友的观点。主持人和评论员实名微博在线,网友可发送短信和微博与其实时互动。节目嘉宾还参照微博规则进行 30 秒酷评。该节目在国内首次实现了传统媒体、网络媒体、手机媒体优势功能的有机结合。又比如 2012 年 9 月起,央视《晚间新闻》进行了改版。临到结尾第 29 分钟时,主持人赵普会根据当天播出的重点民生新闻,播出一段大约 140—200 字的"微博体"①。节目巧妙利用了微博短小精干的特点,提炼节目的重点,对医改、反腐、食品安全等多个话题和事件进行微评论,既丰富了节目信息量,又增强了节目的深度。

第五,电视新闻节目与手机。手机应用如微信的快速发展,给电视新闻节目的创新带来机遇。凤凰卫视的全媒体节目《全媒体全时空》,充分利用了手机媒体。受众可以通过节目的官方微信,发表意见看法,以"我是某地某某某,我认为……"的方式,通过手机语音或文字留言等畅所欲言,这些留言很可能成为节目的组成部分,有效丰富了节目内容。同时,通过微信,受众还可以接收到节目组发送的节目互动专区、往期节目链接等信息,对节目进行了深入传播,大大丰富了电视新闻节目的创作。

### 2. 电视新闻节目与艺术

电视新闻节目还可以借鉴除媒体外的其他元素,如艺术。

凤凰卫视于 2003 年推出的聚焦于刑事重案的节目《文涛拍案》,就借鉴了我国传统艺术——评书的形式。主持人窦文涛以新颖的说书风格,深入浅出解构古今中外各种离奇莫测的案例,给新闻节目带来新的体验。

法国无线加密付费电视台的时事讽刺节目《木偶新闻》,主持人和各大新闻人物包括政界、演艺界等人物均以木偶形式出现,即使总统也会以可笑的面目出现遭到挖苦。借助木偶的表演,节目以夸张和讽刺的手法来展现法国和国际时事。

山东齐鲁电视台 2005 年创办的新闻节目《拉呱》成功地将曲艺和新闻相结合。"拉呱"为山东方言,意思为聊天。主持人为相声演员,采用曲艺式播报新闻的样态,不同于以往的播新闻和说新闻形式。主持人与台下的"搭词儿",分饰相声中的"逗哏"和"捧哏",形式活泼,增强了节目的亲切感。

河北卫视的《今日资讯》更是借鉴相声这门艺术在 2011 年推出了"相声新闻"

---

① 《赵普版晚间新闻亲笔撰写结尾评论受好评》,引自新华网,http://news.xinhuanet.com/book/2012-12/05/c_124048110.htm.

的形式，两人一唱一和，调侃播报，内容轻松幽默，尤其适合对社会现象的评说。

### 三、原创

#### 1. 题材元素创新

新闻节目要努力寻找节目的空白地带，突出自身题材特色，增强核心竞争力。

在题材领域上，如《每周质量报告》是一档专门致力于产品质量和安全领域的调查报道节目。节目通过事件描述、记者深入现场调查、采访新闻当事人等手段，打假除劣，帮助人们打造高质量的生活。又如深圳卫视的《关键洞察力》是全国首档以分析焦点新闻人物微表情为线索，深度解析国际时事的新闻节目，题材新颖，富有创意，打破了传统的题材划分方式。节目首度引入微表情概念，从微表情角度切入，以人物关系串联新闻事件，使时事新闻变得通俗易懂。

在题材地域上，如深圳卫视 2006 年开播的《直播港澳台》节目充分发挥了深圳的地理位置优势，围绕港澳台新闻事件，全方位进行消息报道、深度报道和分析评论，成为内地了解港澳台新闻的重要窗口。节目充满地域特色，在竞争中脱颖而出。2011 年 6 月至 2012 年 5 月，节目在 145 个城市中稳居全国省级卫视新闻栏目收视第四名；2012 年 6、7 月，节目平均收视率突破 0.5％，稳居全国省级卫视新闻栏目第一名，实现了"扛起特色大旗"和"带动收视龙头"的目标①。又比如重庆卫视的《CQTV 晚新闻》单独设置了"外媒看重庆"板块，多地新闻节目也有类似板块，节目采取逆向思维，不是报道国际新闻，而是将外媒报道作为新闻，具有新意，能够帮助受众更好地理解当地形象。

在题材新闻性上，如山东卫视的《说事拉理》节目为提高时效性，会在节目中打出预告字幕，如"我们的记者＊＊＊目前已赶往＊＊＊现场，详细情况近期播出"等字样。

#### 2. 体裁元素创新

很多新闻节目往往不拘泥于单纯的某一种体裁，而是将多种形态重组并融合。比如《零距离》在常态上包括五大板块：组合式报道《焦点》、新闻评论《观点》、新闻故事《纪录》、新闻调查《调查》、新闻人物《角色》。对新闻评论节目来说，有些节目会在播送完一条消息之后加上主持人简短的评论；有些将新闻评论环节作为一个板块单独拿到节目中，如南方电视台的《今日最新闻》便是在节目中加入了一个时

---

① 张春朗：《地缘优势：卫视新闻竞争力——以深圳卫视〈直播港澳台〉栏目为例》，《新闻战线》2012 年第 9 期。

事评论环节;有些则主要通过谈话的形式,展开对新闻事件多角度的评论分析。

### 3. 叙述元素创新

第一,主持人创新。电视新闻节目可以通过选择不同风格的主持人来实现创新。通过对主持人的选择和组合,从而实现节目的品牌传播。

英国 BBC 调查类节目《看门狗》主要跟踪调查观众的消费投诉,解决与相关零售商、企业之间的问题,从而改善消费环境。节目的主持人为英国电视史上首个夫妻主持人组合,这样的搭配使节目更具有家庭气息,拉近了和消费者的距离。

日本 NHK 周播节目《少儿新闻周刊》中没有设计主持人或播音员,而是用五位演员和一位卡通人物代替。他们临时组建成一个家庭,包括爸爸、妈妈和三个孩子。五个人用通俗易懂的语言传播一周内的时事要闻和热点话题。同时节目的配音速度慢,均选用孩子们可以理解的词汇,并在节目中使用了大量的模型帮助小朋友理解。

第二,播报方式创新。首先体现在播报体态上。近年来,新闻演播棚不断变化。从原先的小空间,到现在的 500 平米、800 平米,甚至 1 000 平米,全景新闻演播棚的产生开辟了电视新闻播报的新形式。大背景屏幕前,主播区、立播区、访谈区等不同格局出现在演播室中,突破了传统的坐播形式。通过主持人肢体语言的表达,以及新闻内容多样化的动态呈现,拉近了受众与节目的距离。近年来,多档新闻节目都突破了传统的坐播模式,改为立播,如《焦点访谈》等经典节目。

其次体现在播报语言上。一些民生新闻节目选用了以地方方言为播报语言的方式。这种形式通过本土化的方法,增强了节目的贴近性,其特殊的语音和词汇能够迅速感染当地观众,使节目更加生动活泼,有效避免了新闻的枯燥。如杭州电视台的《阿六头说新闻》就用杭州话播报。主持人阿六头作为节目的标识,已成为当地老百姓心中的明星。苏州新闻综合频道的《施斌聊斋》以吴语播报。温州电视台的《百晓讲新闻》用温州话来播报。辽宁卫视的《说天下》,其独特的新闻播报方式是节目成功的主要原因之一。节目强化了主持人的风格,主持人可根据自身表述习惯对新闻主笔的述评进行个性化加工。在主持过程中,主持人杨悦和蝈蝈、王浩和心悦等像聊家常一样播放新闻,不时还说几句俗语、方言,偶尔唱上一段,还利用了朗诵、模仿等形式,充分发挥了自身特色。除方言外,有些节目主持人还采用外语进行访谈播报等。

第三,编排方式创新。电视新闻节目要摆脱传统的编排方式,不断探索新的形式。2009 年中央电视台新闻频道推出了元旦特别节目《2008 情感辞典》,节目以词汇为线索,回忆一年来人们经历的跌宕起伏的情感历程,包括震撼、踏实、错愕、力量、爱情、愤怒、较劲等，形式新颖。三位主持人张泉灵、张羽和李小萌每人在每期选择一个词汇，并分别讲述相关的一个故事，如通过爱情讲述了汶川地震中幸存者贺晨曦和她的男朋友郑广明之间的爱情故事等，通过愤怒讲述了三鹿奶粉添加三聚氰胺事件、奥运火炬遭抢事件等，通过较劲讲述了华南虎事件等。在讲述中，主持人对事件进行点评，发表观点，并连线新闻当事人采访其最新状况，在旧闻中发掘新闻。这种以词汇为线索进行串联的编排方式，很好地将庞杂的新闻有机整合起来。

### 4. 视听元素创新

第一，演播室创新。演播室创新可以从设置地点、自身设计等方面来考虑。

广东新闻频道的《超级采访车》节目将常规的演播室搬到了汽车上。最初主持人作为司机，将车开入广州的大街小巷，专门等准备打车的人。人们自愿上车接受采访，每天一个话题，同时主持人免费将其送到目的地。节目后来的形态主要是记录车上所拍的见闻，下车后对当事人进行采访，并穿插相关资料，或对某个事件做全程报道。

2010 年世博会倒计时 100 天时，江苏电视台《零距离》在上海设立前方演播室，获得成功。之后，节目还在江苏省的中心城市苏州、常州、无锡分设演播室，实现了当地新闻当地报。2010 年 3 月 26 日，《零距离》苏州演播室在苏州一个临水走廊上搭建，背景为小桥流水。南京和苏州两位主持人以连线形式播报。其中苏州演播室播出约十分钟，播放所有苏南新闻。节目还在南京街头搭建全玻璃背景的分演播室，吸引了众多观众。分演播室的设立让《零距离》开拓了更多市场，在形式上拉近了和受众间的距离。

第二，画面创新。信息爆炸时代，节目要利用多种手段提高播出效率。

首先，节目可利用电视的屏幕空间丰富信息量。多点直播报道是对发生在不同新闻现场（或同一新闻现场中不同报道点）的同一新闻事件进行的全方位、多侧面的同步报道。这种报道能够充分展示电视新闻的魅力①。杭州电视台综合频道在全程直播沪杭高铁开通时，通过对电视屏幕进行切割和叠加的方式，传递了多通道的信息。直播中对背景大屏幕进行了七视窗分割，并进行动态切换，所有记者在大屏幕上候场；对电视屏幕使用了四视窗分割，包括正在连线画面、下一个连线画面、演播室画面和车头速度体验画面，同时还充分利用游走字幕，发布相关直播信息、乘坐常识，并回答观众问题。

① 李勇：《多点直播报道中的导播要义》，《电视研究》2001 年第 12 期。

其次，节目可利用各种高科技手段强化视觉效果。如深圳卫视的《军情直播间》节目采用三维虚拟演播室技术，制作出大量 3D 武器模型动画，呈现出震撼的视觉效果。《老梁观世界》在节目中设计了很多与节目主题相关的道具，使用虚拟人像和景物造型技术，借助特效和灯光等，呈现出三维立体效果。如在《刘晓庆和赛金花》这一期节目中，就使用了刘晓庆和赛金花隔空对话的虚拟人像。

再次，节目可借助各种辅助手段报道新闻。2004 年，南京广播电视台新闻频道推出的《大刚说新闻》中的子栏目《漫画新闻》，采用漫画加说新闻的形式，这样不仅可以表现节目不易捕捉的新闻素材，解决节目源缺乏的问题，同时富含视觉冲击力，增添了新闻的趣味性，通过其夸张、象征等手法进行舆论监督。中央电视台的《蹲点日记》专栏采用写日记的形式介绍采访背景、缘由等，之后再播出记录内容。这种手段既能交代很多新闻画面无法展示的东西，信息量较为丰富，同时和栏目名称呼应，充满新意。江苏城市频道的深度新闻节目《一周热点》，则采用了"新闻地图"和"词汇墙"等全媒体方式兼顾新闻的信息量。

## 第四节　电视新闻节目创新趋势

### 一、直播常态化

随着新闻事业的发展，直播已成为电视新闻节目的必然趋势。新闻节目的直播不仅体现在其最终的播出方式上，更体现在记录上的同步，要能在突发事件、重大事件甚至普通民生事件发生时第一时间记录并报道。目前，受众的需要、电视新闻频道的开播、技术的发展等在不同程度上促进了电视直播的常态化。

"Break 新闻"源于西方电视新闻，像 CNN 等机构经常打断正常的节目编排，插入重大突发事件，进行直播报道。我国现在的"Break 新闻"也逐渐增多。2008年 10 月 9 日，齐鲁台《每日新闻》接到热线电话，一名产妇在医院生产时大出血，当地医院医治无效后已转院，而她需要非常罕见的 RS 阴性血，医院一时没有。节目组磋商后通过播发字幕、中断电视剧和固定节目等手段插播这条新闻，进行直播，展开了救援活动。齐鲁台的《独家！》栏目，更是将"Break 新闻"进行汇总，实现常态化。通过对重大事件的直播，新闻节目能够达到及时准确的传播，避免谣言蔓延，最快实现舆论引导。2008 年 9 月华尔街金融风暴掀起，央视迅速展开了长达三个多月的直播特别报道《直击华尔街金融风暴》。又如 2010 年，我国遭遇 50 年一遇的雪灾。黑龙江电视台打断了原有的节目编排，第一时间推出"迎战大风雪"

特别直播报道。其中《新闻夜航》节目通过四路现场直播信号、一路 3G 信号、高清摄像机信号全方位展示哈尔滨雪情。节目及时滚动播出现场新闻、交通状态等，不仅为老百姓提供了详细的信息，也为政府决策部署提供了依据。

技术上，我国陆续引进的国际先进技术装备包括数字压缩设备、数字移动卫星地球站、数字移动卫星新闻采集转播车、新型微波设备、直升机航拍设备、直升机中继设备以及特种摄像设备等，在直播系统中发挥了独特的作用①。此外，3G 技术突破了时间、地域的限制，也在新闻节目中得到运用。随着 3G 手机视频通话等业务的发展，人们可借助手机直播身边新闻。如河北电视台《今日资讯》节目如今已将 3G 通信网络直播、SNG 卫星直播、手机通信直播三者应用到节目中，将原来的录播改为直播形式，增强了新闻的时效性。

## 二、信息深度化

各种新媒体技术的发展给电视新闻节目造成一定冲击。在激烈的新闻媒介竞争中，提高新闻节目的深度成为电视和其他媒体竞争的有力手段，因此电视新闻应通过深度报道与评论，说明事件来龙去脉，解释前因后果，挖掘新闻真相，分析现象与本质，揭示深层含义，发挥新闻舆论引导的作用。

黑龙江电视台民生新闻节目《新闻夜航》近年来有效避免了"粗、俗、烂"，追求节目的"态度、角度、速度、力度、深度、广度和温度"，提升了节目的影响力。东方卫视的《深度 105》的节目名称来源于人类徒手潜水的最高纪录 105 米，寓意节目能够竭尽所能，将节目做深，追求思想和历史的深度。类似定位的节目还有《新闻深呼吸》《新闻深一度》等。

## 三、节目分众化

随着新闻节目数量的增多，受众的选择性也大大提高。新闻节目要努力挖掘新的领域，来满足不同人群的需要。

江西电视台的《晚间 800》以涉法类新闻事件和社会关注的焦点事件为主要播出内容。辽宁电视台都市频道 2010 年推出的《都市红绿灯》，以交通新闻为特色，传播安全理念，倡导文明出行行为，为警民搭建了沟通平台。河北电视台农民频道的《三农最前线》则以农民作为服务对象，主要播放涉农新闻、实用信息以及深度报道等。广西电视台都市频道的《广西房地产》通过新闻专题形式，充分挖掘房地产现象，报道全方位的地产动态，为人们购房、投资等提供了参考。

---

① 赵化勇：《中央电视台发展史(1998—2008)》，中国广播电视出版社 2008 年版，第 13 页。

#### 四、视角差异化

在新闻资源有限的情况下,从不同的视角出发来报道、解读或评论新闻,能使节目脱颖而出。

浙江经视的《新闻深呼吸》是一档深度新闻评述节目。节目力求把民生新闻公共化、时政新闻民生化,视角独特。又比如十七大召开时,央视少儿频道推出了《小记者报道》、《小记者观察》、《小记者发现》等,节目从小朋友的视角来看新闻,具有新鲜性。而《今日说法》的特别节目《小撒探会》,突出其法制特色,以法治视角来剖析两会,这就区别于其他相似的两会报道。湖北卫视的新闻评论节目《长江新闻号》针对一组片子,往往采访多个国际问题专家,有时甚至十位不同身份的专家,呈现全方位多视角的分析,突出节目观点的独特性和差异性。

#### 五、理念民生化

电视新闻节目要关心百姓生活,深入群众,贴近实际,坚持和电视观众平等交流的民生化理念。

江苏城市频道提出了民生新闻3.0的概念。该频道总监张建赓表示:民生新闻大致走过了三大阶段:1.0时代,将镜头对准普通人群,关注生老病死,柴米油盐,用一种平等的视角,给电视观众以全新的感觉;2.0时代,注意提升节目的品位与导向性,增加正面报道和主题宣传的比重,舆论监督则体现普遍性和建设性;3.0时代,实现电视与观众的全方位交流、互动,特别是把电视和网络进行有效结合,使电视栏目成为多元意见的表达平台①。

2002年,江苏台推出18集大型新闻行动《时空新飞跃　空中看江苏》,节目在主旋律报道中融入民生新闻报道方式,展现了江苏省经济发展的新变化。如今新闻节目已经由小民生转向大民生,从关注老百姓柴米油盐等寻常生活信息转移到关注与民生生活相关的国家政策、制度建设等。

浙江卫视的新闻评论节目《新闻深一度》,在新闻调查的基础上,加入专家、记者和网民的点评,其中节目通过网络视讯平台,让观众坐在家中就能直接上电视。节目从创办之初,就尝试打破传统固化的思维模式,引入网络与电视的互动融合,着力于发掘来自民间草根的网络公众评论员,将电视新闻评论节目从高端精英语

---

① 武研:《〈零距离〉引发电视新闻新一轮变革》,《综艺报》2009年5月10日第8期。

境转向真正的大众语境①，体现了普通公民对于新闻评论的话语权。

中央电视台的《新闻周刊》获得 2010 年第四届《综艺》年度节目，授奖词这样写道："《新闻周刊》在 2010 年将更多视角转向宏观背景下的微观个体，用更加细腻的眼光，从更深的层次解读社会变革期每个个体的变化，用真实、真情和真知来表现中国。堪称一本有理想、有责任、有尊严的电视新闻杂志。"②又如柴静在《看见》节目播出时表示："很多人都问我们栏目为什么叫《看见》，我说有一个作家说过，人们都知道什么是石头，但是我的任务是让你看见它，感觉到它。这个时代每天都在发生大量的新闻，但我们的任务是让你看见新闻中的人，感觉到人的存在。"③柴静在节目中采访了药家鑫父母、阿文等一系列人物，这些节目都在着力探讨大事件和人的关系，关注新闻中的人，体现了民生化的新闻理念。

## 六、报道立体化

报道立体化主要体现在三个方面。

一是信息来源立体化。电视新闻节目要广泛吸收传统媒体和网络媒体提供的线索，同时深入群众，开拓渠道，使信息来源更加立体。目前，很多节目在信息来源上做出探索。如福建新闻频道的《现场》引入了"百姓摄像师"的概念，让老百姓拍自己的身边事、自己的新闻。广东新闻频道《今日关注》中的板块《DV 现场》，发动观众用 DV 第一时间记录事件的发生、进展和结局，《今日关注》还开通了热线、短信、网络等多种形式的爆料平台收集新闻线索，开辟了"爆料大搜索"板块。浙江电视台的《1818 黄金眼民生版》，开通了固定电话和手机两路 24 小时新闻热线，还开通了 QQ 互动平台。以上信息都在电视屏幕中显示，方便观众看到。通过这种方式，节目不止扩宽了新闻资源，还大大增强了节目的互动性。

二是报道内容立体化。这是指新闻节目要多层次、多侧面反映新闻事件，报道事实，提供背景，多角度全面报道。凤凰卫视评论节目《凤凰全球连线》每期会针对一个热点话题连线节目驻全球各地记者、特约记者和评论员等，提供全球各地不同人群的看法。如针对温家宝 2012 年 11 月访问曼谷一事邀请曼谷现场特派记者李佳佳、华盛顿现场美国威尔逊国际学人中心兼公共政策学者汪铮教授、曼谷现场评论员陈新华、上海现场上海国际问题研究院国际战略研究所薛晨博士，来分析此次

---

① 黄小裕：《以公众言论的广度，让新闻更深一度——浙江卫视〈新闻深一度〉的创作思路》，《新闻战线》2012 年第 5 期。

② 《年度节目〈新闻周刊〉》，《综艺报》2011 年 3 月 25 日第 5 版。

③ 胡里：《年度新闻节目〈看见〉》，《综艺报》2012 年 3 月 25 日第 7 版。

访问中所涉及的中泰合作、泰国如何强化自身区域影响力、泰国人如何看待美国和中国两国领导人均访问泰国一事以及美国人如何看待奥巴马访问等。通过连线在不同地点的记者、学者,呈现出相关各国的看法,立体化的内容使观众更加深刻地了解和认识国家间的合作关系。

三是节目播出立体化。节目要充分利用各种播出平台,包括网络、广播等,从而最大程度地扩大自身影响力。如凤凰卫视的《全媒体全时空》便在凤凰卫视中文台、美洲台、欧洲台、凤凰新媒体、U-Radio(广播)五大平台同步直播,播出平台打通多种媒体,更为立体。

### 七、提升权威性

在信息爆炸、鱼龙混杂、众说纷纭的环境下,受众在需要多元化信息的同时,也需要一个权威化的媒体来帮助确认信息真伪和解读方向。为此,电视新闻节目要不断努力探索提升权威性的途径。

一方面,新闻节目要加强调查性报道,迅速及时展开实地调查,认真核实确认,澄清谬误。其间要特别注重新闻现场的说服力,让事实说话。另一方面,新闻节目要强化评论力量,充分利用政府、专家、知名媒体人等发出权威的声音。此外,新闻节目要注意保持其持久的品牌价值,保证稳定的高质量报道,做到客观公正,理性分析,强化舆论监督,提升节目在受众中的公信力。

### 八、注重服务性

新闻节目在不断发展和完善中,已不局限于传统的承担信息传播、舆论引导等职责,还应当关注日常生活,扮演民众和政府间"中介人"的角色,发挥其社会服务功能。

例如,浙江电视台的《1818 黄金眼》中有免费寻人寻物的小板块《寻》。泰州电视台的《小范你帮忙》,以"帮群众办事为己任",一方面为群众政策咨询提供信息,一方面为社会弱势群体跑腿办事,为百姓解决了大量困难。聊城电视台的《民生面对面》节目以"服务百姓,解决问题"为理念。记者通过联系相关部门、深入访问、调查取证等手段化解难题,援助了很多人。齐鲁台的《小溪办事》是由原《每日新闻》中的子栏目《为您办事》独立而来,节目介入群众生活,帮助人们解决实际困难。如节目通过连续报道 40 岁警嫂孙艳萍急需 AB 型血的新闻帮助她找到了肝源,成功做完肝移植手术。节目还推出"小溪书屋"公益活动,帮助建成了多座书屋,为孩子们添置了图书、书桌、书橱等,有效改善了孩子们的阅读环境。2008 年安徽广播电视台打造的《帮女郎　帮你忙》节目以"美丽帮女郎,天天帮你忙"为旗号,节目每期的值班记者称为"帮女郎"，群众如有什么困难、需要，可以连线"帮女郎"得到相应的帮助。诸如此类的节目还有很多，如杭州电视台的《直播 12345》、石家庄电视台都市频道的《小吴帮忙》等。

新闻节目的服务性趋势不仅体现在这种以民生新闻为主的节目上，也体现在其他以硬新闻为主的新闻节目上。2012 年央视推出了大型新闻公益行动"我的父亲母亲"，开展了"为痴呆正名"、"发放帮助走失老人回家的黄手环"等行动，收到了良好的效果。2012 年 10 月 19 日，《新闻联播》报道了文氏四兄弟寻找走失患病母亲的事件，并公布了老人的照片以及文氏兄弟的联系电话，希望通过大家的帮助能够让患病的母亲平安回家。这些都体现出节目的服务性。

# 第五节　电视新闻节目创新案例分析

### 一、美国 CNN《安德森·库珀 360°》

《安德森·库珀 360°》是 CNN 于 2003 年 9 月 8 日播出的一档夜间电视新闻杂志节目。节目通过现场连线和嘉宾讨论等方式对当天重大新闻事件进行全方位报道和解读，同时还有司法、政治、健康和流行文化等领域的独立单元报道。每晚十点播出，时长两小时。第二小时除了在前几分钟直播新闻或偶尔播放录制好的专题外，一般会重播前一小时的内容。该栏目曾获 2006 年美国电视艾美奖。该节目的创新之处主要有以下几个方面。

图 3-1　《安德森·库珀 360°》

1. 主持人魅力

该节目以主持人安德森·库珀的名字命名。安德森·库珀拥有极佳的外形条件和内在气质，金色的头发、清晰的谈吐和专业的新闻技能，被美国畅销杂志《人物》评为"最性感的男人之一"。库珀曾实地报道过波黑内战、伊拉克战争、印度洋海啸、卡特里娜飓风等，他出生入死，在艰苦的地方带来一次次直入人心的现场报道，对灾民的同情、对政客的质疑、充满情感的报道让他赢得了观众的信赖。在该节目中,为录制"地球危机"这一板块,他曾经跑遍大半个地球,为观众带来一手报道。传统的新闻节目主持人往往神情严肃、成熟稳重。安德森·库珀在主播时则具有独特的个性,他充满朝气,亲和自然,吸引了很多青年人的关注。在新闻现场连线中,库珀往往还会展示自己睿智、幽默的一面,从个人视角来报道节目。

### 2. 直播常态化

节目采用现场直播的方式,以360度视角对各大新闻事件进行全方位报道和解读。节目以做好的新闻背景资料展开,尽最大限度直击现场,采用视频连线形式报道事件最新进展,同时还会邀请专家等对事件进行视频采访。共时分屏的视频连线中,各分屏的被访者能够听到彼此的意见。节目尽量找到更多的事件当事人,在嘉宾解读时,会邀请两个以上的采访对象,有效地平衡了信息。

### 3. 杂志编排方式

《安德森·库珀360°》由多个单元组成。每期会以一则头条新闻开场,这则新闻会被从各种角度来解读,包括记者发回的现场报道、不同嘉宾对此事件的看法等。除此之外,节目还有其他固定的板块。如《真实政治》,主要报道一些政治新闻;《让他们诚实》主要曝光官员腐败等问题。杂志化的编排方式,使节目能够包容各种形态。

### 4. 互动性

节目利用多种手段来增强互动性,如播放电视观众寄来的录像片段,号召观众在节目网站提出意见和看法等。同时,主持人或相关成员还在节目的博客上发表感想,提供节目没有播出的背后的新闻,这种方式进一步增强了节目和观众的沟通。

## 二、中央电视台《新闻1+1》

《新闻1+1》是中央电视台新闻频道于2008年3月24日首播的一档日播性新闻评论节目,时长30分钟。节目每期从时事政策、公共话题、突发事件等大型选题中选取当天最新、最热、最快的新闻话题,还原新闻全貌、解读事件真相,力求以精度、纯度和锐度为新闻导向,呈现最质朴的新闻[①]。节目涉及百姓关注的教育、医

---

① 引自《新闻1+1》官网,http://cctv.cntv.cn/lm/xinwenyijiayi/index.shtml。

图 3-2 《新闻 1+1》

疗、食品、交通等领域，在平衡多种声音的基础之上进行评论。节目创新之处主要有以下几个方面。

### 1. 不断突破评论模式

节目最初打破了传统的新闻播报形式，采用"1+1"模式即一位主持人和一位新闻观察员的双人谈话模式。主持人对白岩松提问，白岩松进行评论，二者在表达中相互补充，站在公众的立场上，进行理性的探讨。

2011 年 8 月 1 日节目改版，将以上评论模式改为主持人直接担任评论员，继而展开个性化评论的形态。节目将新闻报道和新闻评论结合起来，因事说理、夹叙夹议，以客观事实为依据，发表主观看法，通过对事件的来龙去脉进行梳理，从而揭示其中的本质。

### 2. 主持人符号特色

节目改版后由白岩松等担任节目主持人，强化了主持与评论合一的功能。白岩松言辞犀利，直指新闻背后所隐藏的各种问题，具有鲜明的符号特色。白岩松曾因主持该节目获得"最佳时评节目主持人"的荣誉称号。《新周刊》给予他高度的肯定："与其说他是电视主持人，不如说他是社会学家。他的评论能量来自多年的历练与独到的思考，更来自对国情和民意的领会。他洞悉社会，能点中新闻背后的通气穴位；他心怀尺度，深谙主流意识形态与公众舆论的均衡；他的理性、建设性和持久的信心，使他成为社会剧变中乐观和称职的时事阐释者。"①

此外，主持人还包括李小萌、董倩等，这些主持人都是出色的新闻记者。其中李小萌曾因在汶川地震报道中"泪洒北川"一幕而家喻户晓。

### 3. 时效性与深度并存

《新闻 1+1》节目采用直播形式，对热点新闻进行跟进，充分发挥电视的各种手段，包括背景短片、现场连线、电话连线、影像资料等，第一时间采访新闻当事人，

---

① 《央视〈新闻 1+1〉夺得年度最佳电视节目》，《福州晚报》2010 年 3 月 21 日。

提供多方事实,增强了节目的时效性。同时作为评论节目,《新闻1＋1》以对新闻的阐释取胜,拥有较大的舆论尺度和话语空间,强调理性、客观、深入剖析新闻背后错综复杂的原因、关系等,有效发挥了节目的舆论监督和舆论引导功能。

# 第四章 电视谈话节目形态创新

从 20 世纪 20 年代的萌芽阶段,到 20 世纪末的繁荣阶段,再到今天的稳步发展阶段,在将近 90 年的发展历程中,电视谈话节目已经形成了自身的一套运作和创新模式。尽管今天的电视谈话节目已经失去了 20 世纪 90 年代时的主导地位,但是该节目形态仍将以其较低的制作成本和不可取代的地位继续稳步地发展下去,它的创新模式值得我们去探讨和学习。

## 第一节 电视谈话节目创新历程

电视谈话节目以一种电视节目形态的方式,将人类最基本的信息传播和交流的"谈话"方式呈现在了电视屏幕上,为人们提供了一个特定的谈话场所,构建了一个可自由交流的公共话语空间。公认的最早的电视谈话节目出现于 20 世纪 50 年代的美国。在经过不断完善和创新后,电视谈话节目在 20 世纪末已成为美国乃至世界电视业的主力军。在电视节目播出总量中,谈话节目占据着相当大的比重,节目内容涉及社会生活的各个方面,如社会新闻、日常生活、综艺娱乐、心理分析和人际交往等。在我国,电视谈话节目起步较晚,真正意义上的电视谈话节目在 20 世纪 90 年代才出现,但其发展的速度和规模却是不可小视的。在近 20 年的摸索中,我国的电视谈话节目不断地找寻着自己的出路,在学习与创新中取得了不少突破。

### 一、电视谈话节目的定义

关于电视谈话节目的定义,目前尚无定论。从各自角度出发,不同的学者持有不同的观点,看法不一。每种定义都有它的合理性,同时也可能有一定的不足。笔者将几种较常见的观点列举如下,供大家借鉴。

美国出版的《电视百科全书》中"谈话节目"的词条是这样定义的:"'电视谈话'

(TV talk)包括了从一有电视起就存在的所有不用写脚本的对话和直接对观众讲述的各类节目形式。这种'直播的'、脱稿的谈话是电视区别于电影、摄影、唱片和书籍企业的一个基本因素。而'电视谈话节目'(TV talk show)则是一种主要围绕着谈话而组织起来的表演。谈话节目必须在严格的时间限制之内开始和结束，并且要保持话题的敏感性，以便在面对上百万观众时能够提起观众的兴趣。"①依据这个词条，我们能够很清楚地区分出"电视谈话"和"电视谈话节目"的界限。凡是"直接对观众讲述"的节目形式以及所有电视节目中的即兴对话都属于"电视谈话"。可以说，电视节目中基本都有"电视谈话"，但是"电视谈话"并不等同于"电视谈话节目"。电视谈话节目必须受到严格的时间限制，并就敏感性的话题进行交流。

石长顺在《电视栏目解析》一书中对电视谈话节目的定义是："把人们私下的谈话搬到电视这个大众媒介上，借助人际传播来实现大众传播的一种传播形式，它是一种一般由主持人、嘉宾和(或)现场观众就一个主题进行讨论或辩论的电视节目形式。它必须在严格的时间限制内开始和结束，并且要保持话题的敏感性，以便在面对上百万观众时能够提起大众的兴趣。"②这个定义在《电视百科全书》该条定义的基础上进一步完善，指出了谈话节目是由人际传播到大众传播的转换过程，并且提出了构成谈话节目的三个基本要素：主持人、嘉宾和现场观众。

孙宝国在《电视谈话节目形态简论》中的定义为：电视谈话节目是将人际间的口头传播引入屏幕，并将这种传播方式本身直接作为节目的内容和形式的节目形态。节目一般是在固定的谈话场所举行，由主持人、现场嘉宾和现场观众围绕某一公众普遍关注的政治、经济、文化、社会、人文等话题，展开轻松和谐、平等民主的群言式的交流、对话，以期达到某种传播效果③。

综上所述，狭义上的电视谈话节目可以理解为：一般由主持人、嘉宾和观众组成，在演播现场围绕特定的话题展开即兴、双向和平等的交流，通过电视媒介再现日常谈话状态，以面对面的人际传播形式达到大众传播效果的一种节目形态。从广义上说，电视谈话节目是借助电视声画结合的优势，在特定场所围绕特定话题通过面对面的人际传播形式展开即兴、双向的对话或直接对观众讲述的一种节目形态。本书采用的是广义的说法。

---

① Horace Newcomb, *Encyclopedia of TV*, Routledge, 1997, p. 236.
② 石长顺：《电视栏目解析》，武汉大学出版社 2007 年版。
③ 孙宝国：《电视谈话节目形态简论》，《北方传媒研究》2006 年第 2 期。

## 二、电视谈话节目的创新历程

早在 20 世纪 30 年代,美国便应用电视技术开办了谈话类节目。第一批真正意义上的电视谈话类节目是 1934 年在美国出现的一系列公共服务节目,如《芝加哥圆桌大学》《美国空中城市会议》等,这些节目探讨和辩论的话题主要都集中在社会问题和政治问题两个领域①。1948 年,美国出现了《德克萨科明星剧场》和《小城大腕》,谈话类节目一时成为电视节目的主流形式之一。但在此后一段时间内,此类形态的节目并未得到有效发展。直至 20 世纪 50 年代,在美国总统大选中,一些竞选者开始在电视上发表演说和谈话,继而出现了一系列带有商业性质的、比较轻松的谈话节目,如由喜剧演员斯蒂夫·阿伦主持的最早的夜间谈话节目《今夜》等,明星闲聊式的谈话方式由此确立。可以说,现代意义上的电视谈话节目形态开始于 20 世纪 50 年代的美国。

1. 美国电视谈话节目的创新历程

(1) 萌芽阶段:20 世纪 20 年代—50 年代。

谈话节目最早是以广播作为载体出现的。由于经济的发展和社会的进步,人们表达自己观点和想法的意识越来越强烈,于是形成了便于大家在公共场合进行交流和发表言论的聚会和沙龙。广播技术在此潮流的应召下,逐渐开辟了一种新的节目样式,即谈话节目。1921 年,马萨诸塞州斯普林斯菲尔德的 WBZ 电台播出了第一档谈话节目,主题是为农村听众讲农场经营。60 年代以后,政治类谈话节目开始出现。到了 70 年代,谈话节目的内容已经产生了相当多的变化,开始较多地涉及心理学、性等问题。

电视谈话节目是在广播谈话节目的基础上发展起来的,凭借着声画结合的优势逐渐进入大众的视野。20 世纪 30 年代出现了第一批用于公共服务的谈话节目;40 年代末,最大的两档以名人访谈为特征的大型杂耍节目分别是由米尔顿·伯尔主持的《德克萨科明星剧场》和爱德·萨利文主持的《小城大腕》;50 年代,围绕着全国大选,许多总统候选人在电视上发表演说和谈话。此外,在商业竞争的压力下,单纯探讨严肃性话题的电视谈话节目所占比例很少,主要几档节目也是从成功的广播节目中移植而来的,如问答节目《请交流》、爱德华·默罗和弗雷德·弗兰德利主持的记录戏剧性历史时刻的《现在请看》等。这些节目将谈话与喜剧元素结合起来,开创了今天电视谈话节目形态的先河。《今夜》可谓是现代电视谈话节目

---

① 雷建军:《电视谈话节目与脱口秀辨析》,《电视研究》2004 年第 5 期。

形态的鼻祖和成功之作,其通常的嘉宾组合是:一个歌手、一个喜剧演员、一个知名人物和一个大众文化分析家。该节目自1954年起便统治了深夜电视节目的收视率。

(2)发展阶段:20世纪50年代末—70年代。

从50年代末到60年代中后期,电视谈话节目的制作者们开始逐渐重视节目的接受者——观众。他们有意识地将节目的设计与观众紧密地联系在一起,注重主持人与观众的互动,使其成为真正意义上的电视谈话节目。成功的案例如1967年在俄亥俄州戴顿开播的《唐纳休节目》,节目主持人唐纳休热情、亲切、幽默,他在现场观众中来回走动,鼓励观众大胆地提问,并及时反馈他们的问题,以此将所有观众联结在一起,创造出和谐的谈话氛围。观众有效地融入现场环境,使谈话显得非常真实。此档节目的成功在一定程度上推动了美国电视谈话节目的发展。

至70年代,这种主持人、嘉宾和观众互动的节目形态风靡全美,相同模式的节目大量涌现,这一时期的日间谈话节目大多是以妇女为主要受众的。

(3)繁荣阶段:20世纪80年代—21世纪初。

虽然在电视诞生初期,谈话因素已经出现在部分电视节目中,但是电视谈话节目作为一种独立形态被认可却是在20世纪80年代之后。美国的电视谈话节目在80年代至90年代开始迅猛发展,无论是日间谈话节目还是夜间谈话节目都进入了成熟阶段。由于人们对于新事物(电视技术)的狂热开始散去,观众的收视心理日益成熟,单一的谈话节目对观众的吸引已大不如前,逐渐失去往昔的活力。形式单一、内容涵盖面窄等问题迫切需要得到解决,观众呼唤着形式更加新颖和内容更为多样化的节目。在这种情况下,再加上收视率的压力,谈话节目在形式上不断取得新的突破。与此同时,内容方面也开始广泛涉及社会生活的各个方面,尤其是对性和暴力问题的触碰,极大地拓展了谈话节目的范围。

由于节目制作者的理念各有不同,这一时期电视谈话节目呈现出来的面貌也大相径庭。总的来说可以分为两类:一类以揭露个人隐私为目的,追求节目的戏剧性,把他人的痛苦和困境作为娱乐观众的手段,通过对他人内心隐私的窥视来吸引观众;另一类则是态度比较严肃的谈话节目,它更像心理治疗小组,来到现场的嘉宾们倾吐自己内心的痛苦,主持人、专家和现场的观众则为他们提供各种建议,尽量从正面去化解他们的烦恼[①]。

这一时期,有代表性的日间谈话节目包括《奥普拉·温弗瑞秀》、《杰瑞·斯普

① 曾俊:《TALK SHOW在中国——难以让人喜爱的中国谈话节目》,引自中国播音主持网,http://www.byzc.com/zhuanye/YanJiuChuangZuo/2315.html。

林格秀》、《曼特尔·威廉斯节目》、《罗兰达节目》、《莉基节目》、《詹妮·琼斯节目》等。另外有夜间谈话节目《大卫深夜脱口秀》、《杰·雷诺今夜秀》等，主持人分别为大卫·莱特曼与杰·雷诺，这两个主持人的共同特点是伶牙俐齿，喜欢拿别人开涮。夜间谈话节目比较突出喜剧色彩，主持人常常对正在发生的新闻事件以及重要的新闻人物进行挖苦和取笑，通过这种幽默调侃的方式，政治事件的严肃性和重要性被消解了。这些节目以揭露个人隐私为目的，追求刺激性，通过对他人内心隐私的窥视来吸引观众。节目的话题往往带有猎奇的性质，如性变态、双性恋、乱伦、三角恋爱等，观众在现实生活中的压力与紧张在这种完全"开放"的氛围中得以松弛，因此此类节目深受人们的喜爱。

（4）稳步发展阶段：21世纪以来。

21世纪以来，真人秀电视节目逐步进入大众视野并且开始统治整个电视节目，谈话节目失去了往昔强劲的发展动力，新的有影响力的节目凤毛麟角，担当大任的依然是一批老牌节目，包括1985年开播的《拉里·金直播》、1986年开播的《奥普拉·温弗瑞秀》和1993年开播的《科南·奥布赖恩深夜秀》等节目。但是近几年，这几档经典的老牌节目也开始淡出屏幕，如《拉里·金直播》已于2010年12月28日停播，《奥普拉·温弗瑞秀》也在热播25年后于2011年5月25日告别荧屏。谈话节目目前已不像80、90年代那样蓬勃兴盛，但是它以其自身的低成本和快回报的特点，依然呈现出稳步发展的态势。

2. 中国电视谈话节目的创新历程

（1）萌芽阶段：20世纪60年代—80年代。

中国电视谈话节目的渊源要追溯到"文革"以前，"文革"前电视谈话节目的雏形已经出现。1960年11月4日，北京电视台播出了周恩来总理9月5日同英国记者格林的电视谈话新闻纪录片①。这是有记录的我国最早的电视谈话节目。60年代，北京电视台还设有《电视台的客人》栏目，曾邀请著名的文学家、艺术家和劳模等到演播室与观众见面并发表讲话，如王进喜、时传祥等都曾作为嘉宾参加过节目。这一时期电视谈话节目的特点是：主讲人即嘉宾，他们多数是领导或各界名流。"文革"期间，由于对言论的严重忌讳，电视谈话节目在此时期完全退出了舞台。"文革"之后，电视业出现了复兴的可人景象。1985年2月，央视设立了《电视论坛》专栏，成为思想教育谈话节目的阵地②。1988年9月28日，重庆电视台开播

---

① 郭镇之：《中国电视史》，中国人民大学出版社1991年版，第166页。

② 同上。

了时长 100 分钟的时政综合专栏节目《面对面》,采用主持人形式,设有《市民论坛》、《党政发言席》、《论辩会》等栏目。同年 12 月 24 日,吉林电视台开办《大家谈》,每期节目时长 10—15 分钟,话题为社会问题,注重节目现场的采访①。此阶段的节目已经具备了现在电视谈话节目形态的基本要素:主持人、嘉宾、观众,而且彼此之间有了交流,主持人或嘉宾会对观众提出的问题进行反馈。不足之处是话题范围依然很小,偏重于政治生活方面,对于社会大众普遍关注的社会问题缺乏关注。

(2)兴起和繁荣阶段:20 世纪 90 年代—21 世纪初。

在中国,真正意义上的电视谈话节目是以 1992 年上海东方电视台开播的《东方直播室》为标志的。同年央视大型新闻杂志节目《东方时空》设立《东方之子》栏目,采用了主持人访谈这一形式。这一时期影响较大的电视谈话节目还有北京电视台的《BTV 夜话》、《说你说我》,广西梧州电视台的《鸳江夜谈》,山东淄博有线电视台的《直播热线》等。1996 年 3 月 16 日,央视正式推出的《实话实说》栏目,是第一个全国性的电视谈话节目,从第一期节目《谁来保护消费者》开始,由崔永元主持的这档节目便在全国掀起了谈话节目的热潮。随后,国内的电视谈话节目如雨后春笋般地出现了,中央电视台有《文化视点》、《影视同期声》周末版、《半边天》周末版,地方台有北京电视台的《荧屏连着我和你》、《国际双行线》,深圳电视台的《魔方舞台》,重庆电视台的《龙门阵》,上海电视台的《有话大家说》,湖南卫视的《大当家》等。随着我国改革开放发展到一个崭新的阶段,电视节目的服务和娱乐功能也明显增强。电视谈话节目开始更多地关注普通百姓的生存处境和价值观念。这一时期的电视谈话节目主要有以下几个特点:一是节目主持人越来越受到重视;二是嘉宾的身份、地位不受限制,普通百姓也开始参与到节目中;三是话题范围得以拓展,大到社会热点小到身边琐事都可以摆上台面,以较为轻松的方式进行讨论。

(3)稳步发展阶段:21 世纪以来。

21 世纪以来,在秉承之前基本宗旨的基础上,电视谈话节目有了新的特点。在形式上,不仅更加追求多样化,而且开始与互联网相结合,利用其传播优势,通过全方位的互动和交流满足观众的收视期待;在内容上,涉及范围更加广阔和人性化,时政、社会生活、金融、心理、时尚、购物等一应俱全。比较成功的谈话节目包括中央电视台的《艺术人生》、《对话》、《咏乐汇》(现已停播),阳光卫视的《杨澜访谈录》,凤凰卫视的《鲁豫有约》、《锵锵三人行》、《一虎一席谈》,上海广播电视台的《大声说》等。与之前的谈话节目相比,这些节目呈现出许多不同的特点,在话题甄选、

---

① 中国广播电视年鉴编委会:《1989 中国广播电视年鉴》,北京广播学院出版社 1992 年版,第 267 页。

谈话层次、记者的前期调查、嘉宾的选择和搭配、主持人的风格定位以及后期编辑等诸多方面都借鉴了欧美流行的脱口秀节目的方式，并结合自身特点进行了调整与创新。此外，一些节目开始尝试纳入一些新的元素，如结合互联网等新媒体技术，实现观众与嘉宾和主持人的实时互动，促使场内信息及时更新；同时，吸引大量网友参与节目的前期策划，深入到观众当中去寻找话题，真正做到了以观众为本。

## 第二节　电视谈话节目创新元素

电视谈话节目从 20 世纪 30 年代开始出现，到 90 年代迅速发展，经历了一个由默默无闻到一鸣惊人的过程。电视谈话节目之所以具有如此大的发展潜力和吸引力，是因为它为观众提供了一个放松身心和表达自己"声音"的途径。它将当代大众传媒在社会生活中的作用以一个缩影的形式呈现在演播厅当中，让人们在这个公共的话语空间内表达自己的观点。在当今这种网络裹挟着整个社会生活节奏的环境里，谈话节目还起着社区议事场的作用，人们在那里进行面对面的交流，讨论现实问题，交流趣闻逸事，或者谈论文学艺术。就像斯克特所说，谈话节目是在一个无序、绝望、愤怒的时代里为社会和个体提供的一种解毒剂，它把普通人的悲欢展现出来，让人们知道不仅仅是自己在饱受磨难，别的人也同样在恼怒和痛苦，挣扎和奋斗，从而使人们平静下来以一种平常的心态来对待生活，对待现实①。电视谈话节目创新的元素可以归结为内容和形式两个方面。

### 一、内容方面

"内容为王"是电视节目制作的根本所在，内容决定了节目的命运。因此，在研究谈话节目形态的创新时首先要从内容着手，这直接涉及节目的品位和深度。只有将内容做成功了，节目才会取得真正的成功。

#### 1. 定位

在传媒产业不断发展的今天，各类型媒介的竞争日趋激烈，媒介市场进一步细分。各大电视台都在寻找自己的发展空间，对自身进行更加细化的定位。例如湖南卫视的定位是"快乐中国"，江苏卫视的定位是"幸福中国"，青海卫视的定位是"绿色中国"，贵州卫视的定位则是"西部黄金卫视"。在各个卫视频道通过定位寻

---

① 郭晋晖：《文化研究个案一种："脱口秀"在我国——试评近年兴起的电视谈话节目》，文化研究官网，http://www.culstudies.com/plus/view.php? aid＝121。

找出路的同时,各档节目同样需要依据自身的特色和优势进行定位。一档节目成功与否和自身的定位密切相关,定位准确与否决定了节目质量的高低,也决定了节目的成败。定位就是一种格调的选择。只有选好了一种格调,才能在社会功能和受众选择方面有一定的准则可循。

(1) 社会功能定位。

谈话节目按照社会功能大致可分为:新闻信息类、情感类和娱乐类。

新闻信息类谈话节目主要针对社会上的新闻和热点话题进行讨论。这类节目通过与嘉宾和观众共同讨论大家关心的热点问题,有助于人们了解更多的时事信息,也能更好地把握当下社会各个方面的最新动向。以凤凰卫视的《锵锵三人行》为例,每期节目所选的话题都是时下的热点,主持人窦文涛和两名评论员嘉宾以聊天的方式对热门事件各抒己见,在谈笑风生的气氛中传递民间话语,交流自由观点。

情感类谈话节目则是深入到普通大众中去寻找那些感人至深、发人深思、给人启迪的人物和题材。该类节目通过当事人讲述他们自己的人生经历来与观众分享其中的喜怒哀乐,并让主持人或情感专家以客观的视角对各种情感类问题进行分析,力求予以解决,进而让观众在体味诸多人生故事的同时,也能从中发现生活的真谛。如江苏卫视的《人间》节目,以"正在发生的事件,不同寻常的情感"为主题,聚焦普通人的生活和困境,以发生在人们身边的日常生活事件为节目内容,并为陷入困境的普通人提供解决问题的方法和建议。这一节目体现出充分的人文关怀,发挥了电视媒体抚慰心灵的社会功能。

娱乐类谈话节目则是将各种娱乐元素与谈话相结合,以达到让观众充分放松地享受谈话过程的效果。李静和戴军主持的《超级访问》,正是一档以幽默、诙谐的语言打造的关注和透视我们身边明星的大型娱乐访谈节目。每期邀请一位家喻户晓的明星,来到演播室接受主持人全方位的"拷"问。节目从多个角度挖掘每位明星鲜为人知的故事,通过场外亲朋好友的大胆揭秘、现场主持人机智幽默的追问"逼着"名角在众目睽睽之下"现原形",深受广大观众的喜爱。

以上三类谈话节目都秉承了一定的社会功能,所谓"术业有专攻",电视谈话节目同样离不开这种功能的定位。

除以上三种类型外,目前新出现的访谈节目,在功能方面更加多元。如深圳卫视的访谈节目《今夜》,以性格色彩学专家乐嘉为主持人,是全国首档人际关系互动访谈节目。针对每期的话题,如怀孕、选秀等,乐嘉与明星嘉宾和现场观众采访互动,并结合情景表演、小品等形式,帮助观众解析"人和人之间的关系",在服务功能性的挖掘上极具独特性。又如问政类节目的流行,如苏州广电的《对话苏州》、江苏公共频道的《政风热线》等，邀请相关领导，就市民关注的问题进行对话，提供了官民沟通的平台。

（2）受众定位。

随着受众欣赏水平的提高，电视市场的竞争日益激烈，迫使节目制作者越来越重视受众的欣赏口味。电视的普及使得受众的范围不断扩大，受众在作为接受者的同时也逐渐成为参与者和传播者，大众传播借助人际传播的形式取得了更好的实际效果。电视节目在进行定位时应把受众视为一个重要因素，并根据受众群的特点来制定节目方案。以中央电视台的《对话》栏目为例，它的目标受众是那些受过良好教育、专业素质较高、关注社会经济发展和活跃在社会经济文化各领域的人，是这个知识经济社会所形成的知识群体。同时，该节目又借助这一群体在社会上的影响力和话语权，使自身产生了较好的社会效应。中央电视台的《半边天》则是一个以性别特征定位的栏目，用女性的视角来观察世界。这档栏目"关注女性群体整体的生存状态与发展空间，观察、记录、探讨生活中的点点滴滴"，是女性观众收视行为最为稳定的栏目之一。

## 2. 策划

在对节目进行准确的定位后，接下来要做的工作就是做好节目的前期策划。策划的目的是让工作人员在节目录制过程中有明确的分工，进而打造出具有吸引力、感染力和号召力的优势品牌栏目。谈话节目在录制之前，一般都要制定策划方案，由制片、编导、主持人等共同完成。谈话节目的制作人员包括编导、主持人、嘉宾、观众、摄像师等，因此策划文稿在写作中要尽量详细，分工明确，充分调动大家的积极性。话题的选择、切入的角度和层层剖析的进程都要提前准备好。所选定的话题"一定要能够讨论起来，有话说，而且围绕这一话题能够产生出不同的观点，在具体讨论的时候一定不能搞一言堂"[①]。谈话的主题是能否吸引观众参与到节目当中的关键所在，因此在进行选择时必须慎重；主持人要善于捕捉谈话内容和思想的交汇点，善于让各种观点"交锋"，让现场互动起来；嘉宾的选择要符合节目的定位和所选话题的需要；观众则需要积极主动地参与到节目当中，进行有效互动。节目的策划人员除了要考虑观众的需求和节目的受欢迎程度外，还要充分考虑经济效益。只有把社会效益和经济效益紧密结合在一起，才能打造出一个优秀的电视节目。在策划过程中，具体应注意以下几点。

（1）节目主题的选择。

---

① 郝朴宁：《话语空间——广播电视谈话节目研究》，中国社会科学出版社 2005 年版，第 100 页。

目前国内的电视谈话类节目种类繁多,各种类型的电视谈话节目层出不穷,如信息交流类、时事评论类、人际沟通类、娱乐煽情类等。谈话的内容涉及政治、经济、教育、文艺、体育等。除了"术业"有"专攻"之外,还出现了"术业兼攻"的现象,各种因素相互融合的现象越来越普遍,尤其是娱乐因素和其他因素的融合,已成为吸引观众的杀手锏。要制作出独具一格、具有自身特色和优势的电视谈话节目,节目主题的选择成为关键。如果主题选择得恰当,可成为节目的一大"卖点"。在节目的选题方面应该注意以下几点。

第一,要紧扣社会热点。电视媒体作为大众接受信息的渠道之一,要确保自己始终与信息同步或是走在信息的前列,时刻为受众提供最前沿的信息。电视谈话节目在选题的过程中,要善于预测和洞察社会的关注热点,尤其是与普通大众密切相关的信息,并通过不同的谈话形式对热点话题或事件进行描述、分析和评论。每天面对着快节奏的生活和高压力的工作,人们的情感表达和心路历程变得越来越艰难。在这种社会背景下,东方卫视于 2010 年 1 月 4 日推出了情感类谈话节目《幸福魔方》,一座"透明玻璃屋"、一方"网友九宫格"、一个"心理疏导师"、一位"知性主持人"和一扇"幸福回归门",使得《幸福魔方》以充满悬念和真情感人的形象出现,用"魔方智慧"来寻找全新的幸福之门。制片人陈晔表示:"每一期节目,都能够给受到伤害的双方提出正确的、人道的和温馨的解决办法,给矛盾双方带来了全新的心灵解脱以及关系的再建,给观众以很大的启发。就此,牢牢地吸引了一批忠诚度较高的观众,构建了《幸福魔方》的收视基本盘。"[①]该节目的选题迎合了大众充满矛盾和压力渴望释放的心理。

第二,要有独特的角度。引起全社会广泛关注的热点问题或现象是有限的,如何在有限的资源内实现它的最优利用呢?找准角度是一个有效途径。当一个热点现象发生时,谈话节目应尽量避开其他媒体或节目已关注的角度,即独辟蹊径,想大家所未想,做大家所未做。如 2011 年"4·15 京哈高速救狗"事件发生后,一些谈话节目纷纷就此话题进行讨论,但是都不够深入。东方卫视的时事辩论类谈话节目《东方直播室》则专门制作了《该不该吃狗肉?》的节目,分两期播出。节目邀请了正反方辩论嘉宾、卡车司机郝小毛和动物保护者,还请来了网络评论员"染香",与现场观众以及在线网友一起围绕这一话题进行了深入辩论和探讨,并且上升到政策和法律层面进行剖析。现场既有言语犀利的正反辩手,也有与事件相关的双方当事人,更有现场观众和线上网友的积极参与,使得节目火花不断。真理是越辩

---

① 《东方卫视当家花旦陈蓉因〈幸福魔方〉而改变》,新浪网,http://ent.sina.com.cn/v/m/2010-02-06/14082870095.shtml。

越明的，激烈的争辩有助于人们全方位地认识这一事件。相对于其他浅尝辄止的节目来说，《东方直播室》选择"该不该吃狗肉"这一角度，将事件与人们的日常生活有力地联系起来，让观众更深入地了解事情的始末和影响，并促使其产生进一步的思考。抓住突发事件或现象及时作出反应，利用选题的新闻性提高观众的关注度，这是很多电视节目惯常的做法。但对谈话节目而言，并不是所有的热门选题都能做，尤其是一些新闻性话题，不必追逐潮流，应结合节目自身的特点予以考虑。

第三，要有一定的精神内涵。为了追求高收视率，一些节目品位低下、深度不够，在主题选择方面一味地朝着催泪、稀奇和古怪靠拢。主题是电视谈话节目成功与否的前提和基础，只有那些具有典型性、代表性、吸引观众心理、贴近观众生活并引发他们思考和感悟的谈话主题，才能有强劲的生命力。不能一味地为追求收视率而走上过度娱乐化和低俗化的道路，应该在适当地满足电视谈话节目娱乐功能的同时，更注重追求高尚的审美情趣和精神世界。在社会竞争压力日益增大的情况下，电视谈话节目应当关注现代社会中普通百姓的现实生活，在交流中创造一个放松心情、调节和缓解现代社会精神压力的平台，让嘉宾、观众得到关怀和尊重，得到精神的陶冶和愉悦。谈话节目要担负起电视媒介应有的社会责任，这样才能成为老百姓永远关注的对象。东方卫视的《一呼柏应》正是秉承了这种精神，柏万青在节目中不断地为嘉宾解决生活、情感上的各种问题，并且作为借鉴展现给观众，共同分享那份体谅与理解。

（2）主持人、嘉宾和观众的选择。

谈话节目的策划离不开对主持人、嘉宾和观众的选择。当下主持人的中心地位越来越受到认可，专门为主持人量身打造谈话节目的做法已广为各电视台所实践，主持人的风格直接影响着节目风格；同时，嘉宾的选择也应慎重考虑，其社会身份、性格特点和表达方式直接影响着节目的特点；对于观众的选择，要充分把握观众的心理需求，并通过正确的舆论给予他们正确的引导。

第一，主持人。主持人是电视谈话节目不可或缺的元素，掌控着谈话的整个过程，其个人素质直接影响着电视节目的质量。例如中央电视台的《1起聊聊》，节目为易中天和李蕾搭档主持。易中天在《百家讲坛》节目等所累积的人气和自身的魅力，为节目增色不少，也给节目增添了更多的文化韵味。在电视产业化的今天，品牌化的电视节目需要主持人成为节目的形象代言人。主持人要运用其特有的思维能力寻找独特的视角通达传受双方，实现最佳的沟通效果。这就要求主持人除了掌握一定的主持艺术，在主持的过程中实现与嘉宾和观众最畅通的交流外，还应具有灵活的应变能力，能根据不同情况采取相应的艺术策略。主持艺术大致包括语言、情感、形象三个方面。对电视谈话节目主持人而言，每个方面都有一定的要求。

　　语言。主持人在传播信息、表述观点以及与观众交流的时候，主要是通过语言表达来进行的，以此串起整个节目，使其脉络清晰。主持人语言水平的高低，直接影响到节目的整体质量和艺术感染力。主持人的语言艺术主要体现在声韵、思维逻辑、思想内涵三个方面。声韵主要指主持人的嗓音、语速和情感之间的有机融合而形成的一种语言表达能力。嗓音清丽明快，语速适中，轻松愉快，这样就会给人愉悦的感觉；如果嗓音浑厚有力，语速舒缓，饱含深情，就会给人抒情的感觉。思维逻辑是指语言表达的文学性和逻辑性，要有一定的文化知识做底蕴，词句的衔接要既符合逻辑又不乏文采。思想内涵包括智慧、思想、品位和文化底蕴，最有力量的语言就是饱含思想深度、透射人生智慧的表达。

　　情感。主持人的情感释放直接影响着现场嘉宾和观众的情绪。如果情感拿捏得当，则会顺利打开他们的内心世界，否则会让嘉宾和观众产生一种抵触和排斥的不良情绪。主持人要通过声情并茂的语言和亲切的表情，使整个节目成为情意融融的艺术世界。要达到这种主持效果，主持人需要做到两点。首先，充分了解节目的内容和形式。在主持节目之前，主持人要主动去搜集和翻阅节目相关的资料，做到心中有数。同时与节目的编导人员积极沟通，交流双方的观点，最终达到统一。其次，主持时要抓住节目情感诉求的"点"，善于选择一些富有典型意义的观众进行更深层的情感交流。

　　形象。形象主要是指主持人的外貌、仪表、气质等。在传统意义上，电视领域对节目主持人外在形象的要求是很高的。随着我国电视事业的逐步发展和成熟，主持人先天的外在形象越来越被淡化，"外在形象"这四个字也被赋予了新的内涵，即主持人综合素质的外化。仪表是人们在观察一个人时的最初视觉感受。主持人一亮相，观众总是从其仪表得到最初的感性印象，这种印象可能会影响观众对主持人其他方面的接受程度。霍夫兰的"说服理论"认为："最可能改变一次传播效果的方法之一，是改变传播对象对说服者的印象。传播者有威望吗？可爱吗？是同我一样的人吗？"[①]霍夫兰的传播实验表明：假如传播对象喜欢传播者，就很可能被说服。气质是主持人内在的素质，成功的主持人往往具备一种独特的、容易给观众留下深刻印象的气质，例如白岩松的睿智、崔永元的幽默、张越的犀利等。

　　第二，嘉宾。好的嘉宾不仅仅是简单地、按部就班地回答主持人的问题，而且能够通过自己的语言去激发主持人的灵感，为节目增加亮点。嘉宾是编导对话题和节目走向预设框架中的重要一环。某个话题需要什么样的嘉宾，需要嘉宾说什么以及如何去说，这些在节目的策划方案中都要有基本的体现。嘉宾是整个节目

---

① 　谢茜：《浅谈电视节目主持人的个性化》，《成都大学学报》2004 年第 4 期。

策划的台前实施者之一，嘉宾和主持人共同营造的谈话场域决定了节目的收视效果。选对了嘉宾，可以说节目就成功了一半。美籍德国社会心理学家库尔特·卢因借用物理学中的"场论"类比心理活动，创造性地提出了心理学的"场论"。"场论"的基本观点是一个场就是整体性的存在，其中每一部分的性质和变化都由场的整体特征所决定，这种整体特征并不等于场内各部分特征的总和或相加。换言之，"场"一旦形成便是一种新的结构实体，而不再是形成"场"的那些个体元素的机械组合。主持人和嘉宾有效组合，就会达到一种放大的作用，使节目达到最佳的收视效果①。在嘉宾的选择上要注意以下几点。

嘉宾本身的故事性。所谓"故事性"，是指嘉宾是否具有不同于寻常人的特殊经历，这些经历足以引起社会大众的关注和共鸣；或是发生在知名人物身上的生活琐事。这些容易吸引观众的故事元素都是不可缺少的，通过这些普通人或名人的生活经历去窥探整个社会，并让嘉宾们对所谈话题提出自己的见解，与观众进行交流。凤凰卫视的《鲁豫有约》，执著于"说出你的故事"，一起见证历史、思索人生。所选择的嘉宾有未婚妈妈、整容打工女、肥肥女等平民百姓，还包括同性恋、变性者、艾滋病病毒感染者等。通过这些普通人的不寻常的生活经历，让观众更深入地了解自己所生活的这个社会。

嘉宾的表达能力。这具体是指嘉宾是否具有一定的口才和辩才，包括表达是否有逻辑、有道理，语言是否简练、清晰，甚至具有幽默感。此外，还包括嘉宾在节目中能否顾及主持人和其他谈话对象，而不是一味地表现自我。

嘉宾的专业性。这主要是针对特邀嘉宾提出的。为了增强节目的权威性和说服力，以吸引观众，进而提高收视率，一些谈话节目会邀请一些针对某一话题进行评论或分析的嘉宾。这些嘉宾的选择必须注重其专业性和知识性。例如，中央电视台的《对话》栏目定位为"新闻性、开放性和前沿性"，致力于为新闻人物、企业精英、政府官员、经济专家和投资者提供一个交流和对话的平台②。该节目所邀请的嘉宾有企业界巨子，也有具有强势话语权的政府官员。这些重量级人物不仅吸引了观众的注意，也提升了节目的谈话层次。

另外，根据节目收视特点的需要，选择的嘉宾不能都是持有相同或相近观点的人，必须能够代表几种不同的观点，形成一种交锋。这样在谈话过程中才可能对话题从多侧面、多角度进行深入分析。

第三，观众。在我国电视节目当中，观众尤其是现场观众的作用越来越受到重

---

① 胡正荣：《传播学总论》，北京广播学院出版社 1997 年版，第 50 页。

② 引自《对话》栏目官网，http://space.tv.cctv.com/podcast/duihua。

视,充分调动他们的积极性,使之能够畅所欲言,与嘉宾形成真正的互动,不仅能够增添谈话的趣味性,而且能够弥补主持人的一些盲点。观众的发言可以让谈话节目充满开放性和新鲜感,他们的自我动员显得更具有自发性和感染性。观众和主持人应该互相配合,而不是仅用观众来充场面、当配角,良好的配合能使节目气氛自然轻松,有利于节目更好、更生动地进行。在美国的谈话节目现场,常常能看到观众与嘉宾激烈争辩的场面,如热拉尔多·里韦拉主持的《里韦拉讨论》,正是因其强烈的对抗性而名声大噪。

### 二、形式方面

电视谈话节目应该以高质量的内容作为节目的收视保证,但随着社会发展越来越多元化,人们的欣赏品位也在向着更为丰富多样的方向发展。因此,外在的形式元素也成为吸引观众的重要砝码。新颖的节目形式能够让观众耳目一新,获得赏心悦目的收视体验。所以谈话节目的形式要轻松、活泼,充分调动现场嘉宾和观众的积极性,形成热烈的谈话氛围。

#### 1. 多种视听元素

电视谈话节目自身具备的电视元素和谈话元素是创新的基础,电视元素包括舞台设计、灯光、道具、音乐配置、摄像等,谈话元素包括情节的设计、主持人与嘉宾的互动表演等。谈话节目应该调动所有的电视元素——精心设计的舞台、考究的灯光、特殊的道具、与谈话气氛相符的音乐、多角度多方式的摄像等,使单调枯燥的画面变得丰富生动。在主持人与嘉宾的交流方面,积极调动嘉宾的主动性非常重要,尤其是明星嘉宾。嘉宾的表演既可以增加节目的娱乐性,又能让观众看到嘉宾鲜为人知的一面,满足观众的好奇感。另外,节目在制作过程中,应注意外景的使用,还可以将相关资料以模拟短片的形式播放,把节目的视听元素真正地结合起来,凸显电视媒体自身的特点。

#### 2. 后期编排播出

在形式方面,除了通过多种视听元素的运用来创新节目的形态之外,还可以通过后期的剪辑编排来制作出更加新颖别致的节目。电视谈话节目的剪辑和编排可以借鉴电影的剪辑方式,运用蒙太奇的手法,来实现节目播出节奏的舒缓有致。这种接近于电影的编排方式,更能突出电视"视听兼备"的媒介特色,从而真正实现谈话节目交流的目的。另外,在剪辑中插入 flash 动画、相关的影视资料或图片、文字等进行修饰,能有效增强节目的播出效果。

## 第三节　电视谈话节目创新方式

### 一、内容创新

**1. 以主持人鲜明的个性和丰富的阅历拓展节目的艺术空间**

主持人的个性和人生经历是节目的一笔宝贵财富，它是最不容易被模仿和复制的，在节目的组成元素中起着重要的作用。主持人既是谈话的参与者，又是谈话的实际组织和控制者，主持人个人的风格和魅力是谈话类节目成功的决定性因素。如时下火热的网络脱口秀节目《晓说》，其成功和主持人高晓松在音乐创作、电视编剧等方面的才气及其丰富的人生阅历密不可分。只有在节目中凸显个性风采，展现自我魅力，才能取得他人无法替代的核心竞争力。这种个性包括主持风格、语言及其自身成长经历、情感体悟和知识阅历的积淀等。丰富的阅历和经验有利于主持人与各种嘉宾和观众进行沟通，使得主持人与嘉宾在谈话中，自然而然地将生活经验和人生真谛传达给观众，给观众以启示。一名优秀的谈话节目主持人不仅需要基本的专业知识，更需要不断从生活中汲取"养料"，增强生活实感。只有具备了这些条件，主持人才能在与嘉宾的交流中感同身受，产生共鸣，从而激发嘉宾的表达欲。以《杨澜访谈录》、《鲁豫有约》、《非常静距离》三档谈话节目为例，它们都是以主持人鲜明的个性和丰富的人生阅历为制作基础而形成的三种不同风格的电视谈话节目。

杨澜知性、大气。2001年，杨澜创办并主持《杨澜访谈录》，栏目内容涉及政治、社会、经济、文化等各个方面的热点，以个人的经历和感受为中心，透过成败得失体现百味人生，探讨现象背后隐含的价值观念。杨澜以知性主持人的形象登场，端庄优雅的外形、干练的声音、清新的笑容、充满智慧的发问以及高度概括性和哲理性的话语，是其他节目主持人所不具备的个性魅力。她的节目没有绯闻，没有隐私；同时，该节目坚持走精英路线，受访者均是各领域内值得尊敬的翘楚。通过面对面交流的方式，杨澜与这些嘉宾不断碰撞出思想的火花，让观众近距离地感受他们传奇的人生经历和丰富的内心世界。

陈鲁豫亲民、随性。香港凤凰卫视于2002年开办了《鲁豫有约》，栏目定位为"寻访昔日的英雄和有特殊经历的人物，一起见证历史，思索人生，直指人们的生命体验与心灵秘密，创造一种新颖的记录谈话模式，充满人情味"。主持人鲁豫以邻家女孩的形象示人，机智敏捷、沉稳淡定，她招牌式的微笑和内敛谦和的态度，是降低嘉宾心理防线的"有力武器"。栏目所采访的嘉宾更偏重于平民，他们不一定每个都是名人，但每一个却都是有故事的人。在栏目中，鲁豫邀请观众和她一起聆听嘉宾讲故事，任何职业和阶层的嘉宾到了那里，都只是一个普通的"说故事的人"。

李静娱乐、率真。安徽卫视于 2009 年开播《非常静距离》，节目名称中的"静"取自主持人李静的名字，也借"静"与"近"谐音，表达最"近"距离接触被访人物的节目特色。节目在选择嘉宾时，紧贴娱乐圈热点并与重点剧目及大型活动互动，分享明星的幸福，关注明星的情感。主持人李静打扮时尚靓丽，带给人充满朝气和活力的感觉。李静为人率真、坦诚，阅历丰富，在娱乐圈中就是一位知心大姐，很多被访对象都是她的圈中好友，因而她对嘉宾的个人资料或相关情况非常熟悉。李静会在节目中适时地插入表演，渲染热闹和搞笑的谈话气氛，进而引起被访人的谈话欲望。她还将话语权交给公众，引导嘉宾走下台和粉丝站在一起，让现场观众谈论对嘉宾的印象、讲一些轶闻趣事，使观众和嘉宾之间真正实现互动。

以上三档谈话节目是由三位个性完全不同的女性主持，这使得它们呈现出三种完全不同的风格，并且都获得了公众的认可。杨澜的大气和沉着，鲁豫的聪慧和随和，李静的率真和坦诚，她们均以自身的个性魅力和丰富的阅历将一档谈话节目打造成充满人文气息的艺术空间。在这个小小的空间内，各自都展示着无限的艺术魅力。

### 2. 引入民间话语，融合访谈和讲述等多种方式

过去的谈话节目更多注重的就是"谈"，编导设计好问题，主持人在节目中与嘉宾进行对答式的交流。这样虽然也能使观众的疑问得到解答，但是不能很好地体现出嘉宾的真个性、真自我。现在的谈话节目开始注重让嘉宾主动地去表达，并且节目本身会以一种讲述的方式还原真相，用故事化的手法讲述真实的事件。以中央电视台推出的《艺术人生》和《讲述》两档节目为例，它们都很注重嘉宾的自我表达，善于用故事化的方式呈现整个交流过程。

《艺术人生》是中央电视台在 2000 年底推出的一档谈话类节目，每期邀请一位文艺界明星，与主持人和现场观众一起回忆过去的艺术和生活。节目追求"用艺术点亮生命，用情感温暖人心"，以人文关怀的视角，与嘉宾共享其人生故事和心路历程。主持人朱军总是能抓住嘉宾故事里的细节之处，触动嘉宾的落泪点，让其主动展示真实的情感和真诚的自我。该节目还善于调动艺术手段，如运用戏剧元素——分幕、布局、道具等，深入挖掘明星身上的闪光点和矛盾冲突。

《讲述》栏目是央视十套于 2001 年 7 月 9 日开播的，其节目由访问人与被采访人的谈话构成，以被采访人的讲述为主，访问人的声音和形象并不出现在荧幕上。

周末版则有专家、嘉宾以及演播厅的观众对讲述中有疑问的情节和有争议的观点进行讨论。不同于《艺术人生》，它所讲的是平民阶层人士的朴素而又典型的生动故事，注重民间话语的引入。可以说，《讲述》是谈话节目形态的改良版，节目中没有主持人，以故事本身为主，以讲故事的人为辅。该节目所张扬的是个人的情感，强调的是情感本体的最佳叙述。从选题到录制编审，该节目都十分关注故事里面是否蕴含着能够打动人心的真情，情感的流露是否自然，情节的走向是否畅达①。人们通常称《讲述》为"一锅用泪水煮沸的心灵鸡汤"，正是因为节目通过讲述的方式流露出的真实情感非常打动人。

### 3. 追求事件的真实性

真实性是电视谈话类节目长期运作的基础，只有尊重事实真相，才能赢得观众的信任和支持。一些谈话节目的嘉宾充当的是演员的角色，在这档节目中是一名医生，在另一档节目当中则可能是一个没有工作的单身母亲。更有甚者，有些嘉宾有专门的经纪人，负责预约不同的谈话节目。所以，要确保真实性，主持人、嘉宾和谈话内容都要做到真实。主持人应该具备平民的气质，秉持最本真的态度。在前期策划的过程中，主持人就要参与其中，主动搜集资料。如果可能的话，主持人最好能到当事人的家里进行深入了解，对人物和事件有自己最真切的体验。做好了这些前期准备，主持人能够更准确地把握嘉宾的背景和情感世界，在谈话的过程中找准切入点，实现真正的互动。为了避免嘉宾在电视镜头前讲套话、空话，主持人要尽快消除嘉宾的恐惧或不信任感，引导嘉宾以最平实的语言说出内心所想。另外，节目还可以通过纪实影像再现的形式，直观地表现出嘉宾的言谈举止，揭示他们鲜为人知的故事和最为平民化的真实本色，这也正是观众所期待的。央视《新闻会客厅》的制片人包军昊认为："伪谈话"不是一个技术层面的问题，而是一个认识或者是意识的问题②。脱离真实因素的谈话是不应该存在的，它违背了生活的本真，犹如无根之木，缺乏生命力。

### 4. 体现人文关怀，但要避免煽情或一味地演绎悲情

人文关怀是对人的生存价值、生存意义以及对人类命运和前途的终极关怀。也有学者将"人文关怀"的含义概括为三个方面：对人的存在的思考；对人的价值、人的生存意义的关注；对人类命运、人类的痛苦与解脱的思考与探索。所谓人文关

---

① 引自搜视网，http://jq. tvsou. com/introhtml/1/1_124. htm。

② 曾斌：《电视谈话节目乱象评析》，《新闻记者》2006 年第 3 期。

怀,即是以人的本性、人生的意义去追问人的行为的终极价值①。体现在电视节目中的人文关怀则是对人的生存状况的关注,对人的尊严的肯定和对未来的一种思考。它关怀的是我们人类的和谐发展,体现了对所有生命的关切和尊重。在节目的制作过程中,要注重个人心路历程的真实呈现,更要以朋友之心对待嘉宾并给予尊重和理解,避免为讲故事而不断地演绎和煽情。节目的人文关怀是通过揭示平凡人的内在精神、品格、信念、理想和尊严来体现的,它所弘扬的是蕴含于其中的质朴、坚韧、善良和互助这些美德。不断地放大社会中的悲情成分容易误导社会大众,更会加剧不良社会情绪的形成。谈话节目要以一种理性的态度看待社会现象,引导一种乐观、积极向上的生活态度,与观众一起从平凡事件中寻找人生真谛。

**二、形式创新**

1. 在 TV2.0 技术下,将谈话节目与其他媒体相结合,打造立体化播放平台

TV2.0 的概念最初是由美国《连线》杂志提出的,它把宽带电视(IPTV)、点对点技术(P2PTV)、高清电视(HDTV)等不同形态的电视技术称为 TV2.0。TV2.0 强调传统电视与现代网络媒体相融合,具有鲜明的互联网特征,其核心精神在于"观众参与,与观众互动,观众决定舞台"②。通过这种交互提高观众的积极性,实现电视和互联网的真正融合。在 TV2.0 制作理念下,上海电视台第一财经频道先后推出了《波士堂》、《上班这点事》等具有典型代表性的节目。这些节目大胆整合电视与网络两大媒介,首次尝试网络全球直播,突破了长期以来我国电视谈话节目录播的瓶颈。同时,在播出上也采取了相应的策略:节目制作完成后,电视台和网络会同步播出,实现电视、网络双线启动,例如土豆网会同步播放《波士堂》、《上班这点事》的同期节目。利用互联网的广泛传播和网络传播的"置顶模式",大大增加了节目的收视人数。江苏卫视的《非诚勿扰》在播出过程中,与新浪微博联手,实现电视和网络的直接互动。网友可以通过新浪微博关注节目的进展情况,并与主持人和嘉宾进行实时互动。

2. 表演、舞台、音乐等元素的优质组合

节目在形式方面的考究对于播出效果起着非常重要的作用。在这个快节奏的社会环境下,快餐化、碎片化成为消费文化的标签,单纯靠内容来吸引观众已经力

---

① 黄力之:《人文关怀与人的终极价值》,《学习时报》,引自新华网,http://news.xinhuanet.com/theory/2008 - 08/16/content_9371686.htm。

② 马戎戎:《TV2.0 时代的谈话节目》,《三联生活周刊》2007 年总第 420 期。

不从心，需要吸收一些更加夺人眼球的视听元素来满足观众的需求。把表演、舞台、音乐等元素纳入节目中，并将这些元素进行一定的组合以达到更好的效果，已成为节目创新的一个重要方面。

例如在天津卫视《今夜有戏》节目中，主持人郭德纲和访谈嘉宾们一起喝茶，形式灵活。节目舞台设计成橱窗样式，每期节目都会根据所邀请嘉宾的不同而变动。邀请穆桂英扮演者苗圃时，橱窗中的人物穿着戏曲服装，同时舞台中还放置了旗、枪等道具，放置茶水的桌子也被替换为大鼓。节目音乐还突出锣鼓叉等戏曲元素。另外，还通过请嘉宾表演小品、演唱小曲小调等营造出浓厚的戏曲氛围。而在邀请演员杨幂时，橱窗的设计又非常具有现代化元素，符合杨幂时尚靓丽的外形。节目通过这些手段，真正做到了将表演、舞台、音乐和节目充分融合。

形式的创新已成为访谈节目的有力武器，但电视节目创作者在追求娱乐化形式的同时，应当全方位考量其可行性，包括安全性、文化性、适应性等。贵州卫视的"水上综艺访谈秀"《非常访谈》，将豪华游泳池变身为演播室，沙发变为弹射座椅。主持人朱丹站在游泳池边提问，四位主持团成员和嘉宾坐在两米高的游泳池边回答各种刁钻的问题，他们时刻要准备着遭遇水枪、水柱、高空弹水等"水上危险招待"。这样的水上访谈形式虽充满刺激，但另一方面，节目的安全性也被质疑，目前已停播，因此，形式的创新一定要慎重。

# 第四节　电视谈话节目创新趋势

在长期的发展和探索中，电视谈话节目在自身创作方面不断推陈出新。近几年的谈话节目虽然处于平稳发展阶段，但仍然出现了一些值得借鉴和推崇的创新趋势。

## 一、话题的对抗性加强

当今社会，人们对事物的认识和看法越来越趋于多元化，谈话节目在选择话题时，应该更加突出话题的对抗性，甄选出那些社会大众观点不一、持续争论的话题，摆到谈话场中，让不同观点的嘉宾"对簿公堂"，形成交锋。持不同观点的人可以在交锋中不断用事实和真理作为论据驳斥对方，让观众体验到情绪尽情释放的愉悦，同时也能受到一定的思想启发。凤凰卫视的《一虎一席谈》节目可谓这方面的典范，主持人胡一虎抛出具有争议性的热点话题之后，双方嘉宾开始轮流阐述自己的观点，提供有力的论据，正反方展开互斥辩论，舆论场的声势渐起。在其播出的有关"谁在给黄金周添堵"的一期节目中，双方针对"该不该恢复五一黄金周泄洪"展开了一场激烈的交锋。有嘉宾通过数据说明，五一黄金周的取消造成了十一更加拥挤。要在保留小长假，继续积极推动带薪休假中，积极地恢复五一黄金周，从而起到分流的作用。反对的观点则认为这是饮鸩止渴，要靠结构调整才能解决问题；多开黄金周，不是在泄洪，而是在增洪；泄洪要泄在365天中去，不是泄一个口子就能解决掉。场上多位嘉宾表达自己的意见，场下的观众也纷纷提出自己的见解，场上场下互动频繁，现场氛围极为热烈，这种对抗的过程也调动了电视机前观众的兴趣。话题的对抗性不仅体现在辩论类节目中，脱口秀节目也可利用该特质，如东方卫视的《今晚80后脱口秀》，节目中主持人各种幽默风趣的吐槽深受观众喜欢，这些吐槽便是充分利用各种社会热点话题对抗性的体现。

### 二、多种元素的组合

谈话节目呈现出多种元素交融的趋势，将传达信息、情感交流、娱乐身心结合在一起，而且在这种组合中各个元素都受到了更多的重视。在选择话题时，更加注重其时效性，针对观众所关注的话题，从不同角度切入引申出各种谈话内容。另外，节目也更加注重"人性化"的理念，关注"人"的生活状况，关注"人"的精神需求，通过情感的沟通去探视"人"的内心世界。谈话类节目用情感温暖人心，为观众提供了一个释放情感、交流思想的有效渠道。与生硬的播报式和记录式电视节目相比，谈话节目更为平易近人，更具人情味，也更容易引起大众的共鸣。在传达信息、释放情感的同时，谈话节目还可以将娱乐元素纳入其中，既能使节奏保持起伏跌宕，又能凸显或喜或悲的氛围，不断激发嘉宾和观众的情感，达到更好的节目效果。

中央电视台《看见》栏目中柴静对《泰坦尼克号》导演卡梅隆的采访就充分融合了多种元素。节目中既有"把《泰坦尼克号》做成3D版重新上映，是不是为了赚钱"这种信息类问题，又有"你是否找到了理想的女性"这类能够吸引大家眼球的"爱情"问题。同时还传递了卡梅隆对于节目创作的心理感受。这些使得节目既有人文内涵，同时不失娱乐功能。

### 三、谈话场的扩展

谈话场是指在主持人、嘉宾、观众畅所欲言的谈话现场，各种信息多向流动、不同思想相互碰撞所形成的"场"①。谈话节目应该充分利用互联网的便捷性和互动性，将网络资源纳入电视谈话节目的设置当中，扩展谈话场。一些谈话节目开始将网络意见同步直播，并针对自身的受众群，在网络上精准地发布信息，将谈话场从有限的现实空间扩展到无限的网络空间。

---

①　李和平、钟兰辉：《浅析"谈话场"对电视谈话类节目的价值》，《今传媒》2012年第2期。

东方卫视播出的谈话节目《东方直播室》，就充分运用了网络元素，是一档将电视与网络融合的典型节目。节目在演播室中不仅邀请了现场嘉宾，而且还有网友同步在线，并且以大屏幕的形式将在线网友——"挂"在现场。他们不仅可以直接与主持人及现场嘉宾或观众进行交流，还可将意见和建议随时发布到网上，和广大网友一起分享。现场观众可以针对话题提出自己的不同意见，并且进行现场投票，形成两种观点对峙的紧张气氛。这一融合既增加了节目的可视性，又拓展了原有的谈话场。此外，在节目播出过程中，屏幕下方会实时滚动播出来自各个论坛或博客的网友的具体看法以及网友意见的统计情况。电视机前的观众可以通过手机发送短信进行投票表决，统计的结果会直接标注在屏幕下方。这些措施将网络、电视、手机多种媒体连接起来，在更大程度上扩展了节目的谈话场，由演播室扩展到观众的现实空间，再到网络的无限空间，极大地提升了节目的影响力，提高了收视率。

### 四、可视性的再延伸

谈话节目在可视性方面也在不断拓展新的空间，以满足观众的多种需要。节目开始更多地用影像短片替代主持人的介绍，并且通过后期的剪辑和风格化处理，形成多样化的动感效果，将演播室延伸到更宏大的话语空间。

湖南卫视2008年推出的谈话节目《零点锋云》，以电视博客的精神，搜索当下最鲜活的思想，吸引社会精英持续发声、自由表达，以反映精英文化、大众文化、商业文化和青年亚文化。节目在谈话的过程中没有固定的主持人，而是每期选择两位能够在思想上产生火花的嘉宾，针对不同的话题进行探讨，用"时间沙漏"来计时。由于每期选择的嘉宾不同，因此所选的谈话场所也有所不同。比如在"韩寒与陈丹青的求和游戏"这期节目中，谈话是在一个画室里进行的，韩寒与陈丹青两人边吃边聊；在"石康：你赚不到一千万"这期节目中，导演兼编剧郑晓龙和编剧石康是在餐厅里进行交谈的；而在"杨幂、安意如：你会接受潜规则？"那期节目中，谈话场所则选在了客厅。该节目每期都会根据话题和嘉宾的特点选择不同的拍摄背景和方式，有效扩展了节目的可视性。

## 第五节　电视谈话节目创新案例分析

### 一、CBS《大卫深夜脱口秀》

CBS的《大卫深夜脱口秀》于1993年8月30日开播，由著名主持人大卫·莱特曼主持。节目通过主持人的讽刺搞笑功底，拿时事政治开涮，对时事热点进行幽默的评论,讽刺新闻人物,如美国总统、国会议员、演艺明星等,为紧张工作一天的人们提供一种娱乐消遣。节目中有几个招牌栏目:"前十名排行榜"、"愚蠢宠物花招"、"了解时事"和"哥伦比亚邮包",高潮部分是特邀嘉宾出场与大卫拉家常,聊他们日常生活中的新鲜事。在这里,你可以看到大明星们最为朴实、坦诚和真实的一面,他们放下架子,抛开面具,在观众面前展现出他们为人所不知的一面。节目的创新点有以下几个方面。

图 4-1　《大卫深夜脱口秀》

### 1. 依托主持人的个性魅力彰显节目特色

大卫·莱特曼在 CBS 电视台主持《大卫深夜脱口秀》节目已经将近 20 载,优秀的节目成绩使他成为电视发展史上最具影响力的人物之一。他的节目经久不衰,广受好评,屡获殊荣。大卫·莱特曼有着丰富的人生经历,在成为该节目主持人之前,他在超市做过店员,在电台、电视台做过撰稿人,主持过儿童节目、天气预报节目和电影介绍节目。1975 年,他移居洛杉矶,说单口相声,为肥皂剧撰写剧本。他对工作极其认真,每期节目都亲自参与节目撰稿,做足准备。大卫·莱特曼在面对镜头表演独白时,不同于其他节目的主持人独白环节,他往往会插入一部分"观众往来",回答一些观众提出的问题[①]。他的肢体语言非常丰富,且颇为幽默,比如他会把卡片丢向后面的玻璃,还会把各种乱七八糟的食物和非食物吞下肚子等,这些都极具个性特色。他的讽刺对象包括社会现象、热点问题和政治人物等。由于丰富的从业经历和与生俱来的幽默天赋,使得他的节目充满了智慧和讽刺意味。他经常讽刺挖苦美国社会的一些阴暗面,甚至痛斥一些荒唐、不公平的事情,让观众们拍手称快,并能从中得到一定的启迪和愉悦。

### 2. 以一种独特的视角对严肃的政治事件进行解构

《大卫深夜脱口秀》通常选择公众关心的热点话题,以幽默的方式进行解读。

[①]　《资料:CBS脱口秀〈大卫·莱特曼深夜秀〉简介》,新浪网,http://ent.sina.com.cn/v/2008-09-16/01272169931.shtml。

例如美国总统小布什执政期间，有一次因为吃咸酥饼干被噎晕，昏厥了数秒钟，结果头也摔伤了。针对此事，莱特曼在节目中调侃道："这可不是小事，他的额头划破了，脸颊也有瘀伤。当年希拉里发起脾气来，也没把克林顿打成这样。"莱特曼经常会拿一些社会名流开涮，为公众提供欢乐。小布什在当任期间，是莱特曼调侃的重要对象，帕丽斯·希尔顿这个话题女王也难逃"法网"。节目还会涉及一些性丑闻、新上映的电影、最近热门的乐队、笑星现场表演等话题，让观众在夜间从沉重的现实压力中解脱出来。

### 3. 节目内容丰富，并形成有影响力的招牌栏目

《大卫深夜脱口秀》内设多个小栏目，有"前十名排行榜"、"愚蠢宠物花招"、"了解时事"、"哥伦比亚邮包"和高潮部分的嘉宾访谈。为了丰富观众的眼球，在一个小时的节目中，编导总是花样别出地创造出一些新的装饰元素。如受观众喜爱的"前十名排行榜"，由莱特曼以荒谬的喜剧方式讲出十条最近发生的有影响力的、公众关心的新闻。它就是一个热点集锦，在给观众传达信息的同时也带给他们欢乐，已经成为该节目的一个招牌栏目。《大卫深夜脱口秀》节目既有时事评论、社会热点摘要，还有娱乐表演、主持人与观众的互动，更有名人访谈，满足了观众的不同需求。而且，这些素材通常是从日常生活中一些不起眼的事物中发掘的，经过巧妙的编排点石成金，让观众们耳目一新、捧腹大笑。

### 4. 舞台布置和镜头的运用十分考究

在纽约风景的衬托和CBS交响乐团的伴奏下，大卫·莱特曼既面对镜头表演独白，又与嘉宾交谈。莱特曼首创了在节目中增加即时背景音乐的做法。舞台的左边是保罗·薛弗指挥的乐队，他们为节目实时进行伴奏，随时与主持人进行互动交流，是节目的重要部分。节目的镜头运用也动感十足，呈现出一个曲线运动的轨迹，开场从外景拍起，穿过摄影棚的外场从观众上方滑至舞台中央，最后锁定在主持人莱特曼身上。在深夜里，这种拍摄方式给节目带来了一股活力，激发观众的观看欲。即使在节目的录制过程中，镜头也不会"安于本分"，总是给人一种活力四射的感觉，用自己的"眼睛"呈现给观众不一般的视觉效果。

### 二、上海电视台《大声说》

《大声说》是由上海电视台艺术人文频道于2009年推出的一档文化批评电视谈话节目，分日播和周播版。周播版节目一般邀请六位持不同立场和观点的专家、学者、媒体人、公共知识分子等，分成正反两方就某一话题进行辩论，现场观众与嘉

宾可以灵活互动并且可以随时改变自己的立场。周播版时长 48 分钟,话题交流得更深入,辩论也更全面和激烈。日播版节目则会邀请三位嘉宾,就像聊天一样谈对某一文化现象的认识,一般呈二比一的对阵方式,由于只有 25 分钟左右,对于文化现象的剖析也只是比较浅层次的,重在参与,重在讨论。节目没有固定的立场,因为话题都是具有争议性的。每一个文化现象的背后都有其社会现实的限制,所以辩论的最后是没有胜负的,选择权交给了观众,场上只是陈列了各种理由,最后的主动权掌握在观众手中。节目通过新锐与权威的对话、说服与对抗,真实呈现因时代变革而产生的观点分歧。该节目为这个时代的思考者搭建起沟通的桥梁,传播的是他们

图 4-2　《大声说》

的文化主张和成长轨迹,出售的是价值观,体现的是失衡之美。

《大声说》节目开启了电视脱口秀节目的新形式——电视文化批评脱口秀节目。虽然目前国内的脱口秀节目数量众多,但是作为文化批评类的脱口秀节目还是首档。《大声说》之所以受到上级部门和观众的好评,是因为它拓宽了脱口秀节目的道路,并且以一定的文化价值观作为评价的标准,定位和着眼点前卫又不失稳重,节目的一些创新之处值得我们思考和研究。

1. 在选题方面,通过民意调查,对时事进行辩论

作为中国第一档文化批评脱口秀节目,《大声说》在选题上不同于以往节目选取广泛的社会话题或娱乐话题,而是针对当前热门的文化现象,通过民意调查,从大众对这些文化现象的关注点中抽取出比较有代表性的谈论话题,进行新锐与权威的对话。在双方辩论的过程中,主持人或嘉宾会对话题提出新的思考,充分显示了批评的作用。《网络炒作为哪般?》《文学需要富豪榜吗?》《三枪击倒张艺谋?》《新三国改编你爱看吗?》《杜拉拉升职记现实吗?》《非物质文化遗产是唐僧肉吗?》《伪娘是哗众取宠还是个性解放?》等话题都是围绕当前社会热议的文化现象进行分析,专家和业内人士所进行的不同角度的解读,既能满足观众对热点问题的关注,又能使其在关注中学到新的知识,看问题的角度也随之得到拓展。

## 2. 在形式方面，以网络为平台扩展谈话场

《大声说》模仿网络论坛的形式，现场分版主和意见相左的不同网友（网友覆盖各年龄段），并且形象地运用"顶"、"拍砖"等网络用语，使得整档节目像一场电视辩论赛，更像一个网络论坛。

节目规则大致是针对一个文化现象分正反两方进行辩论，每一方都是由具有一定文化底蕴和社会地位的学者、专家或媒体人组成，分三个回合进行辩论。每一回合进行完再邀请下一组的对阵双方上场，其间在场观众即后援团可以在每一回合进行完之后重新选择自己支持的观点。三轮嘉宾逐个回合上场是一种新形式，可以使每回合的嘉宾都尽情发挥，避免了能说者说太多、不能说者说太少的情况，而且是有节奏地将辩论场逐步推向高潮。另外，中间穿插的后援团交叉换位环节更是激起了嘉宾为留住自己的支持者而努力去辩论的欲望，这种辩论赛的形式很容易让嘉宾融入到气氛中，在激辩中不断产生新的看点。

在辩论赛中，主持人孙国庆就像是网络论坛的版主，他集合了两组不同观点的专家在论坛中对峙，两边的观众就是大众网民，选择自己同意的一方"顶"，不同意的一方则"拍砖"。在双方的激辩中，观众还可以随时与专家进行互动，直接向专家"拍砖"并大声说出自己的观点。这种互动既调动了观众的积极性，也让专家们在发言时更加谨慎，讲究论据，避免常识性错误的出现。

## 3. 在嘉宾选择方面，背景多样化，并且提供一个相对自由的即兴辩论氛围

每位嘉宾都有不同的工作和社会文化背景，包括媒体人、社会学者、心理学者、律师及与话题直接相关的研究者。这些嘉宾有的具有丰富的行业经验，有的是某方面的专家。专业领域的嘉宾针对话题的发言更具说服力，但是总有持不同观点的嘉宾从各个角度去驳斥，颠覆性的观点在交锋中产生。多次邀请到的嘉宾俞柏鸿就具有显著的特点，他本身作为一个媒体人看问题会有比较开阔的视野，观点相当犀利，加之他稍带浙江口音的普通话，使得他在每期节目中的激情辩论都充满看点，很能调动气氛。嘉宾黄荣楠则非常理智，作为一名律师，他总是从法律的角度理智地进行分析，而且思维特别敏捷，语言组织能力也非常强。

嘉宾分正反两方，每一方组成人员都来自不同的职业，使得每一方都是一个多元化的文化组合，在辩论时能够引用大量的知识和观点来支持自己的看法，而且以一种激烈的、对抗的形式展现。这就使得现代社会中每天都生活于压力之中的观众回到家观看节目时在思想上能得到一种发泄，为自己支持的一方加油喝彩，也可以对反对的一方不停"拍砖"，体会一种酣畅淋漓的痛快；同时观众能够在观看的过程中不断扩大自己的知识面，拓宽视野。

4．娱乐化元素的运用

在日播版《大声说》中，每期都以夸张搞笑的幽默剧表演开场，由此引出话题，这样使得节目的现场气氛更加轻松。加之主持人孙国庆亦庄亦谐的主持风格，使节目变得更加灵活生动，不至于因辩论激战导致硝烟四起。日播版中为了配合节目的需要和发挥主持人自身特长，孙国庆会在节目结束时自弹吉他献唱一首，也增加了节目的娱乐化色彩。

# 第五章　电视综艺节目形态创新

　　英国广播公司(BBC)创立了世界上第一家电视机构,在它的网站上有这样一句话:"我们的任务是:为丰富人民生活提供资讯、教育和娱乐性质的电视节目。"① 这不仅是 BBC 的任务,也是所有中外电视传媒机构的使命。电视作为一种大众传媒,在承担起信息传递和社会教育功能的同时,也成为满足人们娱乐需求的最好载体之一。纵然泛娱乐化时代下意义的消解、深度的丧失让许多人忧心忡忡,我们仍无法忽视娱乐节目的强大影响力。正如尼尔·波兹曼在《娱乐至死》中所说:"娱乐是电视上所有话语的超意识形态。"② 所以,如何正确制造娱乐、引导娱乐、利用娱乐,应是当今电视业界人士和学者必须面对和思考的问题。如今,虽然许多综艺节目看起来都是以搞笑元素为主,但这些节目内容却承载着教育的内涵。

　　从 1958 年中国第一座电视台——北京电视台试播至今,中国电视已走过了 50 多个岁月。回顾这 50 多年的发展历程,娱乐节目一直是电视节目中不可或缺的一部分。而电视综艺节目作为电视娱乐节目中一种主要的节目类型,自 20 世纪 80 年代出现以来,也在不断地探索创新。从单一内容元素的孤军奋战到多种内容元素的融合并济,综艺节目逐步成为电视收视的三大支柱之一。综艺节目从综艺晚会发展到游戏娱乐,再从益智类节目延伸到真人秀节目。真人秀已经从综艺节目中脱离形成一种新的节目形态,本书所探讨的综艺节目特指以综艺和游戏作为基本构成要素的电视娱乐节目。

---

① 　引自 BBC 官网,http://www.bbc.co.uk/aboutthebbc/purpose。
② 　尼尔·波兹曼:《娱乐至死》,章艳译,广西师范大学出版社 2004 年版,第 114 页。

# 第一节　电视综艺节目创新历程

## 一、电视综艺节目的定义

在讨论电视综艺节目的创新历程之前，我们有必要对其定义进行一个梳理。

美国是世界上电视业最发达的国家之一，电视综艺节目起步较早，时至今日，仍对各国综艺节目的发展有着极大的影响。"综艺"（Variety）一词也源自美国，所谓综艺就是汇合娱乐艺术，它的内容广泛，几乎无所不包①。美国综艺节目具有一套制作规则，就是主创人员必须先找到节目的支撑点，然后设置一个明确主题作为中心，再根据两者完善节目的结构，并把节目的各个部分串连成一个总体。所以，综艺节目包含了各种各样的形式，以表现丰富的内容。美国的电视综艺节目以往被认为是"杂耍表演形式的一种电视版本"，"由一系列短小但不相关的歌曲、舞蹈、滑稽幽默剧组成，是一种带有戏剧性的娱乐表演"②。这一定义指出了美国综艺节目的两个特点：其一，节目中往往包括多种表演形式；其二，综艺节目是以娱乐为目的的一种节目形态。

这两个特点在我国电视综艺节目中同样存在。经过多年的发展，电视综艺节目在内容和形态上不断摸索创新，以上对美国早期综艺节目的定义已无法完全适用于现在的综艺节目。此外，技术的发展也为电视综艺节目的制作提供了更大的空间，原先只能停留在想象中的各种创意已变成现实。

高鑫教授在《电视艺术学》中对电视综艺节目所下的定义为："充分调动电子的技术手段，对各种文艺样式进行二度创作，既保留原有文艺形态的艺术价值，又充分发挥电子创作的特殊艺术功能，给观众提供文化娱乐和审美享受的电视节目形态。"③这一定义在国内具有一定的权威性，也得到普遍的认可。

正如高鑫教授所说，如今的综艺节目已不再是单纯地将杂耍和戏剧表演搬上电视的舞台，而是对各种文艺样式进行再创作后的产物。技术的力量被重视，并在电视综艺节目中得到广泛的运用。高鑫教授也在定义中指出了综艺节目的目的，即在娱乐大众的同时，提升观众的审美情趣。这也就意味着，综艺节目不应只是用

---

① 赵淑萍：《综艺节目：独放异彩的电视娱乐艺术奇葩——美国电视综艺节目的创意、风格、模式及其主持人个性、素质分析》，《现代传播》1991年第3期。

② 刘立群、傅宁：《美国电视节目形态》，中国传媒大学出版社2008年版，第160页。

③ 高鑫：《电视艺术学》，北京师范大学出版社1998年版。

来提供娱乐消遣的，还需具备一定的价值意义。然而，反观如今众多的电视综艺节目，审美的目的常常被忽视。很多节目一味地追求利益而走向了低俗化的娱乐，依靠丑、暴力、性等元素来夺人眼球。这不仅与审美背道而驰，更可能误导公众的价值取向，逐渐走向"娱乐至死"的境地。

几乎没有一个定义可以完整地涵盖如今的电视综艺节目，越来越多的元素正融入节目中来，节目形态也在不断地发生改变。因此，把它比作是"盛装果实的篮子"①是再合适不过的了。但有一点是始终不变的：电视综艺节目既是一种电视减压阀，为观众带去轻松和快乐；也是精彩的文化大餐，让观众在放松之余得到艺术和美的体验。

**二、电视综艺节目发展历程**

**1. 美国综艺节目的发展历程**

电视综艺节目形态最早出现于美国，但是随着当地受众性质的变化，这类电视节目形态在发展过程中逐渐走向没落。这类节目形态后来在演变过程中产生了其他新的节目模式，或是与别的电视节目形态融合而并存。以下是对美国电视综艺节目兴起、兴盛、衰弱和转型四个阶段的介绍。

（1）兴起阶段（20世纪40年代至60年代）。

第二次世界大战以前，美国电视业者就曾经尝试开创综艺节目模式，但由于电视的经费、技术及节目的质量都没有保障，当时并没有条件开办固定的综艺娱乐节目。1948年，美国全国广播公司（NBC）和哥伦比亚广播公司（CBS）聚集了众多娱乐和艺术界的明星，将他们的表演引入电视，并将镜头场景进行组合、加入解说，使得美国史上两个具有开创性意义的综艺节目《德克萨科明星剧场》和《小城大腕》得以诞生。这两档节目在当时被评论家认为是"电视的一大突破"，因为它们不仅为电视综艺节目打下了牢固的基础，而且还带动了电视节目形态中娱乐性质的发展，为电视的繁荣作出了很大的贡献②。

（2）兴盛阶段（20世纪60年代至70年代）。

20世纪60年代到70年代是美国电视史上电视综艺节目出现最频繁的一个时期，当时综艺节目几乎成了演员和歌手走红的一大渠道。因此，电视综艺节目其实更多是让明星到电视上表演或进行游戏的一种电视节目模式。然而，这类节目的

---

① 徐舫州、徐帆：《电视节目类型学》，浙江大学出版社2006年版，第128页。

② 赵淑萍：《综艺节目：独放异彩的电视娱乐艺术奇葩——美国电视综艺节目的创意、风格、模式及其主持人个性、素质分析》，《现代传播》1991年第3期。

蓬勃发展历时非常短暂,仅仅发展了几年。到 60 年代末,美国电视综艺节目走到了最高峰。

(3)衰弱阶段(20 世纪 70 年代至 90 年代)。

1970 年以后,美国电视综艺节目开始没落。由于这类节目对于广告商来说并无太大价值,再加上电视受众渐渐对该节目类型产生厌倦感,许多新的综艺节目在开播不久便被撤下,剩下的只是一些较经典的综艺节目。

(4)转型阶段(20 世纪 90 年代至今)。

到了 20 世纪 90 年代,电视综艺节目在美国电视频道中已经非常罕见,存活下来的节目并不多。随着重要性的减低,这类节目后来从黄金时段被移植到夜间。令人意外的是,在播出时段被调整之后,综艺节目反而获得了更多受众的关注。借助这难得的优势,综艺节目的形式开始有所改变,在明星的表演之余加入了谈话性质,形成了如今美国著名的晚间脱口秀。

除此之外,哥伦比亚广播公司(CBS)借鉴了 80 年代日本的真人节目,于 1990年推出了《美国家庭滑稽录像》,引起了一阵真人电视的热潮。随后,各种各样的真人节目和真人电视纷纷出现,一直到 2000 年 CBS 开播了真人秀节目《幸存者》以后,电视综艺节目从此被真人秀节目和谈话节目所取代,不再主宰美国电视娱乐节目。这一时期,在日本闯关节目的影响下,美国 G4 电视台制作了《忍者战士》——一档根据日本《极限体能王》所制作的体能闯关竞赛综艺节目。2008 年,美国广播公司(ABC)也尝试模仿日本的闯关竞赛综艺节目,制作了《谁比我糗》,节目中结合了"美国角斗士"和老式的"争分夺秒"比赛形式,让挑战者们穿着稀奇古怪的"装备"努力越过一道道障碍。

随着真人秀渐渐取代综艺节目成为美国电视的主流娱乐节目,综艺节目形态在传入亚洲尤其是日本、韩国、中国内地及港台地区和东南亚等国以后,在亚洲落地生根,受到东方人的热爱,并得到蓬勃发展。如今,综艺节目在亚洲依然是一类受到欢迎的主流电视节目形态。

**2. 日韩综艺节目的发展历程**

日本和韩国目前是领先亚洲综艺节目创新的两大国,日本是在亚洲地区最早制作综艺节目的国家,是开创恶搞节目等夸张式综艺节目的国家;而韩国虽然起步较晚,却制作了多档极具创新的综艺节目,在亚洲地区广受欢迎。

(1)日本综艺节目。

日本是掀起亚洲综艺节目的先锋。20 世纪五六十年代,日本就产生了大量电视游戏类节目,《搞笑三人组》、《55 号节目》和《八点大集合》等都是代表性节目,节目均以艺人和主持人玩游戏、搞怪取乐观众而获得不菲收视率。

七八十年代，《搞笑正在播映》《何不笑一笑》和《超级变变变》等大型游戏节目更具规模，节目中的游戏益智和表演夸张元素都充满了创意。这些节目后来还大量被台湾和香港地区引进。80年代日本东京电视台TBS的一档名为《与卡托先生和垦地先生的娱乐电视》的恶搞综艺节目也被美国引进，制作成了《美国家庭滑稽录像》。恶搞节目造就了后来所谓的真人电视，也可以说它是真人秀节目的前身。

90年代，除了像TBS的《东京友好乐园》这类室内综艺节目外，《电视冠军》和《极限体能王》等室外闯关竞赛类游戏综艺节目也纷纷开播。而2005年开播的《热血家族大挑战》在两年后也被韩国SBS电视台引进。2009年，天津卫视也引进了该节目模式，制作了《快乐家游战》。

21世纪的今天，日本综艺节目除了开播已久的《超级变变变》和《极限体能王》节目作为年度盛事之外，所制作的综艺节目依然包罗万象，例如富士电视台的《爆笑红剧场》《异能界超常识王决定战》《Quiz Hexagon 2》和TBS的《前往世界尽头的Q》等。日本综艺节目从20世纪五六十年代发展至今，把艺人、平民、文化和生活资讯等元素完美地与搞笑娱乐元素相结合。20世纪80年代于英国出现的"资讯娱乐"（Infotainment）一词可以贴切地形容日本综艺节目，这个词是当时用来形容一群科学家在一场研讨会上用娱乐的形式来呈现自己的研究报告的方式，如今更多的词典都会把"资讯娱乐"称为电视媒体中以娱乐的方式来呈现资讯的节目。在日本，综艺节目都是家庭式的娱乐盛宴，例如每一届的《极限体能王》都会引来日本全国人民的期待，无论男女老少，甚至外国观众，这档节目就如世界杯似的引起大家的狂欢。美国不但引进了《极限体能王》，还制作了美国版的《忍者战士》，每年通过节目选取参赛者代表美国到日本的《极限体能王》参赛。

（2）韩国综艺节目。

韩国综艺节目的盛行得益于韩国政府在1998年亚洲金融风暴后对文化产业的高度重视。当时，韩国政府以"19世纪是军事征服世界，20世纪是以经济，到21世纪是以文化建构新时代"的理念，确立了"文化立国"的基本国策，先后制定了几十部政策法规，除了给予文化产业人才免除兵役义务等特权以外，还专门培养能生产先进理念和产品的人才，并为文化产业提供法律保障。除此之外，韩国政府也于2001年成立了"文化产业基金"，为文化产业发展提供专门资金扶持，还协助参与策划宣传。这一改革为韩国电视传媒创造了良好的政策环境与行政便利条件。

随后，韩国三大电视台——韩国广播电视台（KBS）、汉城广播电视台（SBS）和文化广播电视台（MBC）纷纷推出了自己的综艺节目，改变节目编排，并开发了新的娱乐节目黄金时段。SBS所打造的《星期天真好》综艺时段中播出的众多综艺节目后来都在网络上广泛传播，盛行全亚洲。韩国综艺节目最为经典的两部莫过于SBS的《XMAN》和MBC的《情书》，两者分别于2003年和2004年开播。这两档节目获得成功以后，KBS、SBS和MBC制作综艺节目的竞争逐渐激烈。KBS开设了KBS2作为该台单独的综艺娱乐频道，KBS2主要播放综艺娱乐节目，先后播放了《Star Golden Bell》和《两天一夜》等综艺节目；MBC的《黄金渔场》、《来玩吧》、《无限挑战》和《我们结婚了》等都是以其高收视率大放异彩的几档综艺节目；SBS在开设《星期天真好》的综艺时段后，播出了多档优秀的综艺节目，其中《Star King》、《人体体验队》、《Change》、《家族诞生》、《强心脏》和《Running Man》等都是王牌节目。2008年，SBS创立了年度SBS演艺大奖来表彰每年优秀的综艺节目和参与人员，所设置的奖项包括最佳MC（韩国电视把综艺主持人统称为MC）奖、演艺大奖、最佳节目奖和最佳团队奖等多个奖项。

虽然只有短短十年多的历史，韩国综艺节目却在中国、日本、泰国、马来西亚和新加坡等地广受欢迎。

### 3. 中国港台地区综艺节目的发展历程

在中国，综艺节目最早是从香港和台湾地区兴盛的，而港台两地的综艺节目一直都受到日本综艺节目的影响。台湾的JET综合台自1996年成立以来一直是专门收购日本电视节目的电视频道之一。港台地区的综艺节目自20世纪90年代以来也大量被东南亚地区华人电视台收购并播出，成为东南亚地区综艺节目的模范。

（1）台湾综艺节目。

台湾最早出现的综艺节目为台湾电视台于1962年开播的《群星会》，该节目以现场歌唱的形式为主。20世纪60年代的台湾电视节目只有新闻、教育和歌唱类节目，因此，《群星会》是当时娱乐性最高的节目。在这类以歌唱为娱乐主题的节目的带领下，电视台纷纷开始花大手笔开创各种以娱乐为主的表现型节目，融入各种创新元素，其中包括华丽的背景布置、内外景拍摄的融合等，例如白嘉莉主持的《银河璇宫》、崔苔菁主持的《翠笛银筝》以及《阳光绿野摄影棚》等。这些豪华型综艺节目以歌舞、访问、短剧、魔术等各种表演为主，台湾综合型综艺节目从此萌芽。早期的代表节目包括《飞燕迎春》、《综艺一百》、《周末派》、《双星报喜》和《就在今夜》等，20世纪90年代推出的《超级星期天》和《我猜我猜我猜猜猜》播放了十几年依然在不断转型中继续播映。21世纪以来，随着真人秀节目的影响，台湾更是推出各式各样的综艺节目，包括《周日八点档》、《综艺大哥大》、《综艺旗舰》、《天才冲冲冲》和《王牌大明星》等节目。台湾综艺节目打造了多位著名主持人，如张飞、胡瓜、吴宗宪、张小燕、黄子佼、庾澄庆、柳翰雅和侯佩岑等，如今许多综艺节目都以主持人为主打来宣传节目。

以《康熙来了》为例，它是台湾目前当红的谈话类综艺节目，"康熙"二字分别取自两位男女主持人姓名的第二个字：蔡康永和徐熙娣。节目邀请台湾当红的明星来到节目现场，通过访谈让人们了解艺人们不为人知的另一面。多才多艺的小S加上知识渊博的蔡康永，一庄一谐，话题几无禁忌，不时穿插搞怪元素，使得节目现场爆笑不断①。

（2）香港综艺节目。

1967年，香港无线电视TVB移植了澳洲《今夜墨尔本》节目的模式，融合香港人的文化和生活需求制作了《欢乐今宵》。该节目从1967年播放至1994年（1997年无线再次播映，但数月后结束），并于1971年由黑白改用彩色播映，成为全香港第一个以彩色制作的电视节目，共播映了6 613次，曾经被誉为全世界最长寿的综艺节目。节目历时27年，以歌唱、舞蹈、话剧、游戏为主要内容，在棚内录制，设有现场观众，每一期节目邀请艺人作为嘉宾，成为节目内容的主要对象。2007年，TVB四十周年台庆间，特别推出《再会欢乐今宵》，向昔日的经典综艺节目《欢乐今宵》致敬。

1995年，无线电视参照了日本和台湾地区的多个综合性综艺节目，例如日本的《超级变变变》和台湾地区的《我猜我猜我猜猜猜》，并把所有可参考的东西融会贯通，加入了香港特色，开创了由曾志伟主持的《奖门人》系列大型综艺节目。从1995年12月20日开播以来，该系列总共经历了7次改版。《奖门人》系列是继《欢乐今宵》后TVB播映的最长寿的综艺节目之一，节目受到日本、中国台湾地区和东南亚各国观众的热爱，可谓是TVB综艺中的重头戏。2000年以后，香港纷纷推出多个类似的综艺节目，例如《荃加福禄寿》、《美女厨房》和《千奇百趣香港地》等。香港综艺节目以大量搞笑元素作为卖点，利用夸张的舞台效果、主持方式和打扮，凸显了无厘头式的娱乐，让观众无拘无束地开怀大笑。

### 4. 中国内地综艺节目的发展历程

中国内地的综艺节目大量地参照了港台地区和日韩的综艺节目，例如热播的《快乐大本营》就是模仿香港的《综艺60分》而创立的。自20世纪80年代以来，中国内地电视综艺节目在节目形式和内容上进行了苦苦探索。一方面，受到其他类型节目的挑战；另一方面，也遭受着激烈的同质化竞争，在艰难中寻求突破。我国内地电视综艺节目的创新历程大致可分成三个阶段。

---

① 引自百度百科。

（1）形成阶段（20世纪80年代至90年代初期）。

20世纪50年代至80年代初期，可称为中国电视的"宣教"时代，这一时期的电视内容更像是"宣传品"①。60年代，北京电视台（即中央电视台的前身）曾办过三次《笑的晚会》。但是，由于当时特定的社会历史背景，这些极具娱乐性的节目没有得以持续。直至1983年，中央电视台举办春节联欢晚会，娱乐节目才开始受到关注。一般认为，20世纪80年代初期是综艺节目作为一种新的节目类型在我国内地出现的时期。

在这一阶段，综艺节目被当作舞台表演的电视版本，以传统的音乐、舞蹈、相声、小品等为节目的主要内容元素，明星表演、观众观看是节目一般采用的形式。虽然有时也会有主持人与观众进行互动的环节，但是观众基本上还是以"看客"或"他者"②的身份出现。电视屏幕竖起一道屏障，对于普通观众来说，电视上的这个舞台是无法逾越的，甚至是难以接近的。专业演员和明星是节目主角，他们的表演构成了节目的主体，主持人通过语言将一些节目串联起来，这让部分演员和主持人成了家喻户晓的明星。而观众只能坐在电视机前"默默"地观看。

总体而言，春节联欢晚会和各种文艺晚会在这一阶段的综艺节目中占有统治地位，节目偏重于艺术诉求。虽然节目缺少互动性、模式单一、内容同质化程度高，但由于当时可供人们选择的节目范围小，电视业远不如现在发达，人们的娱乐方式也少，因此，此类节目往往能够拥有庞大的受众群。如1990年3月14日开播的《综艺大观》，每周一期，现场直播，节目短小精悍，编排新颖，开播后受到很多观众的喜爱。中央电视台和一些地方电视台也在这一阶段推出了一些分类相对明晰的节目，并在节目结构和编排上寻求创新，但影响力有限。

（2）发展阶段（20世纪90年代）。

20世纪90年代，随着改革开放的深入，人们的生活水平有了大幅度的提高，对娱乐的要求也逐步增强，传统的将舞台表演搬上电视的做法已渐渐无法满足人们的需求。此外，部分观众也开始对以晚会为主的电视综艺节目的单向传播模式表现出排斥倾向。在众多因素的综合影响下，电视综艺节目不得不开始新一轮的探索。

1997年7月11日，《快乐大本营》在湖南卫视开播。在一段时间的摸索和尝试下，这档模仿港台节目制作的综艺节目逐渐拥有了自己的特色。节目以娱乐休闲为主导，设有多个游戏环节，引领了游戏娱乐的综艺风潮。

---

① 胡智峰：《"产品"时代电视综艺新探索》，《现代传播》2005年第2期。

② 张国涛：《电视综艺节目研究述评》，《当代电视》2003年第5期。

与初期的综艺节目不同，以游戏为主的综艺节目特别注重节目的参与性。观众从"看客"和"他者"的身份转变为参与者，现场观众可以直接参与游戏，场外观众也可以通过电话热线与场内进行互动交流。广泛的参与性和精彩刺激的游戏再一次点燃了观众对电视综艺节目的热情。各地纷纷推出游戏类综艺节目，收视反应极佳，其中较有影响的有：江苏卫视的《非常周末》(1998)、福建东南台的《开心100》(1998)、北京有线电视台的《欢乐总动员》(1999)等。此外，在这一阶段，《玫瑰之约》、《相约星期六》等婚恋节目也开始涌现于荧屏。

游戏类综艺节目的勃兴体现了人们对娱乐的诉求。节目的宣教色彩极大淡化，对艺术的诉求几乎完全被排斥在外。电视舞台不再是只可远观的对象，明星不再是节目的主角，普通观众在观赏节目之外，还能够体验参与的乐趣。从某种程度上来说，这打破了精英阶层对话语权的垄断。观众通过游戏成为参与者，明星通过游戏被平民化，主持人通过节目而明星化，这些角色身份的转变体现出游戏类综艺节目的特色，即广泛的参与、平等的交流和"去政治化"的纯粹娱乐。

但是，游戏类综艺节目在兴盛的同时也饱受争议。其一，这些节目多克隆自港台地区或国外的节目。在日益激烈的竞争中，这不失为一种突出重围的方法。但同时，一味克隆也使得节目缺少自主创新，发展前景堪忧。其二，各地一哄而上的做法无疑恶化了同类节目生存和发展的环境，加剧了竞争。由此带来的直接后果便是节目同质化现象严重，生存寿命缩短。其三，过分强调娱乐性，追求商业利益，也让游戏类综艺节目受到诸多指责。

当游戏类娱乐节目为学界和观众所诟病的时候，另一种类型的综艺节目开始崭露头角——互动式益智类综艺节目。在此类综艺节目中，知识竞答取代游戏竞技成为节目的核心。中央电视台于1998年推出的《幸运52》和2000年推出的《开心辞典》是这一类综艺节目的典型。这为电视综艺节目的发展开辟了一条新的道路。

1998年开播的引自英国原版节目《Go Bingo》的《幸运52》有机地将游戏与知识普及融为一体，知识性、游戏性与竞赛性并重，获胜选手还将获得丰厚的奖品，充分调动了场内外观众的参与热情。在2000年"中国电视榜"的评选活动中，《幸运52》一举夺得"年度电视节目"、"最佳游戏节目"和"最佳游戏节目主持人"三项大奖。《幸运52》的成功也为"克隆"节目的再创造提供了借鉴，即通过合理的本土化改造使其具有竞争力，并逐步建立起自己的品牌特色。除此之外，《三星智力快车》、《财富大考场》等都是比较具有代表性的益智类综艺节目。

在益智类综艺节目中，普通人是节目的主角，节目中不仅有知识竞答，还囊括多种内容元素，如游戏、博彩等。益智类综艺节目弥补了游戏类综艺节目在娱乐之外的不足,使综艺节目从纯粹的娱乐中摆脱出来。通过电视综艺节目的平台,电视媒体实现了寓教于乐的效果。

(3) 转型阶段(21世纪初期)。

2000年以后,"真人秀"节目的出现,标志着电视综艺节目发展进入又一个新的阶段。这一阶段的创新不仅体现在"真人秀"元素的兴盛上,更体现在多种内容元素的融合和节目营销模式的转变上。在这一阶段,平民是节目的参与者,还可以通过参与节目成为明星。这与初期依靠明星表演的综艺节目有了极大的不同。节目通过明星打响知名度,进行宣传。同时,节目也在通过自身的品牌运作打造自己的明星。尤其是选秀类节目,如中央电视台的《非常6+1》《梦想中国》,湖南卫视的《超级女声》《快乐男声》,东方卫视的《我型我秀》《加油!好男儿》等。

国内的选秀节目一方面借鉴了国外的成功案例和经验;另一方面,也对其进行了"本土化"的改造与整合。它集中了表演、游戏、益智、竞技等多种元素,迅速成为我国最为引人注目的一个节目类型。另外,诸如《超级女声》等选秀节目在播映方式上也有所创新,突破了传统的日播、周播的形式,采取了季播的方式。这虽然不是国内综艺节目的首创,但是对国内综艺节目而言仍是一次大胆且有益的探索。自2005年以来,真人秀节目突飞猛进,迅速发展,如今已独立发展成一种新的电视节目形态模式。关于真人秀节目的深入内容请参见"电视真人秀节目形态创新"一章。

电视综艺娱乐节目经历了从"明星+表演"的电视综艺节目阶段,到"明星+游戏+平民有限参与"的电视游戏节目阶段,再到"观众+游戏+巨奖"的电视益智节目阶段,一直到方兴未艾的电视真人秀节目阶段,观众的角色从"被动欣赏—有限参与—深度参与—主动参与并担当评判",逐渐将普通人推上荧幕,明星则退居二线①。

## 第二节　电视综艺节目创新元素

新的节目元素往往能给受众带来新鲜感,有助于营造出一种"陌生化"的传播效果,从而使节目能够始终吸引电视观众的眼球。大体而言,电视综艺节目的创新元素主要体现在三个层面:形态创新、内容创新和价值创新。

### 一、节目形态层面

一档电视节目只有转化成具体的电视节目形态,才能为观众所接受,达到传播

① 翟健:《论电视综艺节目的发展新趋势》,《现代视听》2010年第10期。

和服务的目的。然而一种电视节目形态本身就是一个不断改变、成长、优化、蜕变或衰落的过程。对于电视综艺节目而言，形态创新是节目适应多变的收视需求、丰富节目内容、树立品牌形象和吸引受众收视兴趣的必要手段，同时也是节目得以克服电视节目模式化的重要手段。从近几年综艺节目的发展来看，音乐、舞蹈等元素受到节目的青睐，其他类型节目的元素也开始在电视综艺节目中崭露头角，如故事、采访、纪实等。

第一，场上、场下的互动性。互动性实质上是指在电视综艺节目的制作和播映过程中传者与观众的合作、交流，共同实现传播目的[①]。互动性已经成为现代电视综艺节目的重要特征。观众作为电视综艺节目形态的重要构成元素，应当发挥其积极作用，参与并影响节目。例如河南卫视的《汉字英雄》节目实时互动同步推出APP，使用这款 APP 的手机用户可以与节目现场选手一起答题，最终互动积分最高的适龄手机用户将有机会来到终极决战现场，这有效刺激了场外观众的答题欲望，极大地增强了节目的互动性。

第二，网络元素的充分运用。网络的力量已经深入人心，它可以将大量的信息进行迅速有效的传播，并由此成为督促节目改进、变革的重要力量。电视综艺节目要充分重视网络的影响力，可以充分利用各种视频网站和社交网站，作为节目的立足点，以此投放广告，提高节目的知名度和收视率。

第三，综合多种元素，丰富节目形态。综艺节目是集各种艺术形式为一体的节目形态，比其他节目形态具有更加广泛的表现空间。在音乐、舞蹈、杂技、魔术等多种元素的基础上，一些新的元素也不断被综艺节目借用，例如新闻元素和纪实元素等。新闻元素和纪实元素在电视综艺节目中的运用，以中央电视台春节联欢晚会、《非常 6+1》、《开心辞典》和《星光大道》等最为突出。新闻元素和纪实元素的成功运用，给电视综艺节目增添了活力，同时也使电视综艺节目的创作之路变得更宽广。

**二、节目内容层面**

电视节目的功能需要通过各种内容元素来实现，综艺节目也不例外。音乐、舞蹈、相声、小品、游戏、博彩、益智等内容元素都可以被融入电视综艺节目之中，从而使节目更加吸引观众，并实现其娱乐消遣的功能。

第一，多样化的节目主题。随着经济的发展、社会的进步，观众对于电视节目娱乐性、文化性的需求也有了明显提高，模式化的综艺节目根本无法激起观众的收

---

① 郑玲玲：《我国电视节目的人文化趋势》，人民网，http://media.people.com.cn/GB/137684/8571741.html。

视热情。因此,综艺节目要想走得更远,就必须要丰富节目主题,不断推陈出新。如韩国 KBS 电视台推出的综艺节目《青春不败》,由韩国女歌手团体中的 7 位成员重新组成 G7(Girl 7)固定出演,由资深演员卢珠贤、搞笑艺人金申英和歌手金泰宇担当主持。他们在"偶像村"里,一边游戏,一边干农活,如饲养牲畜、制作传统食品、修建农舍、服务村民等,体验自给自足的乡村生活,展示农村生活的方方面面。该节目以全新的体验式综艺内容,在播映后不久便成为最受欢迎的节目之一。节目中展示的舞蹈和音乐都是 G7 所属组合的主打歌曲,G7 借助节目平台展示自己的才艺,宣传新作品,扩大了影响力,制造了新流行。同时,她们还在体验农村生活的同时,学习和宣传了大量的农业知识。

第二,平民化的视角。所谓电视综艺节目的平民化,就是指普通观众越来越参与到综艺节目中去,与节目进行良好的互动,甚至成为电视综艺节目中的主角①。平民化的视角应以反映平民生活、满足平民需求为基本特征,因为平民大众是电视节目生命不息的源泉和灵感,任何一档叫好的综艺娱乐节目都离不开普通受众的支持。娱乐节目应该回归到百姓的日常生活,走进身边小人物的生活当中。如《智勇大冲关》是湖南卫视制作的一档全民体验竞技魅力的节目。这档节目除了以丰厚的奖品鼓励民众参与运动外,还能让观众亲身体会到参与挑战的兴奋和激情。湖南卫视的平民创意舞蹈秀《奇舞飞扬》在节目中设置了 Out 区,选手首次被赋予淘汰评委的权利,更体现了以平民为主的宗旨。

第三,人文性与娱乐性相结合。随着人们欣赏水平的不断提高,人们的追求亦不再浮于表面,而是更加注重艺术内涵、人文内涵。以央视春节联欢晚会为例,其节目内容的丰富多样、舞台设计的美轮美奂,都是其他电视艺术形式无法匹敌的。晚会中融合了各个民族的独特元素、各种艺术表现形式、不同领域的演员和歌手,将人文性和娱乐性进行了完美融合。二者的结合让观众在充分享受到多种艺术所带来的视觉美感的同时,也体会到了节目所传达出来的人文价值和欢乐氛围。又比如江苏卫视《非常了得》的节目宗旨是"辨人识事长知识"。节目形式打破了智力问答类节目的传统模式,以猜题为载体,通过众多出题嘉宾与各类丰富的题目表述展现了当代各行各业能人志士的风采。通过该节目,观众能够了解到许多之前不了解或不曾留心的知识,从而增长见识,丰富人生阅历。

### 三、节目价值层面

电视综艺节目作为娱乐节目族群中的一员,由于缺乏价值深度而发展受限。

---

① 蔡巧怡:《浅析电视综艺节目的平民化趋势》,《新闻传播》2011 年第 2 期。

因为娱乐本身便是一种消解意义、去除深度的行为。出于收视率、商业利益的驱动，电视节目的娱乐化程度不断加深。缺乏意义，甚至充满低级趣味的节目大行其道，电视作为大众传媒工具理应具有的社会责任感和价值追求被逐渐削弱。因此，价值创新业已成为电视综艺节目发展之路上必须探究的课题。应该努力"把娱乐享受与精神感悟连成一体"，让电视综艺节目彰显出别样风采。

例如，湖北卫视的《我爱我的祖国》就将娱乐节目成功地和爱国主题结合起来。每期节目播出东南西北中五个不同地域的表演，比如广东的醒狮、足球发源地山东的花式足球等。同时节目邀请两队明星参与答题比拼，阵容强大。节目首先请他们参与抢答和节目表演相关的知识，包括民族文化、传统故事等。在每个环节的接歌词单元中，不同歌曲如《男儿当自强》、《好汉歌》等与各个地域也有着直接的关系，表达出浓浓的地域和爱国情怀。节目还让明星嘉宾和表演嘉宾进行互动，进行情景展示等。节目综合了戏剧、相声、杂技、歌曲、舞蹈等多种艺术形式，通过爱国主题的串联，传达出积极向上、轻松愉悦的娱乐氛围。

在形态创新、内容创新、价值创新的多重作用下，电视综艺节目才逐渐繁荣发展起来。

## 第三节　电视综艺节目创新方式

在探讨电视综艺节目的创新方式之前，必须要先指出一点：创新并不等同于原创。创新一词起源于拉丁语，原意包含了更新、创造新东西和改变三层含义。电视综艺节目可以从形式和内容两个方面进行创新。

### 一、形式

综艺节目拥有拼盘式的节目模式，节目一般由几个小板块所组成，这些小板块即使被切分开来依然能够独立存在。目前，大部分综艺节目相互借鉴和模仿，节目的形式大都是由创作者把节目不同的板块重新进行组合而形成的。因此，形式上的创新一般可分为四种：模仿借鉴、改造、部分借鉴和原创。

（1）模仿借鉴成功模式。

许多综艺节目都是通过借鉴国外成功的节目模式所创立的，通过借鉴其模式，节目在开创之际可以减少风险。例如美国 ABC 的《谁比我糗》就借鉴了日本的体能竞技类节目《极限体能王》的模式，设置了几个关卡，在每个关卡中设置怪异的环节让挑战者闯关，成功闯过所有关卡的挑战者将获得奖金。挑战者闯关时主持人在一旁充当解说员，与《极限体能王》相似，当挑战者失败跌入游戏环节底下的脏水时,解说员并不是严肃地告知观众说他失败了,而是以幽默的方式调侃这些失败者的状况,把挑战者在节目中的丑态大大放大。

在我国电视综艺节目中,通过模仿借鉴来丰富自身节目内容,或者完全模仿的节目不在少数。例如《快乐大本营》借鉴了香港的《综艺60分》,《幸运52》借鉴了英国的《Go Bingo》,《开心辞典》的模式来源于《谁想成为百万富翁》,深圳卫视的《谁比谁聪明》、陕西卫视的《不考不知道》和台湾的《百万小学堂》借鉴了美国的真人秀节目《你比五年级小学生更聪明吗》。虽然这些节目都模仿了已有的成功模式,但在播出一段时间后都会不断地在板块中进行改造。也可以说,模式的借鉴给节目开了个头,接下来完全照搬而依然受欢迎的节目是极少的。例如,湖南卫视曾经尝试从海外引进版权,并照搬照抄国外模式,制作了《以一敌百》,但是由于缺乏独立的思考能力,效果不尽如人意。

模仿借鉴打开了创新的视野,但也为电视综艺节目的可持续发展埋下隐患。模仿借鉴本是无可厚非的,而过度依赖模仿借鉴却可能造成创新意识匮乏、原创节目少、节目同质化程度高、抄袭克隆成风等问题。另外,互联网等新媒体技术的发展极大地丰富了受众的收视来源,大量国外、港台地区的电视综艺节目涌入观众的视野。这意味着,通过模仿借鉴所能带来的新鲜感逐渐失去,甚至可能引来诸多的批判。

另一方面,模仿借鉴、购买节目版权已成为一种普遍的商业行为。然而,随着全球化程度的不断加深,过分依赖"舶来品"在无形中削弱了我国电视综艺节目的竞争力,尤其是在国际市场上的影响力。

模式的借鉴和模仿只是综艺节目创新的开始,一档节目的寿命长短依然取决于创作者能否在模仿过程中突出自己的特点。因此,大部分的综艺节目在借鉴模式后都必然走向下一个创新阶段——改造。很多学者把这类创新称为"本土化"创新。

(2) 改造。

正所谓"去其糟粕,取其精华"。为使节目能够适应本国的需求,并在模仿借鉴的同时逐渐树立起自己的品牌,改造必不可少。如前面所提到的《快乐大本营》、《幸运52》和《开心辞典》等,这些节目就在模仿借鉴国内外成功节目模式的同时进行了一定的改造,使节目恰到好处地融入现有社会环境之中,并逐渐闯出属于自己的一番天地。本土化改造除了在内容和价值观上迎合特定文化背景和观众收视习惯外,也可以在形式和包装上下工夫。例如,东方人的家族观念让许多节目引入"家族式"的主持阵容,《快乐大本营》于2006年成立了"快乐家族"主持群,由何炅、李维嘉、谢娜、杜海涛、吴昕五人组成,他们像一家人,给观众以亲切感,携手舞台上的嘉宾和舞台下的观众，为人们带来欢乐。韩国SBS的《家族诞生》更是延伸了家族的概念，把每一期都设定为一个家族的成立，嘉宾也可以"暂时"成为家族的一部分，一起到野外的乡下去，共同干活、游戏、做菜等。

（3）部分借鉴。

为了避免过度抄袭，许多综艺节目选择性地借鉴其他综艺节目的板块，其中最常见的是借鉴节目的游戏、规则、摄制方式和特效。

第一，游戏借鉴。直接借鉴节目中的游戏是大部分综艺节目都会涉及的借鉴方式，有奖问答、闯关、表演和障碍赛都是不断被借鉴的游戏类型。例如，韩国SBS的《Running Man》中就曾经借鉴了香港无线电视台《超级无敌奖门人》中的"超级无敌画公仔"和"超级无敌大电视"，让一组艺人用画画或比划动作的方式来让队友猜字或句子。其实，这类"比手画脚"的猜谜游戏在我国台湾地区的综艺节目中也经常会出现，如《超级星期天》早期就一直设有《超级比一比》单元，玩的就是"比手画脚"的游戏。另外，美国FOX电视台于2008年推出的《墙上的洞》借鉴了日本节目《穿墙》（直译为"脑力墙"）的游戏概念，让参与者在游泳池中央等待迎面而来含不同形状的洞口的墙壁，这些形状奇特的墙洞是参与者在比赛开始才看到的，他们必须在几秒钟内摆出与墙洞形状相配的姿势方可穿越，成功穿越这些墙洞的参与者才能过关，否则参与者一旦掉入水中就遭遇淘汰。这个游戏也曾被香港的《铁甲无敌奖门人》借鉴过。

第二，规则借鉴。综艺节目大部分是以不同的单元或板块拼接在一起形成的，每个单元都有不同的奖励或惩罚制度。日本和韩国的综艺节目大部分以失败者遭受处罚的形式作为节目规则，一般会让失败者出丑或是做一些他们不愿意做的事情。例如，在日本的《极限体能王》和《穿墙》等闯关竞赛综艺节目中，失败者都会遭遇污水的"吞噬"，湖南卫视的《智勇大冲关》也借鉴了这种处罚方式，失败者会落入水中。益智类综艺节目则大部分使用奖金累计的方式作为奖励，这种奖励方式早期被美国的有奖问答节目《幸运之轮》和《谁想成为百万富翁》所运用，如今已被央视的《开心辞典》、江苏卫视的《一站到底》等节目所运用。

第三，摄制方式借鉴。录制综艺节目的方式有几种，包括棚内直播、外景直播、棚内录播、外景录播以及这几种方式的组合。大部分综艺节目，都是选择棚内录播或外景录播，或是这两者的组合。长期棚内录播会让观众感到枯燥，没有新鲜感，所以一些节目会根据不同节假日推出特别版本，做一两期的外景录制，给观众带来惊喜。例如香港的《铁甲无敌奖门人》就曾经推出国外版，到马来西亚的水上乐园进行拍摄，这样不但使得节目在马来西亚增加了人气，也给香港观众带来节目不一样的一面。

第四，特效借鉴。节目的风格决定了对特效的要求，棚内拍摄的综艺节目除了搭配引人注目的背景外，还可以以服装、音乐等来营造特效。此外，片花的设计和字幕出现方式也是如今许多综艺节目会注意的细节，例如每当嘉宾说话时，制作方可以用漂亮的画框等视频效果和音乐搭配予以凸显，也可以用字幕等方式重复嘉宾所说的话。韩国综艺节目《Running Man》中，每当嘉宾在玩追逐游戏时，固定嘉宾金钟国一出现，银幕上就会打出"强者钟国"四个字，并配上紧凑的音效。这种方式成了金钟国登场时独有的剪辑方式，而"强者"也成为粉丝们称呼他的绰号。从不同的综艺节目中借鉴某个或某些特效后，再把这些不同的特效进行重新组合，根据当地观众的喜好进行本土化改造，可以创作出别具风格的新节目。

（4）原创。

中国加入WTO后，电视媒体面临的竞争随之加剧，电视产业处在内挤外压的环境之中，新媒体的蓬勃发展无疑加剧了这种状态，而这也正是电视综艺节目所面临的生存环境。成功的"借鉴与改造"固然可以提升节目在国内的竞争力，却并不足以使其在国际竞争中同样占有一席之地。缺乏自主创新的力量，进而导致成功的原创节目匮乏，这必然会给我国电视综艺节目的可持续发展带来阻碍。因此，原创是电视综艺节目在今后的生存、发展中所必须具备的条件之一，也是节目能否在日趋白热化的竞争中争得一席之地的关键。当然，创新是一个循序渐进的过程，对于原创节目亦不可急于求成，模仿、借鉴、学习、改造都是实现原创作品成功的必经之路。另一方面，原创作品的生存和发展则需有相应的完善的内容生产机制做保障，包括政策、资本、人才、技术等各个方面。

韩国综艺节目《两天一夜》和《家族诞生》就是两个极为成功的原创例子。在这两档节目中，主持人和嘉宾组成一个家族，每期节目共同到乡下，请乡下的一户老人家到首都去旅游两到三天，在这期间他们必须帮老人家干活，直到他们旅游回家接手。因此，这些活成了老人给家族成员的任务，他们通过竞赛等方式决定谁做哪一类工作。在乡下的两三天中，观众可以看到艺人们共同努力完成任务，同时也看到了他们原生态的一面。节目将艺人们平民化，这是极具创新性的。

## 二、内容

内容是表现节目价值和建立节目品牌的决定性因素。综艺节目内容的创新可以从以下几方面入手：节目命名、题材组合、悬念设置和人物组合。

### 1. 节目命名

与其他电视节目形态相比，综艺节目每一集之间的连续性较弱，也就是说，观众即使随机观看某一集也能正常接收节目的信息。这也是该节目形态的一大发展契机，制作人员如能加以有效利用，可以让观众在观看每一集时都有焕然一新的感觉。综艺节目在叙事结构上的创新空间非常狭窄，因此，节目的命名和包装成了抓住观众眼球的重要元素之一。

（1）节目名称。

节目名称是吸引观众观看节目的重要因素。命名方式有很多种，可以根据节目属性命名，例如《智勇大冲关》从节目名称可以看出这档节目属于闯关竞技类的，又如从名称《魔亦有道》可以看出节目和魔术有关；可以根据主持人命名，例如吴宗宪主持的《Jacky Show》和《综艺最爱宪》；可以根据播出时段命名，例如台湾的《周日八点档》和《超级星期天》；可以根据节目中的关键动词命名，例如《我猜我猜我猜猜猜》、《超级变变变》和《谁比我糗》；可以根据节目中的人物性质命名，例如香港的《超级无敌奖门人》；也可以根据节目规则命名，例如美国 ABC 的《101 种游戏节目的淘汰方式》；还可以以外语命名，例如韩国节目《Running Man》。

（2）单元命名。

综艺节目一般由几个板块组成，这些板块一般被称为单元，这些单元都会有特定的命名。这些单元的名称通常会使用与节目性质相关的现有词句、成语、谚语或是对其进行谐音改造。台湾的综艺节目《我猜我猜我猜猜猜》中的两个王牌单元《真的假不了》和《人不可貌相》都是含有"猜"意思的词汇，节目整个过程就是让嘉宾进行推理和猜测。在《真的假不了》单元中，节目组寻找了几名有故事但看起来很平凡的人物，让嘉宾猜测这些人物当中哪一个是假的；《人不可貌相》则设置了主题，每个星期会寻找几名符合主题的人物进行比拼，比拼后会请到几十位相关专家投票选出胜利者，而现场嘉宾在知晓谁是胜利者前必须猜测，猜错的嘉宾将受到处罚。《周日八点档》中的三个单元——《食字路口》、《厨边头尾借过来》和《案发现场躲猫猫》也是根据挑战内容命名的，《食字路口》单元名称是由"十字路口"谐音改造而来的，这个单元是挑战主持人和嘉宾到台湾各地去寻找当地美食的能力；《厨边头尾借过来》是要求他们到某个旅游区借十样东西；《案发现场躲猫猫》则是让他们到台湾各个家庭、机关找到制作单位所设置好的五个疑点和三个疑犯。《超级星期天》中的《佼亮公开赛》和《哈林夜总会》单元则是根据主持人黄子佼、卜学亮和庾澄庆的名字来命名的。

（3）人物命名。

参与综艺节目录制的人物有很多，尤其是一些融合棚内和外景拍摄的节目，他们当中有主持人、嘉宾和观众。主持人是综艺节目的叙事带动者，许多综艺节目会给予主持人一个头衔，他们代表着节目品牌，也代表了节目精神。例如，香港无线的《奖门人》系列中,三名主持人都有"奖门人"的头衔,他们就像是掌柜,嘉宾们必须在他们的带领下完成游戏或关卡。而《快乐大本营》的"快乐家族"主持群也给节目带来了许多快乐。除了给主持人以特定头衔外,节目中也会使用主持人或嘉宾的绰号,例如在韩国的《家族诞生》中,主持人刘在石被嘉宾们称为"蚂蚱",固定女嘉宾李孝利也因为她在节目中表露的野蛮性格被主持人和嘉宾们称为"国民妖精",这不仅能让观众感到亲切,也提升了节目的娱乐效果。日本综艺节目《电视冠军王》和《极限体能王》中,把胜利参赛者称为"王",把历年来多次参赛的老手称为"全明星",而首次参赛的挑战者被称为"新生代"。

虽然名字只是个代号,但是在综艺节目中,一个富有创意的命名能够引发观众的好奇心,进而引发人们的关注。因此,综艺节目无论在开播还是改版时都应在节目名称、单元和人物的命名上多下工夫,进行创新。

### 2. 题材组合

一档综艺节目可以只限于一个题材,也可以混合各种题材。无论是单一题材还是多个题材的搭配,都是为了满足观众的需求。把不同题材和娱乐进行组合,是当今许多综艺节目进行创新的重要方式。

(1)娱乐与音乐。

综艺节目在早期的发展过程中曾经以艺人秀的方式呈现,艺人在节目中表演和唱歌是节目的重要看点。因此,音乐是综艺节目的一个关键题材。韩国 KBS 的《音乐银行》和 MBC 的《音乐中心》就是两档以艺人歌唱表演为主的综艺节目。这两档节目每期会邀请韩国当下流行的歌手或团体到节目中演唱,既为歌手们提供了宣传的机会,也是吸引观众眼球的重头戏。

浙江卫视的草根歌唱类节目——《我爱记歌词》,自 2008 年推出以来就受到观众的喜爱,已被打造成全国首个门槛最低的互动音乐综艺节目。这个节目的创新主要在于它打破了以往综艺节目重视歌唱水平和舞台效果的原则,只要参与者唱对歌词就有机会胜出。这种形式就像是把百姓喜爱的 KTV 搬到银幕上,把节目做成了一个大型 KTV,在这个 KTV 中,观众能听到不同的人唱歌,即使平时并不擅长唱歌的人都有机会在银幕前大展歌喉。

(2)娱乐与新闻。

一般的综艺节目都是在"玩"和"闹"方面做文章,较少涉及与新闻和时事相关的题材,而《正大综艺》就是一档融合了娱乐和新闻的综艺节目,节目关注生活中发生的重大事件和活动,也反映当下的一些社会热点话题和问题。例如,1996 年节目为纪念长征胜利 60 周年制作了《长征专辑》;1997 年节目为配合香港回归祖国,制作了《香港专辑》，表现了当时香港的人文风情和现实生活；2005年为庆祝西藏自治区成立40周年制作了《西藏专辑》；以2010年上海世博会"人与自然和谐相处"为主题制作了《世博会专辑》，等等。这些节目使观众在笑声中得到教益和知识，以轻松愉悦的方式反映了社会生活的大事，并给人以启迪①。

此外，娱乐和新闻时事的融合也可以打造节目的公益性，通过节目为灾难或意外事故筹款。例如《我爱记歌词》就喊出了"天天唱好歌，热情为公益"的口号，除了为全民打造了一个欢唱的大舞台，也设置了"爱心公益基金"的内容。在"爱心大冲刺"和"无限欢唱"的环节中，挑战者通过接唱歌曲累加一定数额的爱心公益基金，捐给那些需要帮助的人。

（3）娱乐与体育。

闯关竞技类综艺节目大部分都涉及体能的挑战，代表性节目包括湖南卫视的《智勇大冲关》、浙江卫视的《冲关我最棒》和湖北卫视的《牛气冲天》等。2013年的明星跳水节目，如江苏卫视的《星跳水立方》和浙江卫视的《中国星跳跃》更是成功地将娱乐和跳水这一体育项目相结合。将体育比赛机制融合在综艺节目内容中，不但保证了节目的整个流程更加顺畅，也使节目的悬念和紧张感大大增加。日本年度著名的闯关竞技类综艺节目——《极限体能王》更是挑战了参赛者的极限，每年都在试图寻找能够突破所有考验体能关卡的挑战者。在节目中，有的挑战者虽然挑战了十多年未能成功，依然坚持参加每届比赛。《极限体能王》成为日本观众一年一度的盛典之一，也受到许多国外观众的热爱。

（4）娱乐与教育。

寓教于乐一直是综艺节目的重要功能之一，观众观看综艺节目，在享受娱乐的同时也可以学到知识，可谓一举两得。

河南卫视结合"文化中国，文化卫视"的频道整体定位，创办了大型文化节目《汉字英雄》。参加节目的小选手在舞台上面对名为"十三宫"的汉字阵，成功写出题目中要求的汉字，可继续前行答题。观众们不仅可以看到激烈的比赛，更能够从于丹、高晓松、张颐武的说文解字中了解更多汉字知识。节目将娱乐与知识结合，成功地传播了汉字文化。

又如《谁比谁聪明》等多档类似节目邀请嘉宾参与并回答来自小学一至六年级的考题，在回答过程中参与者有三次机会向节目邀请的小学高材生询问参考答案。节目让嘉宾们重新回到小学测验现场，考验他们的智力，同时，嘉宾、主持人、现场小学陪考团和观众都可以学到新知识。

---

① 徐伟：《一个别具风格的综艺节目——〈正大综艺〉与其他综艺节目比较谈》，《中国电视》1999年第1期。

（5）娱乐与戏剧。

明星表演一直是综艺节目中的重要部分，小品、小剧场和歌舞剧等都是综艺节目的重要元素。台湾的《综艺大哥大》和《综艺大喝彩》就是以明星表演为主的两档综艺节目，考验艺人的现场即兴表演能力。

韩国综艺节目《Star King》作为一档以明星表演为主的节目，不定期会在节目中设置短剧，让艺人挑战短剧演出。例如偶像团体 Super Junior 每期会根据不同主题录制一段短剧，观众有机会看到他们歌唱和舞蹈以外的表演能力。韩国许多综艺节目都会融合小短剧或情景剧的元素，如《明星职员》、《家族诞生》和《Running Man》等都曾经加入戏剧表演的元素。

中央电视台 2011 年推出的《谢天谢地你来啦》更是打破了传统节目的表演形式。表演嘉宾没有剧本，没有台词，要在一个自己完全未知的特定主题场景中根据已有人物的表现即兴表演。这种即兴表演构成了节目的主体，区别于以往表演只是节目一小部分的形态。剧情的一些关键点由栏目事先设置，表演者不能反驳，只能通过自己的智慧来为故事编造具体情节、原因等。这种模式不仅给戏剧创作带来了新的思路，也拓宽了综艺节目的形态。

（6）娱乐与美食。

把娱乐和美食相结合，能进一步丰富综艺节目的元素。例如香港的《美女厨房》每集邀请三位美女艺人进行厨艺比赛，还会邀请两位男艺人及一位大厨为评判人。节目第一季于 2006 年播出后就打破了 TVB 游戏节目的收视纪录，成为 TVB 最高收视的游戏节目。随后，节目还推出了番外篇《美女厨房至尊孖宝大赛》、《美女厨房 Sawasdee》、《美女厨房 Khob Khun Krup》、《美男厨房四大热荤》、《美男厨房美点双辉》和《美女厨房团年饭》。

另外，台湾综艺节目《周日八点档》中的《食字路口》板块也是让主持人和嘉宾到台湾各大旅游景点寻找美食，观众可以通过他们滑稽的寻找过程来增加对当地美食的认识。

（7）娱乐与购物。

将网络购物成功嫁接于电视节目的跨界合作模式也是具有创新意义的尝试。事实上，借助电视综艺节目的影响力，网购产品也得到了更大范围的推广，对相关产业的发展具有深远的意义。

2009 年 12 月，淘宝网与湖南卫视联手，在长沙共同组建跨媒体合资公司"湖南快乐淘宝文化传播有限公司"，既开创了传统电视与电子商务跨媒体合作的先例，又实现了两个领域的强强合作。2010 年 4 月 18 日，电视商务网络互动节目《越淘越开心》开播。《越淘越开心》突出的正是名字中的"淘"主题，节目由"你需要，我创造"、淘宝设计师个性展示和电视秒杀三个环节构成。据湖南卫视和淘宝网的数据显示，首期节目播出期间共有 100 万人通过淘宝网参与了活动，有力地证明了电视和网络互动的强大力量。中华传媒网有评论认为："这实际上是网购＋电视的首次资源整合尝试，也是国内第一档电视和网络互动的娱乐综艺秒杀购物节目。"①

（8）娱乐与古玩。

娱乐和历史文物相结合，也是综艺节目在题材上的一大创新。如河南电视台利用自己丰厚的历史文化资源，于 2004 年制作了一档鉴宝类综艺节目——《华豫之门》。节目定位为"展现收藏百态，体现人文关怀"，每集节目参与者秀出自己的"法宝"，让专家在节目中做鉴定，这不但为收藏爱好者提供了一个交流藏品、展示藏品的平台，也为普通百姓提供了一个感受古代文明的窗口，让观众在轻松的氛围下认识文物。

### 3. 悬念设置

电视节目制作力求达到 3 个"S"，第一是 Suspense（悬念），第二是 Surprise（令人惊讶），第三是 Satisfaction（满意）②。悬念是传统叙事情节活力的一个主要来源，而悬念的设置和揭晓是整个叙事结构的中心原动力③。综艺节目没有固定的叙事结构，即没有固定的故事情节和人物形象，所以，悬念的设置成为吸引观众的重要手段。综艺节目的悬念设置包括结构性悬念、二度悬念和兴奋性悬念。

（1）结构性悬念。

结构性悬念是贯穿整个节目的大悬念，它是突出节目总体构思以及建构节目整体框架的因素④。结构性悬念来自节目本身的形式和环节设置。以韩国综艺节目《家族诞生》为例，《家族诞生》是周播节目，它的单位是"季"和"代"。每录制一次节目算一"代"，每"代"节目中由艺人组成的主持人、几位固定嘉宾和不定期嘉宾将到一个地方进行拍摄，完成指定的任务，每"代"分上下集，每集一个小时，一周播一集。因此，结构性悬念就在于艺人们之间会在接受任务和比赛时擦出哪些火花，以及他们会在当地有哪些体验，最终会留下哪些回忆。这个大悬念贯穿节目始终。

---

① 郭兰英：《网络时代电视综艺节目新突破——以湖南卫视〈越淘越开心〉为例》，《青年记者》2010 年第 24 期。

② 《中国电视节目没个性》，《北京商报》，转引自光明网，http://culture. gmw. cn/2007－02/26/content_559035. htm。

③ 郭艳：《电视综艺节目的成功叙事元素》，《现代传播》2009 年第 3 期。

④ 李兴国、余跃：《在悬念中叙事——论电视节目中的悬念意识》，《现代传播》2003 年第 5 期。

（2）二度悬念。

一档综艺节目由不同单元组成，因此其整体叙事趋向是不稳定的，这使得悬念会产生的结果，创作者也无法预知。所以，在录制完成后，节目制作人员可以通过后期剪辑再次强调节目中的趣事，形成二度悬念。例如在《家族诞生》中，当嘉宾在完成任务或进行比赛的过程中出现有趣的对质时，节目将会放慢镜头，配上背景音乐，并放大嘉宾脸上出现的复杂表情，然后根据具体情境打上尴尬、紧张、害羞、恐惧等字幕，这种剪辑搭配能够产生很好的戏剧效果。此外，在出现搞笑场面或是比较精彩的比赛动作时，多方位机位会提供各个角度的镜头进行紧凑的回放，这样使观众多角度更加清晰地看到这些精彩的场面[1]。

（3）兴奋性悬念。

兴奋性悬念的作用在于铺垫故事情节、烘托人物形象和提高观众收视兴趣[2]。综艺节目可以不断地制造出兴奋性悬念，例如，在《家族诞生》中的每个任务和比赛项目都是兴奋性悬念的源头，艺人们在游戏中因争强好胜、赌气、伤心或笨拙而产生的一举一动都是悬念的一部分。

4. 人物组合

在综艺节目中，不同的人物组合方式和组合类别会呈现出不同的节目氛围。

（1）组合方式。

主持人是综艺节目的主要人物，支撑起整个节目。主持人组合可以分为一人主持，例如《百万小学堂》中的张小燕；两人、三人的搭档主持，例如《我猜我猜我猜猜猜》中的三人搭档；以及家族式的主持阵容，例如《快乐大本营》中的"快乐家族"。

综艺节目中主持人与其他人物的组合方式有四种。第一种是主持人和现场观众。在这种组合中，主持人是固定的，而现场观众是不断更换的。因此，这类人物组合的综艺节目一般是以主持人为重点。第二种是主持人和嘉宾或参与者，嘉宾和参与者可以是名人或普通百姓。通常在这种组合中，主持人会带领嘉宾或参与者去进行游戏、比赛或完成任务，大部分闯关竞技类综艺节目都属于这种组合。此外，日本和我国台湾地区的恶搞综艺节目也是这类组合。第三种是主持人、嘉宾和现场观众，这种组合在大型棚内综艺节目中极为常见，例如春节联欢晚会、《快乐大本营》、《超级无敌奖门人》和《我猜我猜我猜猜猜》等。主持人在节目中只作为叙事者，真正"秀"的人是嘉宾，现场观众则是营造节目现场气氛的关键。有时，节目还

---

① 郭艳：《电视综艺节目的成功叙事元素》，《现代传播》2009 年第 3 期。

② 李兴国、余跃：《在悬念中叙事——论电视节目中的悬念意识》，《现代传播》2003 年第 5 期。

会设置嘉宾和现场观众进行互动的单元，让嘉宾和观众共同比赛或玩游戏。第四种是主持人、固定嘉宾和额外嘉宾，这是韩国综艺节目独特的创新人物组合方式，已被很多节目借鉴。节目虽然有主持人，但主持人和固定嘉宾是"同等"的，每一期主持人和固定嘉宾将会形成一个"家族"，共同推动节目进行，同时节目几乎每期都会不断寻找不同的艺人暂时加入这个"家族"，著名的《家族诞生》和《Running Man》节目就是这种组合方式。

（2）组合类别。

虽然综艺节目正在走向"草根"时代，但依然离不开名人的参与。如今，更多综艺节目是把名人和平民结合起来，这样不但可以扩大受众群，也可以在录制过程中制造更多悬念。

例如，日本的《极限体能王》每一届都会邀请各行各业的名人和平民，节目中他们都是平等的，他们只有统一的身份，就是挑战者。台湾的《百万小学堂》则邀请了音乐制作人、演员和政治家等参与节目，再加上节目本身就有固定的儿童嘉宾，这种多元化的组合使得节目的受众群几乎没有年龄层之分，成为一档从小孩到老年人都可以观看的综艺节目。韩国的综艺节目则经常把搞笑艺人、歌手和演员组合在一起。SBS的《Star King》还请来了各种来自民间的甚至国外的"奇人"表演"奇技"，让嘉宾和这些奇人进行PK。组合类别上的创新可以使得节目更加多元化，让节目得到更多人的关注。

# 第四节　电视综艺节目创新趋势

## 一、"素人"时代的来临

"素人"来自日语，通常指非专业人士、业余爱好者、业余艺术家。"素人"本质上是平民，与真人同样具有"真实性"的特征，但他们具有一定的艺术素养，更有美感，并有可能"被造星"[1][2]。所谓"素人"化则是在平民化的基础上进一步升华[3]。单纯依靠明星并非电视综艺节目的长久之道，从素人中挖掘素材更具可持续发展潜力。目前，素人时代已经到来。如江苏卫视的《非常了得》、《一站到底》，浙江卫

---

[1]　《娱乐节目创新趋势思考　选秀节目略显疲态》，搜狐网，http://yule.sohu.com/20100525/n272340255.shtml。

[2]　《娱乐节目发展趋势：人文、"辛闻"领航》，《综艺报》2010年第9期。

[3]　同上。

视的《我爱记歌词》、《冲关我最棒》,中央电视台的《黄金100秒》、《星光大道》等多个节目均为具有一定素养的平民百姓提供了舞台。

## 二、娱乐专业化

近年来,综艺节目娱乐的专业化趋势尤甚,不再是谁都能玩的游戏,而是专业性的比拼、精细化的制作。如江苏卫视的《星跳水立方》中,跳水从动作、打分、赛制、场地都堪称专业,均按国际标准实施。各位不会跳水的明星,进行专业的跳水比拼,充分体现了娱乐专业化趋势。

从电视节目主持人的设置上看,这一趋势也逐渐明显。主持人不仅需要过硬的语言功底,同时还应当具有和节目相匹配的专业素质。如天津卫视的《军歌嘹亮》是为八一建军节献礼的特别节目,以一位军旅歌手搭档一位地方歌手配对的形式进行歌唱比赛。节目的主持人为韩红,她口语表达能力强,本身为军旅歌手,让其主持更有说服力。

## 三、继续依赖名人效应

尽管素人时代到来,但名人仍旧是电视综艺节目发展的制胜法宝。深圳卫视的《男左女右》以知名主持人李湘和张宇搭档,参加者为男队、女队两组明星,他们通过一系列PK环节和互动环节呈现男女不同的视角与观点。另外,目前很多综艺节目都选择将名人和素人组合搭配,吸收双方在人气和地气方面的优势。如天津卫视的明星模仿秀栏目《天下无双》,节目每期邀请一位国内一线歌手与五位模仿者同台飙歌,共同演绎六首该歌手的代表曲目,接受六组神秘评委的盲选淘汰,成功地融合了名人元素与素人元素。又比如2013年的《我要上春晚》,与以往节目不同,节目首次推出了"明星上春晚"板块,将明星也置于比赛的激烈环境中,更具名人效应。

## 四、人文化趋势凸显

综艺节目的人文化走向主要体现为以人为本,关注观众,强化对观众的服务意识。江苏卫视的益智类游戏闯关节目《芝麻开门》,在娱乐的基础上引进了"心愿"、"为他人而战"等概念,充满温情,带有人文色彩。湖南卫视的《天天向上》关注中国千年礼仪之邦的礼仪文化,节目寓教于乐,具有人文气息。包括以慈善、公益为目的的综艺节目的兴盛,如《梦想合唱团》、《天声一队》等都体现了综艺节目的人文趋势。

### 五、新技术引领跨媒体传播

跨媒体传播已成为时下综艺节目发展的必然趋势。通过二维码连通手机与电视等技术创新手段不断涌现。江苏综艺频道的全媒体互动音乐游戏节目《都来唱吧》，同样也引入了社交 K 歌手机 APP 应用"唱吧"，成功地带动了节目的模式创新。观众通过"唱吧"唱歌，可以获得智能系统打分，和挑战者实时互动，获得奖品。节目借助新技术，打通了手机—网络—电视三大媒体，成功应用了多屏时代多终端全新联动模式。

# 第五节　电视综艺节目创新案例分析

## 一、韩国 SBS《Running Man》

《Running Man》(图 5-1)是韩国汉城广播电视台(SBS)周日综艺时段《星期天真好》中的一个板块，于 2010 年 7 月首播，是一档游戏竞技类新概念综艺节目。每期节目由主持人、固定嘉宾团带领，与特别嘉宾一起，分成两组或三组，在限定的地点内进行游戏，节目最终失败方将遭受惩罚。

图 5-1　《Running Man》

节目内容是每一期把艺人们带到韩国一个有代表性的地点，例如 SBS 电视台、水源世界杯体育场、首尔历史博物馆和世宗文化会馆等，让艺人们在当地进行组别游戏对抗。节目由号称"韩国国民 MC"的著名综艺节目主持人刘在石主持，综艺节目主持人池石镇、歌手哈哈、金钟国、姜熙健、Lizzy(18 集开始加入，25 集后退出)、演员李光洙、宋智孝和宋钟基(41 集以后退出)组成固定嘉宾团，差不多每一集都有特别嘉宾加入。每一期节目的基本流程为：第一部分：地点介绍；第二部分：主持人和固定嘉宾到达并迎接特别嘉宾；第三部分：主持人、固定嘉宾和特别嘉宾组成两或三组进行游戏；第四部分：判定惩罚；第五部分：惩罚(有时候会移至下期节目第一部分一起播放)。节目主要有如下特色。

### 1. 主持嘉宾,合二为一

《Running Man》的固定嘉宾和主持人的明星阵容组合,是韩国综艺节目中具有代表性的人物组合方式。固定嘉宾一般是有一定观众缘的艺人,包括演员和歌手,他们是保证节目收视率的原因之一。此外,固定嘉宾中也有以搞笑风格出场的"笑星",频频出现爆笑场面,是节目的亮点之一。节目虽然有主持人,但主持人作为辅助角色,并不是全程发言,而是和嘉宾一起亲身体验节目中的游戏项目,这样一来,主持人既不会抢了嘉宾的风头,也变得更有亲和力,与观众走得更近。

### 2. 风光景点,展现文化

该节目最大的特点便是每期选择的拍摄地点都各具特色。从第 1 集到第 43 集每集都固定在一个标志性地点进行拍摄,所到过的地点包括首尔乐天购物中心、首尔历史博物馆、南山首尔塔、首尔中央邮局、猎鹰安全体验馆、汉阳女子大学等。从第 44 集开始,节目转型成"移动式"拍摄,艺人在每个游戏前会获得任务说明,要求他们到不同的地点完成一定的任务。节目中的游戏项目融合了当地的特色和元素,例如,在水源世界杯体育场进行拍摄时,节目请来了世界杯韩国国家队的一名成员来讲解游戏,游戏过程中展示了体育馆内部各个部分的结构,同时也介绍了韩国足球的一些资讯。这种融合方式不但让观众能够看到艺人在著名景区或标志性地点进行游戏,也可以借此加深他们对当地特色和文化的认识。

### 3. 新颖游戏,搞笑处罚

《Running Man》节目的主要叙事和悬念都由游戏推动,其经典的"欺骗游戏"、"抓犯人游戏"等一直受到观众的青睐。"欺骗游戏"是由节目制作组指定主持人、固定嘉宾或特别嘉宾中的某人完成几项欺骗任务,他必须成功欺骗所有人一直到游戏结束才能胜出,如果当中被其他任何人发现,则被欺骗者胜出。"抓犯人游戏"是由节目制作组指定主持人、固定嘉宾或特别嘉宾中的某人成为犯人,完成某个任务,这期间不能被其他人发现自己是犯人,成功完成任务的犯人宣布胜利,否则其他的艺人则获胜。这些游戏为现场制造了紧张而娱乐的气氛,而失败者受到的尴尬处罚也十分有趣,例如,失败的艺人必须穿着可爱的家居短裤在路上逛街,引得观众开怀大笑。

### 4. 人物互动,悬念涌现

这档节目中的每个艺人都有外号,或是关系称号,例如金钟国因为其强壮的体型,再加上在游戏中不断获胜,被称为"强者";歌手哈哈因为某一期节目中的打扮穿着看似韩国卡通人物 Pororo，因此被称为"Haroro"；姜熙健和宋智孝的"假情侣"关系被称为"周一情侣"；宋钟基和宋智孝因为同姓被称为宋宋姐弟；刘在石、池石镇和李光洙因为经常在游戏前段就失败被送到"监狱"，所以被称为"监狱三人组"。由此可见，艺人之间的互动很多，也因此让观众觉得亲切、幽默。人物的互动可以制造许多兴奋性悬念，也是保证节目长期锁定观众的重要筹码。

### 二、湖南卫视《快乐大本营》

湖南卫视的《快乐大本营》（图 5－2）借鉴香港的《综艺 60 分》，于 1997 年 7 月首播，是一档综合性综艺节目，融合了表演、游戏和访谈等多种方式，互动性、娱乐性强。

图 5－2 《快乐大本营》

节目一开始采用的是全民娱乐的形式，经常邀请一些有特殊才能的人或是可爱的孩子来表演。后来曾转型为选秀节目。目前以邀请中国大陆、港台地区知名艺人来参加游戏和接受访谈为主。节目创办十几年以来不断改版创新，根据每一集的主题需要也设有不同的单元。每一集节目的基本流程主要为：第一部分：主持人登场秀；第二部分：第一群嘉宾登场与主持人互动；第三部分：第二群嘉宾登场与主持人互动；第四部分：嘉宾、主持人与现场观众互动；第五部分：主持人结尾。节目推出了"神马都给力"、"60 秒不 NG"、"啊啊啊啊科学实验站"等众多板块，是中国生命力最强的综艺节目之一，值得学习。

### 1. 全民舞台，贴近民心

《快乐大本营》的主题以清新、青春、快乐、八卦和贴近生活的娱乐为主。尽管请来了明星作为嘉宾，但普通观众依然是重要的"配角"，人际传播与交流的介入提升了节目的亲和力，提高了观众的收视积极性①。《快乐大本营》自 2004 年开始以普通观众为主角的改版方向，加入了许多草根元素，例如"海选"和"现场 PK"等，并淡

---

① 王江涛：《从明星闪耀到草根狂欢——审视中国电视综艺节目的发展历程》，《青年记者》2010 年第 11 期。

化了"大综艺"的明星套路。此外,主持人与嘉宾的交谈内容大多以嘉宾近期的焦点新闻事件(唱片发布、电影上映、绯闻事件等)为主。节目从此突出了"全民娱乐"的新概念,为草根人物、团体打造了一个展现个性的"全民娱乐"平台和分享快乐的机会。

### 2. 家族阵容,个性主持

2006 年,该节目选出了新一代主持团体——"快乐家族"。这支由何炅、谢娜、李维嘉、杜海涛和吴昕组成的家族式主持团被称为"中国第一主持天团"和"收视第一天团"。何炅作为"老手"一直都是该节目的王牌主持人;谢娜在节目中以搞怪的形象出现;李维嘉外表帅气,可谓家族中的帅哥;杜海涛胖胖可爱的形象增加了节目的戏剧效果;吴昕无疑是节目中的美女主持,这样的组合形成了多元化的主持阵容。

### 3. 经典游戏,无限快乐

《快乐大本营》节目在板块中设置了很多游戏,如快乐传音、萝卜蹲、心有灵犀、成语接龙、数青蛙等。游戏模式一般都较为简单,目的就是让观众尽情开怀大笑,得到放松和愉悦。

### 4. 华丽策划,精心设置

从策划的角度看,节目的细节设置非常精心,保证了节目旺盛的生命力。例如,节目的片头设计定期更新,从造型到色彩都给观众以新鲜感。节目摄像常使用特写镜头,在镜头语言上注重娱乐效果。主持人也常运用较为夸张的说话方式,声音起伏变化大,营造出火爆的现场氛围。

# 第六章 电视真人秀节目形态创新

电视娱乐节目的出现改变了人们的休闲方式,而娱乐节目所分化出来的种类也越来越多,其中包括综艺晚会类、选秀类、游戏类和智力竞赛类等。随着分化程度的加深,电视娱乐节目在"进化"过程中来到了电视真人秀时代。

真人秀节目形态是各种节目形态进行融合之后所演变出来的节目形态,是节目创新形态中最有发展空间的一类。以电视游戏节目形态作为基底,真人秀节目包含了纪实节目形态、电视剧节目形态、电视选秀节目形态、电视综艺节目形态和电视谈话节目形态等。如今在众多档真人秀节目中,我们可以看到的模式和内容几乎无所不有。电视真人秀节目可以说是电视产业中的一项奇迹,该节目形态在发展的过程中突飞猛进,得到了众多广告商的青睐。目前,它与综艺节目已成为电视娱乐节目的两大主要亮点,成为各大电视台的主流电视娱乐节目,将电视娱乐节目推到了最高点。

## 第一节 电视真人秀节目创新历程

### 一、电视真人秀节目的定义

真人秀节目在一开始发展的时候并未被归为一种"形态",因为它给人的感觉是捉摸不定的,因而有关"真人秀"的定义也非常广泛。

作为一种电视节目,电视真人秀是对自愿参与者在规定的情境中,为了预先设定的目的,按照特定的规则所进行的竞赛行为的真实记录和艺术加工[1]。

真人秀节目的名称凸显了该节目形态的重点,即要够"真",有"人"的参与,以及这些人必须在节目中"秀"出自己。作为信息传播的方式之一,电视真人秀节目

---

① 尹鸿、冉儒学、陆虹:《娱乐旋风:认识电视真人秀》,中国电视广播出版社 2006 年版,第 6 页。

在传播过程中加入娱乐消遣元素,但并未丢失"真实"的理念,因此,也有专家认为,真人秀节目是一种由制作者制订规则,由普通人参与并录制播出的电视竞赛游戏节目所形成的新闻传播活动①。简单来说,真人秀也是利用新闻和纪实来娱乐观众而引申出来的概念之一。然而,新闻传播活动都是一种社会活动,所以"真人秀"是受到社会控制的一种节目形态。

真人秀节目区别于单纯的选秀和竞赛节目,并在一定程度上取代了它们。选秀和游戏竞赛节目的拍摄手段和模式都是以舞台或节目时空设置内的一切规定的仪式为主。而真人秀节目则在选秀和游戏当中融入了参赛者的赛前赛后采访和推动整个节目进程的相关幕后内容,让观众不仅看到比赛过程,也能看到赛前和赛后的情景,这一形式就如同新闻等纪实类节目中的现场跟踪。

真人秀节目的概念在中西不同地域也有着不同的内涵。

在西方,"真人秀"一词的解释非常多,直接把真人秀翻译成英文来看,"真"、"人"、和"秀"分别为 real、human/people 和 show。然而,西方在提出真人秀概念的时候,并没有把 human/people(人物)加入真人秀一词当中。由此可见,西方的真人秀概念在创作之时并不把真人秀当中的人物设为主角,而是将其中角色所经历的种种情况作为卖点。简单地说,西方的真人秀节目主要以悬念来推动整个叙述,其中包含许多情绪的宣泄和模拟的元素,这些元素造就了一定的悬念,通过这些悬念来抓住观众的目光。

与西方的真人秀节目相比,中国更注重当中的人物,基本上利用真人秀的模式来讲述各种人物的故事。因此,相关的定义多以节目中的人为中心。这类定义更为接近纪实类节目,而节目当中的个体故事和情感占主要地位。我们往往会在中国的真人秀节目当中看到大部分叙事都是在讲述参赛者的故事,因此,观众在观看过程中可以很深入地了解每个参赛者。

总体来说,电视真人秀节目自出现以来,一直扮演着激发社会共鸣的电视节目形态的角色。因为真人秀节目以"真人"为节目主要角色的方式打破了以往节目形态中陌生的名人制方式。该节目形态的叙事内容也融合了自然主义和写实主义的元素,是一种既有艺术的成分,也能够反映出现实社会现象的叙事形态。其中与受众生活接近的因素自然也减少了受众与媒体的陌生因素,因为真人秀节目形态讲求的是平民化、互动性、真实性和人情味。所以,电视真人秀节目就是指由普通人而非演员为了一定的目的在节目制作方规定的情境中,按照所设立的规则,进行一定的任务和竞赛,并在这个表演过程中展现自我个性,而这整个过程被加入了艺术

---

① 《百无禁忌"真人秀"》,华夏经纬网,http://big5.huaxia.com/zk/tx/00140937.html。

元素和进行了一定的剧情编排，以纪实的方式被录制成的电视节目。

## 二、电视真人秀节目发展历程

电视真人秀节目形态整体上经历了从真人电视到真人游戏再到真人选秀的演变。

真人秀节目的演变是从 20 世纪末的真人电视开始。因此，真人秀节目的发展源头离不开西方一开始提出的"真人电视"的概念，即通过当事人的真实镜头和记录资料，把一些让人忍俊不禁的惊险场面、滑稽场面和生活细节搬上电视荧屏。从录制手段来看，它与纪录片非常相似；从传播功能上看，它却属于娱乐节目①。20世纪 70 年代开始，以 ABC 的《坦率的摄像机》为代表的同一类节目纷纷兴起。随后，《美国家庭滑稽录像》自 90 年代开始带动了真人电视的热潮。此后，同类节目陆续出现，其中包括《突击改造》和《酷男的异想世界》等。

"真人秀"的命名最早出现在 1998 年，美国派拉蒙等公司联合推出了一部名为《楚门的世界》的影片，该影片以主人公楚门命名为"Truman"，其名以"True"和"Man"结合，意思为"真人"。在《楚门的世界》中，楚门从出生开始，他生活中的点点滴滴都被摄像机记录下来向世界直播，因此他的生活就如一个大影棚，他一直都是"扮演"着自己的演员，可是他本人却不知道，一直到 30 年以后他因为爱情而偶然发现了自己活在一个节目中，当时他便立即冲出这个"虚拟世界"，不再活在节目中。虽然只是个影片，《楚门的世界》却启发了影视业界的人士，纷纷模仿电影中的情节来制作节目，还有的电视台试图把《楚门的世界》制作成一个真人秀节目。此后，真人秀节目的概念被广泛运用。

1999 年，荷兰一家电视台推出了《老大哥》节目，大大地推动了真人秀节目模式的发展。《老大哥》中 10 名有着不同背景的参赛者被放入一栋充满摄像头的房子中，他们在一起生活 85 天，而他们在这 85 天中的一举一动都被摄像头监视着，节目名称中的"老大哥"便是指这些监视的动作。《老大哥》在当年推出以后，陆续有多个国家例如法国、澳大利亚、美国、德国和丹麦等争购放映权。当时，真人秀节目的热潮已不经意地在全球兴起。

之后，竞赛游戏的概念被归入真人秀节目的定义之中。以电视游戏比赛节目为基础，真人游戏当中设置了特定的起点，即抛开不平等，允许任何符合条件的百姓参与，并在节目当中融入许多仪式的概念，让这些不分身份和阶级的参与者在平等的形式和消除社会中种种不一致的条件下共同聚在一起参与一定的盛会，在过程中凸显各自的特点，并在终点画上强调个人能力的句号。

---

① 徐舫州、徐帆：《电视节目类型学》，浙江大学出版社 2006 年版，第 131 页。

　　2000 年,美国哥伦比亚广播公司推出了《幸存者》。该真人秀节目把 16 个人送到南中国海上的一个荒岛上,并没收他们随身携带的生活用品,让他们不得不利用野外生活技能来维持生存。《幸存者》在播出以后受到了极大的欢迎,陆续推出了第二季、第三季等,到 2013 年上半年推出的第 26 季,已经有 13 个年头。然而,该节目依然是观众收看节目时的首选。日本自 20 世纪 90 年代开始就不断推出类似的真人游戏节目,其中最热门的节目《极限体能王》保留至今。2004 年推出的《学徒》也是这种类型。

　　之后,电视真人秀节目进入真人选秀阶段。福克斯娱乐集团在《幸存者》播出以后直播了《美国偶像》。虽然《美国偶像》的模式源自英国,但是《美国偶像》最终将这个歌唱选秀节目发扬光大。该节目模式具有极强的感染力,被陆续传到世界各地,至今依然广受欢迎。2005 年 5 月,福克斯娱乐集团成立了福克斯真人秀频道,更进一步提高了真人秀节目的制作水平。2006 年,福克斯真人秀频道推出了福克斯真人秀奖(The Fox Reality Awards)。《美国偶像》无疑带动了真人选秀节目的热潮,从一开始的歌唱选秀到如今各种样式的舞台表演,舞台上的真人秀成为电视节目中不可或缺的节目类型。在中国,《超级女声》、《舞林大会》、《加油! 好男儿》、《中国梦之声》等都是很好的成功案例。

　　真人选秀节目自出现以来给传播业者以很大启发,他们开始利用其中的原理创造出各自的新主题和概念来推动产业的发展。如今热播的《美国发明家》和《高校音乐剧之换我登场》便是运用了真人选秀的原理,融入了科学以及电影的概念。

　　2003 年,艾美奖增加了最佳真人秀节目的奖项;2008 年,艾美奖再度增加了最佳真人秀节目主持人的奖项。由此看来,真人秀节目自 21 世纪初一直在迅速发展,并取得了很好的播出效果。

　　到现在,西方的真人秀节目已经发展出各种类型,按竞赛主题及模式划分,可以分为以下 10 种类型①(表 6 - 1)。

表 6 - 1　电视真人秀节目分类

| 类　　型 | 特　　点 | 节目举例 |
| --- | --- | --- |
| 野外生存挑战型真人秀节目 | 参与者必须面对生存的考验和冒险的挑战 | 《幸存者》、《海盗王》 |

---

① 尹鸿、冉儒学、陆虹:《娱乐旋风:认识电视真人秀》,中国电视广播出版社 2006 年版,第 7 页。

（续表）

| 类　　型 | 特　　点 | 节目举例 |
|---|---|---|
| 室内情境体验型真人秀节目 | 参与者被安排在限制的空间内生活，以展示生活和人际关系能力 | 《老大哥》、《阁楼故事》 |
| 生活技能应试型真人秀节目 | 展示参与者的才艺和创造力 | 《美国发明家》、《房屋之战》 |
| 表演选秀型真人秀节目 | 参与者在舞台上进行表演 | 《美国达人》、《美国偶像》 |
| 职场创业型真人秀节目 | 特殊职位的技能考验 | 《学徒》、《天桥风云》 |
| 益智闯关型真人秀节目 | 参与者回答各种智力问题 | 《你比五年级小学生更聪明吗》、《一掷千金》 |
| 婚恋约会型真人秀节目 | 参与者接受异性考测和挑选 | 《诱惑岛》、《郎才女貌》 |
| 角色置换型真人秀节目 | 生存者进入一种自己陌生的环境中接受考验 | 《换妻》、《重返校园》 |
| 游戏比赛型真人秀节目 | 参与者进行直接的游戏和比赛 | 《恐怖元素》、《极速前进》 |
| 儿童成长型真人秀节目 | 儿童为主要参与者，设置让儿童在没有成年人的帮助下自己渡过难关并培养经历和成长的竞赛 | 《逃离蝎子岛》、《儿童王国》 |

　　无论是真人秀节目的起源地——西方国家，还是亚洲地区等，真人秀节目在电视节目模式当中已经是不可或缺的一部分。如今，世界各地很多电视台都有自己主推的真人秀节目，这里列举美国（表6-2）以及中国（表6-3）代表性的真人秀节目。

表6-2　美国代表性的真人秀节目

| 四大电视公司 | 代表性的真人秀节目 |
|---|---|
| 哥伦比亚广播公司（CBS） | 《幸存者》、《老大哥》、《极速前进》、《全美最棒狗狗》、《百万元密码》 |
| 全国广播公司（NBC） | 《学徒》、《极限任务》、《终极减肥者》、《美国达人》、《恐怖因素》、《成交不成交》 |
| 福克斯电视公司（FOX） | 《美国偶像》、《舞林争霸》、《勿忘歌词》、《真心话大冒险》、《你比五年级小学生更聪明吗》 |
| 美国广播公司（ABC） | 《谁想成为百万富翁》、《与星共舞》、《舞斗》、《改头换面》、《勇敢向前冲》 |

表6-3 中国代表性的真人秀节目

| 电视台/频道 | 代表性的真人秀节目 |
|---|---|
| 中央电视台 | 《非常6+1》、《开心辞典》、《梦想中国》、《七天大胜》、《非凡少年》、《绝对挑战》、《我的长征》、《金苹果》、《欢乐英雄》、《谁将解说北京奥运》、《星光大道》、《交换空间》、《挑战主持人》、《梦想合唱团》、《防务精英》 |
| 凤凰卫视 | 《中华小姐环球大赛》 |
| 北京卫视 | 《红楼梦中人》、《真情耀中华》、《龙的传人》、《最美和声》 |
| 湖南卫视 | 《超级女声》、《快乐女声》、《快乐男声》、《勇往直前》、《谁是英雄》、《快乐中国》、《我们约会吧》、《一呼百应》、《变形记》、《金牌魔术团》、《舞动奇迹》、《天声一队》、《中国最强音》 |
| 东方卫视 | 《欢聚世博·全家都来赛》、《舞林大会》、《加油！好男儿》、《我型我秀》、《非常有戏》、《明星大练冰》、《创智赢家》、《魔法天裁》、《中国达人秀》、《中国梦之声》、《妈妈咪呀》 |
| 台湾（台视、中视） | 《百万小学堂》、《超级星光大道》、《超级偶像》 |
| 星空卫视 | 《星空武状元》、《老友记》、《美人关》 |
| 浙江卫视 | 《天生我才》、《梦想奥运真男孩》、《我爱记歌词》、《越跳越美丽》、《公民行动》、《夺宝奇兵》、《中国梦想秀》、《中国好声音》 |
| 江苏卫视 | 《名师高徒》、《绝对唱响》、《人间》 |
| 山东卫视 | 《爱情来敲门》、《联盟歌会》、《综艺满天星》、《天使任务》、《下一站天后》、《中华达人》 |
| 安徽卫视 | 《幸福密码》、《第十二夜》、《星光魔范生》、《我为歌狂》 |
| 东南卫视 | 《越秀越开心》、《超级明星》、《风云新人》、《娱乐英雄》、《搜狐女声》、《盛洲全民大魔竞》 |
| 广东卫视 | 《生存大挑战》之《英雄古道》、《边陲三人行》、《重走长征路》、《美女闯天关》、《苦旅撼西征》、《谁是飙歌王》、"美在花城"飘柔广告新星大赛》 |
| 广西卫视 | 《寻找最美丽新娘》、《全民星偶像》、《寻找金花》、《一声所爱·大地飞歌》、《烈火雄心》 |
| 江西卫视 | 《中国红歌会》、《绝对想演》 |
| 旅游卫视 | 《北纬18度》、《我的心家》、《勇闯五指山》 |
| 贵州卫视 | 《星期四大挑战》之《水上训练营》、《丛林竞技营》、《城市别动营》、《峡谷生存营》、《丹霞战士》、《激情大穿越》 |

（续表）

| 电视台/频道 | 代表性的真人秀节目 |
|---|---|
| 昆明电视台 | 《爱情36 计》 |
| 云南卫视 | 《士兵突击》 |
| 四川卫视 | 《美丽模坊》、《模仿来了》 |
| 重庆卫视 | 《第一次心动》、《大爱中华行》、《魅力女人》、《佳洁士微笑大使选拔赛》 |
| 湖北卫视 | 《花落谁家》、《极限高歌》、《世纪佳缘相亲进行时》 |
| 河南电视台 | 《为 TA 而战》、《你最有才》、《化茧成蝶》、《武林风》、《民星在行动》 |
| 陕西卫视 | 《改变》、《勇者无畏》 |
| 山西电视台 | 《你太有才啦》、《我要创业》、《创意中国秀》 |
| 河北卫视 | 《大地欢歌》 |
| 天津卫视 | 《化蝶》、《今晚谁结婚》、《我是当事人》、《成龙计划》 |
| 青海卫视 | 《花儿朵朵》 |

电视真人秀节目在其演变与发展过程中，主要有以下几个特征。

第一，无统一的标准模式。电视真人秀节目形态没有一定的标准模式，随着竞赛、情节、人物情况的变化，节目的模式也随之改变。《幸存者》在 2000 年推出第一季的时候，节目以最基本的荒岛的生存挑战为主，包括参与者寻找食物和水源的考验、每两天一次的奖励竞赛、每三天一次的豁免权竞赛和淘汰投票等。当时，单纯的野外生存挑战主宰了《幸存者》整个模式。而随着第二季和第三季的推出，节目中增加了"放逐岛"，在奖励比赛中获胜的一方可以选落败部落的其中一名成员去"放逐岛"，在下一次豁免赛时才可回到部落。从《幸存者：危地马拉》开始，节目还增加了隐藏豁免神像环节。在这一内容出现后，更有参与者发挥自己的想象力制作了假隐藏豁免神像来威胁其他参与者。《幸存者：珍珠群岛》中，CBS 首次引用"死人复活"规则让被淘汰的人继续回来比赛。到了第八季，《幸存者》首次推出了《全明星赛》，接着《幸存者：密克罗尼西亚-粉丝 VS 偶像》中融入了全明星赛和普通参与者的概念，把部落分为偶像和粉丝。第 20 季的《幸存者：英雄 VS 恶魔》吸收了《幸存者》十年来 19 季的创新元素，把部落以往参与者的正面角色和反面角色进行分组，大大提高了节目的戏剧性。节目直到第 26 季《幸存者：卡拉莫安》仍在进行改良创新。

第二，主题的多元化。真人秀节目无论在模式上还是主题方面都没有很大的限制，因此在其发展过程中，许多主题纷纷被引入。当出现了多元化的主题时，对受众进行细分就成了真人秀节目形态实现更好发展的明智选择。例如军事类真人秀的细分：云南卫视 2012 年推出了全国首档武警部队特警选拔节目《士兵突击》，节目参加者是 100 名从武警云南省总队各个支队中筛选出的入伍不到一年的 90 后新兵，他们通过 72 小时的"魔鬼训练营"，完成 40 项终极考验，最终晋级 18 人，之后，他们分组在云南的各种艰苦环境中，展开战术、智慧、意志、团队协作等考验，最终三名战士将成为特警队员；而广西卫视的《烈火雄心》是中国首档消防部队精英真人秀，主打军事与励志，在节目中巧妙地传播了消防救援知识；CCTV－7 的《防务新观察》特别节目《防务精英》全国选拔赛，则是一档电视军事评论人才选秀节目，通过选拔的选手，将以防务精英身份与该栏目签约，成为栏目的军事评论员。这些不断细分的主题丰富了军事类真人秀节目，能让老百姓更多地了解国防军事。又如美国的《郎才女貌》打破了人们对刻板形象"聪明呆子"和"笨蛋美女"的歧视，让参与者在竞赛中证明自己并不是多数媒体所描述的那种形象。这档节目让那些存在误解的受众在得到娱乐的同时，也可以逐渐消除他们对媒体所树立的刻板形象的歧视。

第三，国际化。真人秀节目模式一旦获得成功，就很有可能被各国电视台收购放映权改编成当地的同类型真人秀节目。如《The Voice》在全球有 40 多个版本；《幸存者》现在有澳大利亚、比利时、法国、芬兰、丹麦、意大利和中东等各国的版本。《全美超模大赛》、《老大哥》和《美国偶像》等也都有各国各语种的版本。虽然真人秀节目的模式很容易被"拷贝"，但是节目的情节发展依然需要根据参与者的特性和进展来做调整。

第四，粉丝团的建立。让观众参与到真人秀节目的进展之中无疑是锁住观众眼球的重大策略，这样不但能够让他们与节目互动，也能够间接地建立一定的粉丝团。真人秀节目的粉丝团非常重要，甚至决定着下一季的命运。《幸存者：密克罗尼西亚-粉丝 VS 偶像》中把粉丝带入了节目，表明了节目对粉丝的重视。如今在网络发展迅速的情况下，许多真人秀节目都纷纷建立了自己的官方网站，粉丝能够在网站上一一了解参与者的资料和生活情况，同时还能够购买到与节目相关的衍生产品。

第五，第一季 ＝ 测试阶段。在真人秀节目一季续一季的播出中，我们可以看出该节目的受欢迎程度。而在真人秀节目中，第一季无疑是最关键的。我们把第一季称为测试阶段，因为只有在第一季播出以后，通过收视率和粉丝团的出现才得以看出节目的热门程度。在第一季节目播出时，观众有可能去追踪接下来会发生什么事情及可能导致的竞赛结果等。所以说，看真人秀节目同时具有看电视剧、新闻资讯节目和纪实节目的乐趣。可以说，第一季是决定节目成功与否的关键。

第六，永无止境的创新。如今在新媒体的快速发展之下，海量信息的供应迫使电视产业更进一步地走向运用创意的轨道。创新是创意的根本，要有创意，必须创造出新的事物。真人秀节目形态的创新是永无止境的，只有不断推出新"点子"、新"灵感"、新"想法"，才能激发观众持续的收视欲望。

## 第二节 电视真人秀节目创新元素

### 一、电视真人秀节目形态类型

我国林林总总的真人秀节目可以按内容特征划分为五大类型，即娱乐类真人秀、生活服务类真人秀、公益类真人秀、情感类真人秀以及推广类真人秀（表6-4）。

表6-4 中国真人秀节目形态分类

| 类 型 | 特 点 | 类别细分 | 节目举例 |
|---|---|---|---|
| 娱乐类真人秀 | 以娱乐为主要目的的真人秀节目 | 演艺选秀类 | 《超级女声》、《中国好声音》 |
| | | 野外生存类 | 《峡谷生存营》 |
| | | 明星风采秀类 | 《舞林大会》、《百变大咖秀》 |
| 生活服务类真人秀 | 以展示生活的各个层面、服务大众为目的的真人秀 | 展示装修空间变化 | 《交换空间》 |
| | | 展示女性整容 | 《天使爱美丽》 |
| | | 展示交友婚恋 | 《玫瑰之约》 |
| | | 展示魔术技巧 | 《金牌魔术团》 |
| | | 展示教育帮助和跟踪 | 《成龙计划》 |
| | | 展示就业、职场竞争等 | 《创智赢家》、《爱拼才会赢》 |
| | | 生活体验 | 《变形记》 |
| 公益类真人秀 | 以社会公益为目的的真人秀节目 | 明星公益类 | 《民星大行动》 |
| | | 平民公益类 | 《公民行动》 |
| 情感类真人秀 | 真实记录婚姻、家庭、情感的危机，以解决情感矛盾和问题为目的的真人秀节目 | —— | 《第12夜》、《人间》 |
| 推广类真人秀 | 以推广特殊活动或重要项目为目的的真人秀节目 | —— | 《欢聚世博·全家都来赛》、《谁将解说北京奥运》 |

## 二、电视真人秀节目形态的基本元素

### 1. 参与者：故事主体

真人秀节目中的参与者都是自愿的，无论是富豪名人，还是普通百姓，在真人秀节目中他们没有阶级、地位之分，对他们的评价不会受其现实社会中原有身份的影响，而是以他们在节目中的表现为评价依据。《中国梦想秀》中全国来自不同职业、年龄、性格的追梦人，在舞台上说出他们的梦想，并通过才艺展示等来征服梦想观察团。这些人都是普普通通的百姓，在参与者的竞赛过程中，制作方能够间接地挖掘社会人才，塑造平民名人，使受众对于节目的记忆更加深刻。

另外，参与者又可以细化为舞蹈爱好者、音乐爱好者、体育爱好者等不同群体，从而衍生出不同类型的选秀节目，以此吸引不同的受众。如浙江卫视于2012 年 5 月推出的真人秀节目《越跳越美丽》，引进美国电视节目《Dance Your Ass Off》，将舞蹈和减肥融合起来，18 位超过 200 斤的参与者，经过 90 天残酷的体能考验，2160 小时的舞蹈训练，实现减肥的目的。最终，减肥重量和舞蹈技巧共同决定选手的成败。再如，SMG 新娱乐传媒与韩国 CJ 娱乐共同打造的《妈妈咪呀》，是全国首档以"妈妈"这一群体为主角的歌唱类真人秀，广泛吸引了这类人群的参与和收看。

### 2. 目标：推动叙事

真人秀节目的目标有两种类型，第一种是获得某种胜利、名誉等的行动目标；另外一种则是嘉奖目标，包括巨大数额的奖金、保证的高薪职位等。比起行动目标，嘉奖目标是观众在观赏时感到更为羡慕的，而这个目标也是观众在整个节目过程中最为关心的。作为整个叙事结构的推动力，真人秀节目往往一开始就在受众心里留下一个大问号，即丰富的嘉奖最终会被哪一个参赛者获得。

2009 年，北京卫视推出了一档公益慈善真人秀《真情耀中华》。每期由两组自愿报名的热心公益事业的志愿者参加，他们要在五天内完成多个挑战任务，帮助各自的"真情人物"（受助者）。节目分外景纪实拍摄和演播室两个环节。演播室中以媒体人、明星嘉宾的点评为主，并选出最有效率的一组志愿者。节目每季推出 12 期节目，同时还有一场公益慈善晚会。这一节目的目标就是做公益，实现参加者的公益梦想。

而在江苏卫视的益智答题类节目《一站到底》中，挑战者要和十位守擂者进行 PK，胜利者最终将获得"站神"的称号，同时能够赢取丰厚的大奖。而最牵动观众的则是挑战者能否最终获得诱人的累计奖品。因为当击败五个人后，挑战者将会获得五件奖品，如果选择继续挑战剩下的五个人，以及最终的"精选五道题"，挑战者最终面临的将有可能一无所有，也有可能满载而归，正是这个悬念紧紧吸引住了观众。

### 3. 竞赛行为：叙事情节

围绕同一个目标，真人秀节目会产生一定的竞赛行为，这些竞赛行为便是形成叙事情节的主要因素。真人秀节目中的情节是无法预言的，它随着参与者在公开竞赛中的表现而发展。竞赛中的环节和方式很多，但是在真人秀节目的发展过程中可以总结出这么几个规则，即规定环节和自选环节的结合、低难度环节与高难度环节的结合、心智环节与力量环节的结合、必然性与偶然性相结合、模式性与新颖性相结合、复杂性与简洁性相结合以及自然冲突与人际冲突相结合[①]。从这些不同的竞赛方式和规则中可以演变出不同的情节。在《名人学徒》第二季中，最终的两位名人选手安妮·杜克和琼·里弗斯利用了不同的策略进行比赛以达到目的。安妮·杜克利用了她广泛的名人社交圈子筹到了巨大数额的捐款，而琼·里弗斯则利用她的名人效应把活动办得极为成功，两位名人在竞赛中演变出不同的叙事情节。

### 4. 规则和规定情境：时空设置

竞赛都是由特定的情境和规则设置所形成的。在真人秀节目中，情境是事先设定好的，所设定的元素包括奖金、环境、参赛者资格和游戏规则等。情境设置决定了整个故事的时空设置，也是真人秀节目的主体框架。有了规则，节目的冲突性更为明显，它不但让参赛者进入竞赛状况，同时也就整个竞赛给受众以简要说明，让他们了解具体安排，进而更容易融入到规定情境中。如 2013 年的《快乐男声》，节目整个团队提出没有赛制的概念，而是以擂台赛的形式出现，选手通过按键自主决定出场顺序和竞争对手，谁守擂，谁打擂，完全随机产生，别具创意。又比如《穿墙洞》是日本富士电视台一档综艺节目中的一个板块，要求选手通过扭动弯曲身体从而穿过节目中移动墙壁上形状各异的洞，我国的《正大综艺·墙来了》节目就使用了这个规则。

### 5. 淘汰与选拔：情节走向

在真人秀节目中，淘汰与选拔是决定情节走向的主要因素。真人秀节目往往

---

① 尹鸿、冉儒学、陆虹：《娱乐旋风：认识电视真人秀》，中国电视广播出版社 2006 年版，第 89—94 页。

喜欢让淘汰者在众目睽睽之下站出来，增加失败对观众心理的冲击，用失败者的痛苦来唤起观众的同情，在同情的基础上让淘汰者发言表达一定的价值观，比如说他们在竞赛中所领悟的道理、永不放弃的念头以及快乐的回顾等。胜利创造欢乐，淘汰创造痛苦，正是节目所传达的这种情感给观众带来心理上的冲击①。在 2011 年的《快乐女声》中，每次小考的最后一名将直接进入终极 PK；评委投票全为晋级的选手将直接晋级；队长分别挑选队员，布阵两两 PK，赢的队伍全部晋级；已经晋级的选手为待定选手投票，得票低者将进入终极 PK。正是这些淘汰与晋级的设置规定了节目的发展框架，让节目充满了戏剧性。在《名人学徒》第二季中，安妮·杜克和琼·里弗斯利用了不同的方法去获取胜利，但是由于安妮·杜克在当中以获取金钱为主而利用了种种被传统观念看似为无情的手段，所以在节目中被包装成了反面角色；相反，琼·里弗斯在节目中一直强调人情的元素，也通过人际关系的方式获得了极多其他选手的支持，被视为正面角色。也许因为在传统的叙事结构中，正面角色最终获得胜利是理所当然的，所以琼·里弗斯的正面角色包装让她获得了更多的粉丝，成为当季《名人学徒》的胜出选手。

### 6. 真实记录：现场感和纪实性

真人秀节目中的人物都是真实的，真实的定义有两个层面：一是他们都是生活中的普通人，并非演员；另一层面指的是他们在节目中扮演的是自己，无需按照制作方规定的方式做出竞赛行为，他们都是按自己的思想去完成整个节目，而这当中制作方不能对他们所做的决定进行干扰②。真人秀节目的制作过程应尽可能减少场面调动、事件的中断和摆拍的痕迹，尽量保持竞赛的原汁原味。

例如在《极速前进》拍摄的整个过程中，拍摄剧组只是全程跟拍每位选手的比赛过程，而没有格外地去干扰或做出调整，尽管有选手受伤了、放弃了或者花了很多的时间执行任务，拍摄剧组都在继续跟拍，不会中断他们的比赛或给予他们意见。正是这种强烈的现场感和纪实性，给受众带来最"真实"的竞赛情景。

### 7. 艺术加工：强调原生态体验

由于真人秀在录制的过程中缺乏完整性，都是一些凌乱的片段，在没有加工的情况下，很难合成一个整体，更少了原生态的体验，因此应通过适当的剪辑以及影像次序的排列进行一定的艺术加工。在《极速前进》的每一集中，每当拍摄到最后

---

① 尹鸿、冉儒学、陆虹：《娱乐旋风：认识电视真人秀》，中国电视广播出版社 2006 年版，第 95 页。
② 谢耘耕、陈虹：《真人秀节目：理论、形态和创新》，复旦大学出版社 2007 年版，第 1 页。

两对选手冲向终点站的时候，制作方会特意把两个队伍的行动进行平行剪辑，让观众感觉它们似乎是同一个时间发生的。这种剪辑手法能够增加紧张的情绪，也抓住了观众的心理，让他们在观看选手们竞赛的过程中，真切地为他们感到担心。

8. 互动：观众的参与

新媒体的出现是促使真人秀节目更好更快发展的重要原因。如今传统媒体都在寻求与新媒体的融合或合作，以推动自身更好地发展。真人秀节目很注重观众的参与性，而互动的主要表现方式分为三种，一是通过多媒体技术招募参赛者；二是利用网络建立自己的宣传渠道，例如建立官方网站和在社交网站、微博、微信等建立节目的粉丝团；三是促使观众参与到节目中决定并推动节目的进程。互动增强受众的参与感，也让他们对节目有更为深刻的记忆。

# 第三节　电视真人秀节目创新方式

## 一、模式形态创新——组合创新法

人类所进行的各种创造活动，大部分是利用前人已有的成果进行增减组合，如果从中出现前所未有的新奇事物，便是"创新"。在创造学中，所谓的组合创新法，正是将原有的某些事物联合起来产生新事物的创新策略。这种方法同样可以用来进行电视节目形态的创新。常用的组合法有同物自组、异类组合、主体附加和信息交汇法等。

组合在创新中起到两大作用：一是通过组合产生综合效应；二是通过组合，让一些似乎不相关联的事物经过有序的思维碰撞产生创意。真人秀节目的模式基本上是混合了各种节目模式而产生的一个综合节目模式，模式中混合了新闻节目、纪录片节目、游戏节目、电视剧等形态。因此，真人秀节目本身就是一个节目形态上创新的产物。

1. 同物自组：跨节目形态

同物自组就是把同一类物品组合在一起来得到新的产品。美国人把俄国的伏特加、法国的香槟、意大利的葡萄酒、德国的威士忌等兑在一起，组成鸡尾酒，这是同物自组的典型例子。电视节目也可以进行类似的同物自组，从而产生新的节目形态。

（1）纪录片＋综艺娱乐。

真人秀节目打破了新闻、纪录片等真实的电视节目与电视剧等虚拟的电视节目之间的界限,是纪实类节目和综艺娱乐节目两类节目的综合体。现在,"真人秀"节目已经风靡世界,成为最受观众喜爱的电视节目形态之一。

（2）"明星"娱乐＋"民星"娱乐。

从湖南卫视的《超级女声》到东方卫视的《舞林大会》,电视选秀节目的热潮已经从平民娱乐向明星竞艺蔓延,"明星效应"也一度让节目的关注度大大提升。明星竞赛节目和平民选秀节目各有所长,毕竟两者的受众群是不同的。对于一个平民选手来说,从最初参赛到最终胜出成为家喻户晓的明星,观众在整个过程中有着强烈的参与感,在观众心目中,他（她）就是平民英雄。而看明星 PK,大多数观众从一开始就是抱着看热闹的心态,支持者也只是明星固定的粉丝群,在短信支持等方面比不过平民选秀。而江苏卫视推出的《名师高徒》,可以说巧妙地组合了"明星"和"民星",既用明星来加强关注度,又以平民选手来巩固短信支持,一举两得的创新之举颇具匠心。

### 2. 异类组合：跨媒体形式、跨艺术形式和跨产业形式

异类组合就是将不同类型的物品组合在一起产生新的事物。电视节目的异类组合可以分为跨媒体形式、跨艺术形式和跨产业形式三种。

（1）跨媒体形式的融合。

跨媒体的融合是以电视媒体为传播平台,以电视的表现形式来承载其他媒体的形态资源,在两个不同媒体内容与形式的完美结合中嫁接出新的电视节目形态。2006 年火爆了整个电视屏幕的东方卫视《舞林大会》,就融合和运用了手机短信这一"第五媒体"形态,即由观众发短信来决定比赛选手的名次,这种做法增加了节目的新鲜感和吸引力,为传受双方的交流建构了良好的平台,最大程度地激发了观众的参与热情。

（2）跨艺术形式的融合。

如果说跨媒体组合打破了各种传播媒介之间的界限,那么,跨艺术形式的组合则更进一层穿越了各种精神文化产品之间的壁垒。中国形式多样的传统艺术是我们精神文化产品之中的瑰宝,有丰富的营养和价值,是电视节目创新的灵感源泉。说书、评弹、戏剧、杂技、文学等,把这些艺术形式的某些元素或特征与电视节目相融合,往往能创制出别有新意的节目形态来,如央视的《美猴王争霸赛》、东方卫视的《非常有戏》都是真人秀节目和戏剧的有效融合。

长久以来,传统的戏曲艺术被电视等主流媒体和各种娱乐形式挤压到边缘的地位。而由东方卫视制作的《非常有戏》,则是一档将中国传统的戏曲以现代电视的包装制作推到前台的真人秀节目。节目以"明星拜师学唱戏"为主要卖点,以京

剧、黄梅戏、越剧等为主体，兼容在北方较有影响的评剧、豫剧和港台地区流传甚广的粤剧等，旨在用时尚和娱乐托举传统文化，以期在年轻观众中寻觅知音。从2007年年初至四月下旬，东方卫视先后邀请了两岸三地共60多位影视明星以参赛选手或表演嘉宾的身份参加《非常有戏》的明星选秀活动，同时邀请100多位戏曲名家担任评委，并当场献艺。《非常有戏》播出之后达到了出人意料的效果，几乎在一夜间一扫传统戏曲曲高和寡的尴尬现状，一举超越强档电视剧和其他电视节目，达到2.5%的高收视率，成为东方卫视的收视冠军，这个成绩也是东方卫视和戏剧频道黄金时段节目平均收视的5倍。同时，《非常有戏》的收视人群打破了戏剧频道65岁以上、小学文化程度以下观众的常态收视群，吸引了各年龄层和不同学历程度的观众，其中15—34岁、45岁以上，大专及以上文化程度的人群收视较高。此外，四百万人次在网上留言投票，形成了上海乃至华东地区"一时人人说戏"的壮观景象。

（3）跨产业形式的融合。

随着传媒观众分众化的现象逐渐明显，媒体内容也越来越多样化。真人秀节目的竞赛项目不再局限于原始的运动项目、歌唱和表演类项目，而是进行了跨产业形式的融合，显现出观众从未见过的主题项目。如2008年CBS推出了以狗为主的《全美最棒狗狗》，开创了宠物真人秀的先锋。2007年，东方卫视打造了创业体验式真人秀《创智赢家》，让青年们的创业梦想显现在荧屏前，激起了有同样梦想的青年们对创业的热情。

综上所述，电视节目的组合创新可以从跨节目形态、跨媒体形式、跨艺术形式和跨产业形式几个层面着眼寻找突破口，进而创造出更新颖的真人秀节目形态。

**二、内容创新——特性列举法**

特性列举法就是通过对某一创新对象的特性进行列举分析展开联想，用一览表的方式帮助思考，然后探讨能否改变某些特性从而完成创造性构思。列举可以从名词特性、动词特性和形容词特性三个方面进行，也就是分别列出对象中可用名词、动词和形容词表示的特性。这种方法着眼于局部，特别适用于解决较具体的问题，因此在真人秀节目的内容创新方面可以得到很好的应用。

真人秀节目的名词特性，主要可以从真人秀节目的元素入手，比如主题、规则、参与者、情境、舞美等；动词特性，主要针对节目的策划制作以及市场运作，比如收看、参与、延伸；而形容词特性，则侧重于节目的风格定位，比如时尚、平民化、前卫等。

1. 名词特性列举

（1）题材创新。

题材，就是构成具体节目的材料，它直接决定着栏目的传播内容。现如今，真人秀节目在题材选择上更加丰富多彩，出现了各类表演秀节目，如东方卫视推出的以舞蹈表演为主的《舞林大会》、深圳卫视推出的以武术表演为主的《功夫明星》等。2012 年 7 月，湖南卫视推出了以明星模仿为题材的《百变大咖秀》，来自歌唱界、表演界、主持界等多领域的名人参加节目竞赛。2013 年，东南卫视开播创业真人秀节目《爱拼才会赢》，旨在寻找中国好项目，创业者凭借自身好的项目，可以赢得过亿融资。国外在题材方面更加多元，如英国 BBC 制作的《你以为你是谁》（《Who Do You Think You Are》）是一档寻根问底的真人秀节目，节目以二三线的娱乐明星为主角，内容为明星找寻自己家族的过去。节目的核心内容为寻根，题材新颖，被多国媒体借鉴。美国真人秀节目《卧底老板》（《Undercover Boss》）每期跟随一位企业大老板，他们将乔装卧底，潜入自家公司，成为基层普通员工，从中发现和解决公司在运作等方面的问题，最终采取措施，从而促进企业的发展。题材的创新已成为节目的主要看点。

（2）表现内容创新。

北京电视台为重拍电视剧《红楼梦》而举办的"红楼梦中人"全球华人选秀活动，把中国经典名著与火爆的选秀形式嫁接起来，赋以选秀节目深厚的民族文化内涵，创下了北京卫视黄金时段的收视高点。观众在欣赏节目的同时，也重温了巨著中的经典故事，受到了一次中华传统文化的熏陶和洗礼。"红楼梦中人"活动开展之后，人们对重拍《红楼梦》的态度也经历了从质疑、担心到热切关注、踊跃参与的转变。随之升温的还有读《红楼梦》、学红学知识、重温老版电视剧《红楼梦》的热潮。

（3）规则创新。

真人秀节目除了节目的制作者（导演制片人）和节目的参与者之外，还存在着第三者的影响——那就是规则，它无处不在，甚至是个杠杆，规定着节目内容的整体框架，决定着情节发展的大致走向。

2009 年的《全美超模》第 13 季中，制作组抛开了以往对于招募模特的要求，把该季的节目设置为"矮版模特"的竞赛，限制只有低于 170.18 公分的女孩才能参加该季的比赛，打破了模特界通常的选拔规则。

但要注意在进行规则创新时，不能侵犯节目本身的核心内涵和特质，以免改变节目的风格，导致忠实观众群体流失。2000 年 7 月，中央电视台经济生活频道引进《谁想成为百万富翁》的节目模式，开办《开心辞典》节目。作为一个带有游戏和真人秀性质的益智类节目,《开心辞典》吸引观众的理由在于平民选手的参与和主持人朴实的风格。在一次改版中,节目组尝试在平民选手中加入明星,想靠明星来吸引受众的关注力。但明星的加入,不仅不能产生"名人效应",还从某种程度上改变了节目的核心内涵,其结果是节目的收视率不升反降。

（4）参与对象创新。

2006 年,江苏卫视选择了更为细分的竞争策略,根据频道的"情感"定位,推出了一档表演秀节目——《绝对唱响》。该节目的对象与主旨都十分明确,意在选拔"男女组合",曲目选择则以"情歌"为主,节目中所蕴含的丰富的情感要素很快引起了电视观众的关注,从而使《绝对唱响》在国内多个表演秀节目中迅速脱颖而出。

2006 年 4 月 8 日起,东方卫视在每周六晚上的黄金时段推出了一档大型真人秀节目《加油！好男儿》,定位于选拔新一代男青年演艺偶像。正是这种参与对象的创新,使《加油！好男儿》成为 2006 年最受关注的表演秀节目。

2013 年,湖南卫视突破音乐选秀节目的制造偶像思维,推出以成名歌手为参赛对象的歌手音乐对决节目《我是歌手》,吸引了受众的广泛关注。安徽卫视的《我为歌狂》等节目均采取相似策略。

在泰国,电视台还曾经创立了名为《后台秀：总理》的"总理真人秀"。该节目是在电视镜头 24 小时跟踪下拍摄时任泰国总理他信·西那瓦在泰国最贫困地区之一的伊桑与当地村民共处将近一星期的经历。在节目中,观众可以看到他信开着拖拉机,与农民交谈,和他们一起做饭,向当地人介绍"致富经验"等。总理出演真人秀,引起了人们的高度关注。

（5）情境创新。

《幸存者》节目开播当年,即达到美国夏季节目收视率的新高,不仅打败了美国广播公司的益智节目《谁想成为百万富翁》,也创下了 CBS 在该时段 13 年来的收视纪录。其中,"荒岛"这个冒险刺激的自然环境的设置功不可没。《幸存者Ⅰ》将游戏的大背景锁定在南中国海上的神秘孤岛,一个充满原始风情的异域之邦。除了选择海洋孤岛作为游戏的大环境（背景）,《幸存者Ⅰ》还营造了一系列充满原始风情的小场景,作为整个游戏具体环节的"小环境",如日常起居的草屋、作为部落大会会场的"溶洞"、各个挑战大赛的场地等。所有这些"人"与"自然"的最原始接触,仿佛带着观众回到了人类发展的童年时代,成为该节目最大的看点。再比如,每一季的《全美超模》都会在接近决赛之际把参赛者从美国带到国外,加入其他国家的本土因素。其中曾经到过的国家包括意大利、巴西、中国和荷兰等,为节目增添了异域风情。

（6）舞美创新。

《我型我秀》总决赛的舞台设计耗费巨资、豪华专业、独具匠心。设于上海大舞台的总决赛舞台被设置成环状，现场观众可从各个角度欣赏选手和明星艺人们的精彩演出；而由美、日专业团队加盟打造的舞台设计和镭射灯光，呈现酒吧风格，带给观众无与伦比的视觉享受，可以说是为其目标受众群——年轻一代量身定做的。

《高校音乐剧之换我登场》在每一集的节目任务和竞赛当中都设置了格调各异的舞台效果。在音乐剧电影《歌舞青春》的推动下，《高校音乐剧之换我登场》的其中一集中融入了各种音乐类型的任务，要求参赛者无论在化妆、服装、唱歌风格还是动作方面都要根据所分配的音乐类型例如摇滚、R&B等来呈现自己的舞台效果。

### 2. 动词特性列举

（1）收看。

过去人们都是在家看电视。现在，各种音视频媒体迅猛发展，人们可以从电脑、手机等多种设备收看节目。传统电视媒体播出渠道的垄断优势正在消解，那么如何摊薄不断攀升的内容成本，以获得更大的效益呢？以2006年东方卫视的《我型我秀》节目为例，集团旗下的东方宽频为《我型我秀》节目建立官方网站，全方面报道节目的新闻，其网上注册用户达100多万人。东方宽频对每期节目进行网络直播，开展网络互动及抽奖活动。同时，观众也可以在手机上收看《我型我秀》节目。东方卫视将自制内容穿插在不同的媒体间播出，扩大了内容的影响力。

（2）参与。

电视传播过去一直是单向传播，甚至在互动性方面，电视与直播广播相比，都显得相当被动，观众很难参与互动。在真人秀节目中，观众不仅是节目的接收者，而且是节目的参与者，观众同参与者感同身受，同喜同悲。而且观众的投票具有决定性的作用，甚至可以改变节目的整个进程。此外，真人秀节目讲究的是粉丝团的建立，因此节目必须想尽办法创新出让观众可以进行互动的方式，目前主要利用的方式为网络投票、手机短信、微博互动、微信互动等。

（3）延伸。

近几年来，国内外真人秀节目纷纷利用自身资源优势，实现与电信增值业务、图书出版、文化演艺、教育培训等行业的跨行业经营，以实现资源的充分整合和利用，带动了整个文化产业价值链的形成和扩张。

例如《美国发明家》扩大了人们原先对科学发明的认识局限，让所有有思想、有知识和创造能力的平民都可以参与科学发明。节目当中发明出来的产品也进一步推进了物质文明的进步。《欢聚世博·全家都来赛》在推广世博会之余,也推动了各界人士对中国传统文化的关注和参与,是世博会中文化交流的重要平台。《中国好声音》在节目火爆的同时还和出版社、各大图书销售网站等合作,通过出售相关书籍来拓展节目的影响力。

3. 形容词特性列举

(1) 时尚。

《我型我秀》节目迎合了年轻人张扬个性、注重自我体验的风潮,节目追求个性时尚,吸引了许多年轻观众的注意力。据央视索福瑞的调查显示,15 至 24 岁的年轻人成为《我型我秀》的收视主力军。

(2) 平民化。

对草根利益的尊重一直是《超级女声》等节目的文化密码之一。"想唱就唱"的口号,意味着"人人都有机会";而人人都可参与的"海选"与过关斩将的"竞争",恰恰契合了现代社会最受欢迎的两大最基本的社会文化心理:机会均等和优胜者赢。人们站在同一起跑线上参加"海选","起点公平"。"机会均等",体现了对人的基本尊重。

### 三、方向创新——移植创新法

所谓移植创新法,是指将思路或技术从一个领域转用到另一个领域的方法。移植创造法是科学创造的一种重要方法。一种科学技术已经发现和掌握的理论知识,一个发明创造领域中行之有效的方法,都可以被创造者移用到其他学科或领域中,解决人们期待解决的问题,获得创造的成功。那么,在真人秀节目创新中如何应用移植创新法呢?

1. 活动→节目:原理移植

原理移植是指把某事物的原理应用于不同的领域。就电视节目创新来说,一次活动的成功经验就可以发展成为一档固定的节目。

2006 年,迪斯尼公司制作了大成本青春音乐剧类电影《歌舞青春》,在美国本土和世界各地相继创造了累计超过 1 亿人观看人数的收视纪录,引起了一阵音乐舞台剧热潮。当年《歌舞青春》在艾美奖中获得 6 项提名;2006 年 7 月,《歌舞青春》获得了美国电视评论家协会(TCA)颁发的儿童电视节目杰出成就奖;8 月在青少年评选奖中获得最佳喜剧/音乐剧最佳电视合作奖和新秀突破奖;11 月被提名为美国音乐大奖最佳流行大碟奖;年终获得 Billboard 销量/排行榜 2006 年最佳唱片奖等两项提名①。当年,《歌舞青春》红透世界,随后还延伸出了舞台音乐剧版和演唱会巡演版。

2007年2月,迪斯尼再次推出了《歌舞青春2》,然而收视率与第一季相比却相去甚远。2008年,在开拍《歌舞青春3》之际,电影剧组引用了真人秀的概念创立了属于该电影本身的真人秀节目《高校音乐剧之换我登场》,一方面是为了推广电影《歌舞青春3》,另一方面也是通过真人秀的模式获得更多的粉丝,并把《歌舞青春》所创造的音乐舞台剧文化加以延续,同时也为了当季电影从平民青少年中选取电影曲目中的演唱者。《高校音乐剧之换我登场》的播出对于《歌舞青春》而言可谓一举两得,不但让粉丝能够有机会感受电影中的情景,还找到了所需的演唱者。该真人秀节目在电影的引领下,创立了属于自己的具有独特风格的模式。

### 2. 现实→节目:结构移植

结构移植是指将某种事物的结构形式和结构特征向另一个事物移植,以产生新的事物。现实生活是真人秀节目创作的源泉。我们可以把现实生活中某种活动的过程,比如招聘等,在电视上予以再现,从而产生新的节目。

《绝对挑战》是2003年CCTV-2节目改版后推出的一档大型人力资源节目。它把求职现场搬进演播室,通过电视节目把人才求职、单位招聘、竞争上岗等过程真实地展现给电视机前的观众②。节目一经播出,就深受观众欢迎。节目还在电视业界、人力资源业界、企业界、其他媒体以及大专院校等获得了强烈反响。前进策略与零点调查公司董事长袁岳认为,《绝对挑战》节目是一个将实际职场的人力资源招聘场景转换到电视上的移植性设计,具有实战情景的特点,在众多的电视节目中,这种移植性的实景设计是一种很有价值的创新尝试③。

然而,结构移植并不是一个原样照搬的过程。"如何将求职过程电视化",是需要精心策划的。《绝对挑战》前期的策划工作经过了细致的调查论证,把基本想法细化为60多个问题,并委托专业调查公司进行了广泛的受众调查与数据分析;在此基础上,还邀请了许多电视专家、人力资源专家参与完善策划理念,希望保证节目能在重现复杂紧张的求职过程的同时,充分照顾到电视的传播需求。

---

① 上海文广新闻传媒集团节目研发中心:《06—07节目模式报告》,学林出版社2007年版,第169—170页。

② 刘普亮:《现实的电视化和电视化的现实:〈绝对挑战〉节目评析》,《中国电视》2004年第7期。

③ 《关于〈绝对挑战〉》,《现代传播》2004年第2期。

3. 节目→节目：系类移植

系类移植是指当开发出一种新产品时，将这种产品就近转用，从而开发出一系列新产品。品牌电视栏目都要经过很长时间的开发投入和生长期，而通过老栏目对新栏目的孵化，可以很快成就一个新的品牌栏目。

如《梦想中国》创办于 2004 年 8 月，它就脱胎于中央电视台的《非常 6+1》栏目。2004 年，《非常 6+1》一周年之际，中央电视台联合四川、湖北、福建、辽宁、甘肃、安徽等地方电视台共同打造《梦想中国》。通过层层选拔出来的 36 位"未来之星"，集中在北京进行为期 20 天的封闭式包装和培训。2004 年 10 月 18 日到 24 日晚连续 7 天展示才艺，使《梦想中国》刷新了频道的最高收视纪录，以 400 万条有效手机短信的投票量创造了中国单项活动的最高短信量。2005 年《梦想中国》的活动规模和时间长度都比上年翻了一番，而且包括香港 TVB 在内的 12 家地方省台也正式加盟。2006 年 CCTV-2 为《梦想中国》投入 600 万，并安排了强大的技术支持，还特别调整了节目投放时段。

# 第四节 电视真人秀节目创新趋势

## 一、"民星"真人秀和"明星"真人秀的相互融合

我们可以从真人秀节目的发展历程中看出，刚开始所谓的"真人秀"一般指的都是平民百姓在媒体中的竞赛节目。当时，真人秀在很大程度上是以"民星"真人秀为主。如今，所谓"真人"已经不限于平民本身，"真人"的定义渐渐地从所谓的"民星"演变出"明星"或者"民星"和"明星"的融合。

在 2011 年底中央电视台推出的《梦想合唱团》中，八位当红明星回到自己的家乡，进行召集、海选，从而寻找出 20 位来自各行各业的有唱歌梦想的当地居民，继而组建成一支城市梦想合唱团。八支队伍通过合唱训练和竞赛，最终通过歌声和情感故事征服评委和现场观众。走到比赛不同阶段的明星合唱队分别获得不同额度的梦想基金，来实现他们的家乡公益梦想。通过这种明星带队的方式，节目很好地将"民星"和"明星"融合到一个团体当中。2013 年，北京卫视音乐真人秀节目《最美和声》，由明星亲自在全国寻找与自己声音最适合的对唱选手，实现明星与选手同台演唱。云南卫视《士兵突击》第二季加入了明星元素，将出演军旅题材影视剧的明星演员，如《小兵张嘎》中"嘎子"的饰演者谢孟伟等请到节目中，和选手一同体验考验科目，演员身份与节目主题有效契合，使节目更具吸引力。《百变大咖秀》更是将"明星"作为真人秀的主角，明星在这里和普通人一样，也要经受选择淘汰而

角逐胜负。

　　然而,这并不代表"民星真人秀"已经衰败,"平民造星"的概念依然受到观众的喜爱。因为在选拔过程中,节目中的选手代表着平民百姓本身,当他们诉说心声时,可以让观众感同身受。如借2010年世博会之际,东方卫视创立了《欢聚世博·全家都来赛》,利用中国传统的家庭观念,把真人秀中的"民星"概念移至家庭的层面。在《欢聚世博·全家都来赛》中,每一个家庭代表着不同地区人民的心声,该节目在一定程度上推广了世博会,是世博会中较具有人情味的竞赛之一。

### 二、全球化的"更真实"热潮

　　在以真实为名,强调真人真事、没有剧本以及必须提供真实印象的前提下,真人秀节目格外重视"真实性"对于受众的重要性。真人秀节目的这一趋向更进一步促使新电视写实主义的崛起。

　　正因为所有"太真实"的片段都被搬上银幕,许多争论也纷纷被掀起。英国曾经一档真人秀节目《名人老大哥》就因为节目中正方的种族歧视而引起了争论。该节目随后还引起了英国和印度的外交风波。人们不禁质疑,为了达到"更真实"的要求,模糊了电视世界和真实世界的界线,还会进一步走到极限吗?①

　　此外,身为娱乐与艺术产业的一部分,影视产品一般是"美化"社会的渠道之一,同时也可以协调一些社会上无法协调的矛盾。真人秀节目虽然满足了平民百姓对于梦想的追求,让真人代表在银幕上诉说让观众感同身受的故事。然而,在这一过程中许多社会的低俗文化也被带到银幕中,如很多人为了争夺奖励甚至不择手段。2007年8月,中国广电总局以违背伦理道德、亵渎科学与文明、侵犯个人隐私为由,叫停了广东电视台女性整形真人秀节目《美丽新约》,要求各大广播电视机构一律不得再策划制作和播出群众参与的各类整容变性节目。同时,侵犯个人隐私的节目和活动也被明令禁止制作播出②。

　　由此看来,真人秀节目如何既能反映真实,又能符合电视艺术表达要求,促进社会健康发展,将是今后真人秀节目的主要创新课题。

### 三、明显的分众化

　　电视产业在达到一定的成熟度时,市场细分和分众必定是发展的大趋势。美

---

　　① 简妙如:《全球化中的"更真实"狂热:真人实境节目的心理技术》,《新闻学研究》2008年。
　　② 《电视整形真人秀节目〈美丽新约〉被禁播》,中唐网,http://vist.com.cn/Article/yule/jingxuan/200708/10304.html。

国四大电视公司都有它们自己的首推节目。从《幸存者》、《老大哥》和《极速前进》等节目可以看出 CBS 的真人秀显然是较有戏剧性的竞赛类形式，它极为重视这些真人秀节目中参赛者之间因磨擦而引发的戏剧效果。与 CBS 竞争最明显的 NBC，一开始就制播了《学徒》和《恐怖元素》等节目。后来为了与其他电视公司的真人秀节目竞争，也走了较为极端的路线，制播了《终极减肥者》和《极限任务》。这些节目对于收视群体的定位都非常明确、细化。《美国达人》也是 NBC 收购《英国达人》模式而制播的，以与 FOX 的《美国偶像》竞争。如今，《美国达人》是 NBC 的标志性名牌节目。FOX 和 ABC 可以说是走舞台选秀路线的两大竞争对手。随着 ABC 推出的《与星共舞》和《舞斗》，FOX 也制播了竞争节目《舞林争霸》，以此来吸引舞蹈爱好者的兴趣。由此可见，电视真人秀节目的分众化趋势将越来越明显。

# 第五节　电视真人秀节目创新案例分析

## 一、CBS《幸存者》

《幸存者》是 CBS 于 2000 年 5 月推出的一档野外真人游戏节目。节目采用季播形式，每一季共 16 集。参赛者在严酷的自然环境中竞争，除了经历当地气候和野外情况的生存考验，也必须与其他参赛者竞争，避免被淘汰，最后幸存者获得胜利。

图 6-1　《幸存者》

每一集的节目都有特定的节目流程，其流程简单分为五个部分：第一部分，前一集节目重点回顾；第二部分，显示选手营地生活，延续上一集所引发的争执；第三部分，奖励赛；第四部分，豁免赛；第五部分，淘汰环节。每季的结尾，最终剩下 2 名或 3 名幸存者时，他们将在陪审团面前为自己辩论，说服评审团把票投给自己成为获胜者。最终，评审团将投票选出当季的赢家。

《幸存者》创意点源自瑞典 1992 年的电视剧《鲁滨逊漂流记》，被认为是美国真人秀的鼻祖。该节目可以说是真人秀节目中的一个传奇，其主要特色有以下几点。

## 1. 虚拟环境,真实记录

真人秀是一个"假定的环境记录",即环境是虚拟的,记录则是真实的。《幸存者》的环境设置在荒蛮的野外,这样具有明显"迫害"性质的环境设置,自然符合电视节目所需求的戏剧效果。节目采用的手段则是尽量不露痕迹地真实记录,以隐藏制作者的态度和立场,从而最大限度地还原真实、接近真实。

## 2. 自然考验,人性纷争

《幸存者》的基本卖点是"现代文明社会中的人如何返璞归真,在最原始的环境中生存下来"。在大手笔、大投入、多机跟踪拍摄的配合下,节目组"偷窥"这些选手被"发配"到荒岛上的艰难生活。同时,在没有火源、电器、住房缺少工具和食物的情况下,选手们必须想尽办法忍受,在碰到雨天的时候得穿着潮湿的衣服、淋着雨睡觉,有时还会遇到野兽和各种昆虫的攻击。选手们必须还原到最原始的生活状态,这也正是人们急于摆脱烦躁的现代工业化生活后的一种极端生活。除了自然界的极限考验之外,《幸存者》在发展过程中还放大了人性的两面,集合了不同社会背景、性别和职业的参与者,考验他们之间的性格冲突、利益矛盾、信念差异,甚至是种族信仰矛盾。

## 3. 规则设定,奖金诱惑

《幸存者》中规则设定的目的是设置障碍,而选手们克服障碍的过程就构成了节目叙事的框架,这些障碍便是上述所提到的自然环境的恶劣以及人际环境的险恶。为了在岛屿上获得居留权,选手们必须为营地出一份力,例如共同搭建房屋、起火和寻找食物等。在这些共同相处的过程中,选手们却仍然需要保持在游戏的状态内,与其他选手联盟,设置能让自己继续幸存的手段。

## 4. 悬念设置,情节导向

整个节目的流程是在流动的状态中完成的,情节的推动都依靠矛盾的制造和悬念的设置。选手的个性、性别、年龄、价值观、教育程度等不同所导致的行为方式的差异会引起一系列的矛盾与冲突。同时,在各种障碍设定下,选手们"被逼"呈现出极端的状态,矛盾和冲突相互纠缠,相互生发,不断解决又不断产生,情节层层铺垫,情感步步累积,导向大结局。在第二十季中,《幸存者》更是集合了以往赛季中各种引发最大矛盾的角色,让竞争矛盾和冲突走向极端。

## 5. 广泛互动,视听享受

在节目中,人物的塑造也极为重要。《幸存者》在选角过程中放大了差异,也因为此，节目所吸引的观众包含各个年龄层、各种身份。此外，《幸存者》还紧扣拍摄地的特色大做文章，给予美国观众新奇的异域感受，在主题曲和节目标志图像的设计上融合了当地的文化特色。如在第十七季的《幸存者：加蓬》中，当地有名的黑猩猩被加入标志图像中；而在第十五季的《幸存者：中国》中，中国的庙和龙等元素被用上，同时标志图上还加入了汉语字"比耐力、比技巧、比智慧"。

### 6. 文化引导，商业营销

与异域文化元素的紧密结合也是凸显每季特点的重要方法之一。通过强化猎奇色彩，不断在风格上、比赛安排上和各种细节上，大胆求变求新。每季里，队伍的名字都是根据当地文化和语言的特色或是当季的热点所取，例如第十五季的《幸存者：中国》便利用了中国十二生肖里的"龙"和"虎"为队名。此外，第二十季把队伍以正派选手"英雄"和反派选手"恶魔"为名进行分队。

《幸存者》在2000年开始播出以来运用了各种大胆的创新方式，对节目的人物、竞赛规则和情景等进行了多次更改，因此一直到2013年上半年的第二十六季，受众还是充满着期待。观察《幸存者》从第一季至第二十六季的演变过程，我们可以看到每一季都有出人意料的节目创新因素（表6-5）。

表6-5 《幸存者》截至2013年上半年各赛季的节目特点统计表

| 赛　季 | 特　点 |
| --- | --- |
| 第一季：婆罗洲岛（2000年） | 首次以野外生存为题材的真人秀 |
| 第二季：澳大利亚（2001年） | 发生最严重意外的季度，Michael Skupin因灼伤而被迫退出比赛进行治疗，也是唯一一个持续了42日的生存比赛 |
| 第三季：非洲（2001年） | 首次开始将选手转移部落的玩法 |
| 第四季：马贵斯群岛（2002年） | 首次三强都是女性的季度 |
| 第五季：泰国（2002年） | 首次让两名最老的选手Jake与Jan选出自己的队员进行比赛。本季度也成功地欺骗了所有选手，让他们误以为合并部落继续比赛的情况（实际上是让两个部落居住在一起） |
| 第六季：亚马逊（2003年） | 第一次以性别分组对垒 |
| 第七季：珍珠群岛（2003年） | 首次在群岛民间进行比赛，也是首次引用"死人复活"规则（被淘汰的人继续回来比赛） |

（续表）

| 赛 季 | 特 点 |
| --- | --- |
| 第八季：全明星（2004 年） | 首次邀请所有季度的参赛者重来比赛，被划分成三个部落 |
| 第九季：瓦努阿图（2004 年） | 首次两个部落一起进行部落会议 |
| 第十季：帕劳群岛（2005 年） | 首次以一个部落 20 人比赛，该季度也首次加入了流放岛的规则 |
| 第十一季：危地马拉玛雅帝国（2005 年） | 本次比赛原本是 16 人比赛，后来两名神秘参赛者——两名前帕劳群岛的参赛者加入比赛。本季度也首次引用"隐藏豁免像"环节 |
| 第十二季：巴拿马（2006 年） | 将部落分成四个：老年男子队、老年女子队、青年男子队和青年女子队 |
| 第十三季：库克群岛（2006 年） | 将部落分成四个：黑人组、黄人组、白人组和拉丁组 |
| 第十四季：斐济（2007 年） | 首次第一天群体在岛屿上进行比赛 |
| 第十五季：中国（2007 年） | 首次设有两个隐藏豁免像环节 |
| 第十六季：密克罗尼西亚-粉丝 VS 偶像（2008 年） | 让前季度参赛选手和节目的忠实粉丝进行比赛 |
| 第十七季：加蓬（2008 年） | 隐藏豁免像被设在流放岛中，选手可以选择在岛上寻找隐藏豁免像或是享受食物，在舒服的房屋休息 |
| 第十八季：托坎廷斯（2009 年） | 第一次两个人同时被送到流放岛 |
| 第十九季：萨摩亚（2009 年） | 参赛选手第一次在没有任何线索的情况下找到隐藏豁免像 |
| 第二十季：英雄 VS 恶魔（2010 年） | 让前季度选手参赛，并根据他们在以往季度中的行为将其分为英雄和恶魔两队进行比赛 |
| 第二十一季：尼瓜拉瓜（2010 年） | 采用年龄分组，推出权利奖章；21 岁的学生 Fabio 是节目有史来最年轻的冠军 |
| 第二十二季：救赎岛（2011 年） | 引入"救赎岛"概念，在部落会议被淘汰的选手还可东山再起。采用预先告知的复活机制 |
| 第二十三季：南太平洋（2011 年） | 有两位往季选手回归，分别是口若悬河的"教头"和"水神"Ozzy |

（续表）

| 赛　季 | 特　点 |
|---|---|
| 第二十四季：同一个世界（2012年） | 首次将两个部落放置于同一营地 |
| 第二十五季：菲律宾（2012年） | 分为红黄蓝三队；有三位曾经因病或因伤退出比赛的选手回归到比赛中；有2000年全国棒球大联盟最有价值球员Jeff Kent和前影星Lisa Whelchel |
| 第二十六季：卡拉莫安（2013年） | 十位粉丝对抗十位往季明星；粉丝VS偶像第二季 |

## 二、浙江卫视《中国好声音》

2012年7月13日，浙江卫视《中国好声音》第一季首播。该节目制播分离，引自荷兰著名节目《The Voice of Holland》，由星空传媒旗下灿星制作公司和浙江卫视联合推出，于2013年播出第二季。该节目从节目理念、制作标准到产业链开发均与国际全面接轨，为中国新时期电视"大片时代"提供了经典文本①。节目分为导师分班、导师考核、终极考核与巅峰之夜四大赛程。节目开播后获得巨大成功，其独特的节目形态被多档电视节目借鉴。

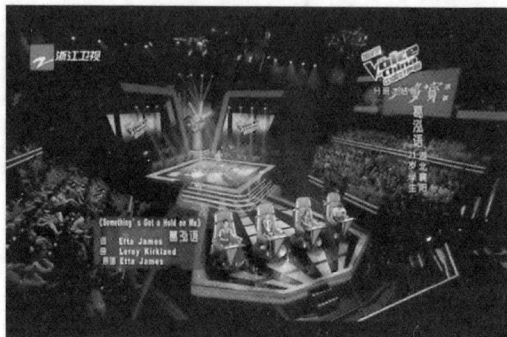

图6-2　《中国好声音》

### 1. 盲选——关注"声音"的音乐理念

"盲选"是节目的主要元素。该节目突破了以往唱歌选秀类节目的参与标准，将参与者界定为有着"好声音"的人，这样就避免了因形象好、舞蹈好、综合素质好等影响到"唱歌"这一要素评选的现象。这种只关注声音的比赛宗旨，将平民选秀路线转向了专业选秀路线，体现了"娱乐专业主义"的理念，这从根本上保证了节目的音乐品质。优质选手其声音能够迅速吸引受众的听觉，给观众呈现一场听觉盛

---

① 《新风范·2012〈综艺〉年度人物盛典举行》，《综艺报》2012年12月25日第25期。

宴。同时,节目给了更多有着音乐梦想却因相貌等因素遭遇挫折的人以舞台,励志向上,富有文化内涵,传递了正面情感和能量。节目总导演金磊认为这档节目的优势在于纯粹和力量,只关注声音的本体,让音乐回归本质①。

和选手的好声音相匹配,节目在音乐制作上可谓一流。节目在室内率先使用了演唱会音响标配,第二季节目全部采用杜比 5.1 环绕声制作和播出,为节目增加了前所未有的生动音效,让电视机前的观众感觉亲临现场。

### 2. 独具特色的转椅形式

"转椅"是节目的关键标签,可辨识度高。四位导师背对选手,选手选择一首歌曲进行演唱,在选手演唱完毕之前,导师如果听到满意的声音,则可按动椅子上的按钮转身,表示选手可以进入导师的战队中去,成功晋级。如果多名导师按下按钮,选手则拥有了选择导师的权利。转椅形式和节目只关注"声音"的理念高度匹配,可谓内容决定形式,形式服务内容。同时,转椅的音效也构成节目的一部分,扣人心弦。

### 3. 平等的导师制和优质的导师组合

区别于以往的评委点评,节目引入了导师带学生这样一种新的形式,导师考核环节中,各位导师还将各自请来另外一位梦想导师,可谓双导师制。不是刻薄的批评,也不仅仅是口头上的评价,而是以老师的身份和选手一起,组成战队,真正帮助选手共同进步。同时,选手和导师之间的互选使得双方之间更多呈现平等与合作的关系。其中,第二季增加了新赛制 Steal,即抢人环节,每位导师有两次机会抢夺其他队被淘汰的选手。这当中,导师对优秀选手的争夺充满看点。

导师人选是节目的核心竞争力。原版节目"宝典"中对导师有三条规定:两位一线大牌音乐人,一位类型音乐代表,一位选秀出身的歌手。节目根据中国国情作了初步调整。第一季评委搭配巧妙。那英和刘欢是唱歌界的资深一线大牌,其中刘欢还有很多中老年粉丝。来自台湾的庾澄庆是众多年轻人喜欢的歌手。杨坤经历坎坷,最终以独特的嗓音和创作获得成功。从性格来讲,刘欢沉稳,那英豪爽,庾澄庆幽默,杨坤感性。这样的组合不仅增添了节目的专业性,还能融合各种娱乐、情感因素。第二季的评委,那英、张惠妹、庾澄庆、汪峰也独具特色。汪峰为中央音乐学院科班出身,也是中国新摇滚乐的代表人之一,有深厚的音乐专业素养。在台湾唱歌比赛中走红的张惠妹,如今已是重量级的歌后,她的经历具有励志性。此外,每季导师都有极强的把控能力,一定程度上承担了现场主持的功能。

---

① 《好声音响亮》,《综艺报》2012 年 10 月 10 日第 20 期。

# 第七章 电视生活服务节目形态创新

生活服务节目因内容丰富、贴近受众、服务性强等属性,是电视节目稳固受众群体的主要类型之一。该类型节目在发展过程中,不断挖掘自身特色,融合多种元素,呈现出多样化的形态。

## 第一节 电视生活服务节目创新历程

### 一、电视生活服务节目的定义

电视生活服务节目,通常又称作电视服务节目或生活服务类节目,学者们的界定大致分为广义和狭义两个方面。

广义上,有学者认为,"传播者针对受众日常生活的衣、食、住、行等方方面面制作的节目,都可以归于生活服务类节目的范畴"[1]。而1999年10月出版的《广播电视辞典》则从狭义上对电视生活服务节目作了界定:以实用性内容为主,直接为观众日常生活、学习、工作服务的电视节目[2]。这类节目通过传播信息、答疑解惑和反映群众呼声,帮助观众解决日常生活、工作和学习中的各种实际问题,为社会提供直接、具体的服务。电视生活服务节目注重实用价值,力求满足人们在现实生活中的各种服务需求。本书采用的是狭义层面上的电视生活服务节目的定义。

### 二、中国电视生活服务节目的发展历程

1979年8月12日,中央电视台第一个设主持人的专题性栏目《为您服务》开

---

① 冷智宏、许玉琪:《电视生活服务类节目:定位、形态与包装》,中国广播电视出版社2003年版,第2页。

② 韩青、郑蔚:《电视服务节目新论》,中国广播电视出版社2005年版,第1页。

播,这是第一个完整意义上的电视生活服务节目。所谓完整意义上的电视生活服务节目,是指从传播理念、内容构成以及节目形式上都体现"为观众服务"理念的节目。此后,电视生活服务节目取得了长足发展。回顾30多年的历程,电视生活服务节目的发展大致经历了以下三个阶段。

### 1. 20世纪80年代——生活服务类节目的形成期

在《为您服务》创办以前,整个电视服务节目都处于摸索期。改革开放后,电视业逐渐面向社会、面向市场谋发展,《为您服务》正是在这个时候诞生的。经历了四年的发展,1983年元旦,《为您服务》进行了改版。在原来简单家事的基础上,节目增加了精神生活和社会生活方面的内容,也增加了知识性和趣味性。同时,《为您服务》也有了固定的主持人——沈力,她庄重朴实的主持风格得到了观众的肯定,同时也奠定了电视生活服务节目最初的风格。

20世纪80年代不仅是《为您服务》的形成期,也是中国电视生活服务类节目的最初形成期。这个时期中国电视生活服务类节目的特点是:制作水平不太精细,在电视手段的运用上还不是很成熟;播出节目涉及的领域和话题少,节目在整个收视份额中所占比重不大。

随着《为您服务》的成功,我国其他各个省市电视台也得到了启示,先后结合地方优势,努力发掘了适合本省市的一些生活服务节目。例如广东电视台的《家庭百事通》、湖北电视台的《生活之友》、湖南电视台的《社会与生活》、上海电视台和浙江电视台的《观众中来》等。生活服务类节目自此登上了全国各大电视台的银幕,为观众排忧解难,可谓是从观众中来,服务于观众。

### 2. 20世纪90年代——生活服务类节目的发展期

中央电视台《为您服务》的开办取得了辉煌的成绩,正是《为您服务》的成功经验,使得90年代电视生活服务节目的发展有了一次不小的飞跃。这一时期,各个省市的生活服务节目大量增多,质量相比之前也有所提高。另外,主持人逐渐从演播室中走出来,走进外景去做一些串联,但当时还是没有形成完全意义上的主持人节目,也没有完全意义上的杂志型节目。由于这个时期多数电视台效仿的都是《为您服务》,生活服务类节目出现了同质化现象。

1996年7月1日,《生活》栏目开播,这是电视生活服务类节目在90年代以来得到发展的重要标志。《生活》栏目围绕老百姓的衣、食、住、行、用、休闲进行多方位服务,强调反映生活、服务生活、介入生活、引导生活,以科学、健康、智慧的新生活方式服务百姓、引导百姓。"实用至上"是《生活》栏目的宗旨,"杂志化"是其创新之处，同时《生活》的节目包装水平也有所提高。

同《为您服务》一样，《生活》栏目一经创办便掀起了一股电视服务节目的制作潮流，不仅中央二套频频创办服务节目，各省、市电视台也纷纷创办此类栏目。同年，北京生活频道成立，使电视服务节目的制作更加专业化、集中化、精致化，将此类节目的制作水平及规模都提升到了一个新的层次。随后的几年，湖南生活频道、河南生活频道、福州生活频道、浙江经济生活频道、山东生活频道的相继成立，使电视服务节目彻底改变了以往在其他类型节目的夹缝和边缘中求生的形象，与其他类型的节目共同构成了中国电视完备的栏目类型网①。

这一时期，电视生活服务节目的特点是：节目中大量运用新的电视手段；镜头的运用也不再墨守成规，而是依据节目的需要不断变化；电视字幕在这一时期运用也比较明显；同时，由于非线性编辑的使用，后期制作水平也有了飞跃。此时，综合性生活节目逐渐减少，取而代之的是专业性的分类节目，如美食节目、旅行节目、时尚节目、健康节目等。

### 3. 21世纪以来——生活服务类节目的创新期

进入21世纪，整个中国的电视业出现了繁荣景象，电视生活服务节目也不例外，这主要表现为电视生活服务节目形式多样化和专业化生活频道的出现。节目形式多样化在20世纪90年代就已经有所显现，到这一时期显得更加成熟。生活频道的出现为生活服务类栏目进一步扩展和细分提供了广阔空间。而随着节目定位的细分和数字电视的发展，定位于生活服务的专业化频道不断涌现，如旅游卫视、江苏靓妆频道、中华美食频道、孕育指南频道等②。从某种角度来说，这一时期的生活服务类走的是"大服务"概念，因为许多类型的节目都具有服务功能，就像BTV-7中，有兼跨新闻评述和生活服务的品牌栏目《第七日》。这种现象与电视的盈利模式有关，因为目前电视媒体的收入主要依赖广告经营，所以运营者们需要考虑节目的收视率，仅仅依靠生活服务类节目，显然对广告经营有极大风险。纯专业服务类节目只会在付费频道里出现。

这一时期电视生活服务节目的特点是：第一，生活节目和新闻节目相结合，借助新闻的表现手法和视角做生活节目。如北京电视台生活频道高燕担当主持的《生活面对面》，它既有权威可信的生活资讯，也有日常的家长里短；既有政策法规

---

① 《生活服务类节目现状透视》，http://www.360doc.com/content/11/0316/10/5703468_101558942.shtml。

② 任晓润、顾晓燕、余承璞：《生活服务类节目大盘点》，《视听界》2008年第2期。

的贴心解读,也有温暖的切实帮助。第二,生活服务中融入了娱乐等综艺元素,这个以 2009 年 10 月 26 日河北卫视推出的《家政女皇》为代表,节目加进了表演、娱乐等诸多内容。第三,美容时尚类生活服务节目不断涌现。例如旅游卫视的《美丽俏佳人》将美容与时尚知识带给广大的白领女性;原上海电视台生活时尚频道与同属于时尚传媒旗下的《星尚 OK》杂志于 2008 年共同推出《星尚》,这一档时尚类的生活服务节目为华东以及全国观众带去时尚的气息。第四,生活服务节目也有故事化倾向。例如北京电视台的《快乐生活一点通》,就是以一家人的快乐生活为基点,为观众带去生活方面的信息。当然,这一时期的电视生活服务类节目仍存在一些不足,主要包括:收视率处于中低水平,节目供大于求;服务对象不够细化;节目同质化现象也比较严重。

# 第二节 电视生活服务节目创新元素

## 一、服务理念

### 1. 实用

电视生活服务节目为老百姓的饮食起居、穿衣旅行等生活点滴服务,其服务大众的功能毋庸置疑。实用是普通老百姓最迫切的需求。电视节目所传播信息的可操作性是否强,是否关注了老百姓的基本需要是节目创作的基本理念之一。为此,电视节目要做到贴近生活、贴近百姓、贴近实际,这也是生活服务节目一直秉承的"三贴近"原则。

如电视英语教学节目为了能突出实用性,更有效地传播,借用了很多手段。我国第一部引进英国 BBC 情景会话的英语节目《跟我学》把情景表演和主持人讲解结合起来,提高了教学的应用性。央视科教频道的《希望—英语杂志》栏目借助看电影学英语的方式,在轻松愉悦的氛围中教授地道的英语,传播西方文化,摆脱了传统英语教学中的枯燥,增强了学习者的兴趣。又比如很多节目会不断开拓自己的服务内容,满足受众需求。如《非你莫属之藏龙卧虎》为投资致富节目,节目为有致富梦想的团队和个人提供展示自身项目的舞台,六位顶尖投资人将对其项目进行审核,以决定是否投资,节目大大满足了致力于创业之人的需求。

### 2. 时尚

电视生活服务节目要想求得发展,就要及时把握人们生活中的新思想、新动向、新潮流、新问题,要将这些内容及时地反映到节目中。

凤凰卫视中文台的《完全时尚手册》就是一档引领时尚、具有时代性的生活资讯节目。作为海内外华人世界中时尚类节目的先锋，《完全时尚手册》致力于将最新的设计理念和全世界的潮流动向带给观众，在紧紧围绕时尚做节目的同时牢牢把握了时代的脉搏。

### 3. 娱乐

电视生活服务节目要想真正落到实处为观众服务，有时需要娱乐元素这个润滑剂，这也是吸引观众牢牢锁定生活服务节目的必要条件之一。

北京电视台生活频道的《快乐生活一点通》，以"快乐一家人"的家庭主持群为主持形式，借鉴情景剧的特点，并将其移植到栏目当中，开创了生活类节目角色化主持的先河：三代同堂的五口之家，其乐融融的生活氛围，原汁原味的生活场景被真实生动地搬上了荧屏，这也是节目适应观众需求所进行的娱乐性尝试；百姓生活中的小发明、小窍门，通过快乐家庭的日常生活——展现，使观众在轻松诙谐的家庭气氛中，学到简单实用的生活窍门[①]。这种兼具实用性与娱乐性的制作模式，得到了观众的认可。《快乐生活一点通》从 2004 年 1 月 1 日在北京电视台生活频道播出后，在生活服务类节目中取得了不错的成绩，在北京地区更是取得了高收视率。

### 4. 引导

生活服务类节目发展至今，不仅是早期的简单资讯播报，更成为引领生活理念、引导大众体验与消费的节目。

中央电视台经济频道的《交换空间》节目，是一档贴近普通电视观众，倡导"自主动手、节俭装修"理念的服务类节目。所有将要家装的、正在家装的、已经家装的，热爱生活、热爱家庭的人群都是这档节目的忠实收视对象；栏目在保障观赏性的同时，提供装修知识、家装创意、家装常识；它让所有电视观众重新认识家庭装修的乐趣，推广绿色环保装修，同时促进人与人之间的理解与和睦相处，真正做到了引导性和服务性并举[②]。

### 二、服务内容

服务内容是节目的基本组成部分，具体指节目要针对哪类事物进行信息传播

---

① 引自百度百科。

② 引自中国网络电视台官网，http://tv.cntv.cn/videoset/C10495/。

以及服务指导等。目前呈现出的电视生活服务节目主要有以下几大类。

### 1. 电视气象节目

电视气象节目,是以生产、生活所需气象信息为主要服务内容的电视服务节目形态。它是气象科学与电视制作技术、通讯传播技术等结合的产物。它以电视这种现代信息传播媒介为载体,为人民大众提供日常生活所需的气象信息。它不仅是气象科学为人民大众服务的重要渠道,同时作为不可或缺的电视节目形态的一种,它在丰富的科学信息内涵之外,也是具有电视新闻价值的服务性节目①。

电视气象节目与电视传媒的整体变革发展密切相关。总的来看,自 1980 年中央电视台《新闻联播》播出《天气预报》起,我国气象传播已走过了 30 多年的改革历程。这期间,中央到地方电视台都先后创办了自己的气象栏目。在内容方面,气象节目的资讯逐渐丰富和立体化;形式方面,电视语言的运用也朝多元化方向拓展,气象栏目更加注重整体形象的包装,传统的形式单一、内容单薄的情况得到了一定程度的改观②。

### 2. 电视美食节目

电视美食节目是以介绍饮食文化、厨艺技法、饮食消费等为主要服务内容的电视服务节目形态。《天天饮食》栏目是中央电视台 1999 年 2 月 22 日推出的一个以介绍做菜方法、畅谈做菜体会为主要内容的知识性、趣味性、服务性栏目③。自开播以来,收视率一直居高不下。在其鼓舞下,全国各级电视台陆续推出了一批电视美食节目。早期的电视美食节目局限于烹饪技法的讲授与饮食常识的灌输,内容比较单一。如今,电视美食类节目的服务种类异常丰富,节目也注重文化内涵,并且表达方式也更为丰富多样。按照节目内容,这些电视美食节目大致可分成三类:一是类似于中央电视台《天天饮食》的讲解烹饪技法的节目,如凤凰卫视的《美女私房菜》、原上海电视台的《人气美食》、《新食尚》等;二是竞赛类节目,如星空卫视的《食神蒸霸》等;三是介绍饮食文化的节目,包括推荐一些美食等,如北京电视台的《食全食美》、旅游卫视的《那小嘴》等。

### 3. 电视旅游节目

电视旅游节目是以旅游信息、旅游知识、休闲娱乐等为主要服务内容的电视服

---

① 韩建钢:《电视气象节目的创与编》,《气象影视技术论文集》,气象出版社 2001 年版,第 39 页。

② 《电视气象节目改革:"资讯创造价值"》,《新闻实践》2003 年。

③ 引自百度百科。

务节目形态。中央电视台的《祖国各地》是我国较早播出的电视旅游节目，主要介绍我国的山川风光、名胜古迹、民族风情，以此传播地理、历史、文化知识。随着我国经济的飞速发展和"旅游黄金周"、"假日经济"、"体验经济"等概念的导入，旅游消费逐渐成为大众消费的热点①。旅游市场的扩大带动电视旅游节目大量出现，如中央电视台三套的《世界各地》，旅游卫视的《有多远走多远》、《玩转地球》、《中国游》、《世界游》，北京电视台的《四海漫游》，江苏电视台的《江山览胜》等。

### 4. 电视教育节目

电视教育节目是以各类内容的教育，包括知识、技能、思想、道德等为主要服务内容的电视服务节目形态。我国最早的电视教育节目是 1959 年开办的《汉语拼音字母讲座》，随后，各地陆续开办了电视大学，传授大学课程②。20 世纪 90 年代以来，很多电视台成立了电视教育节目部，制作了大量贴近时代的教育节目，开办了各类讲座，如中央电视台的《百家讲坛》、《开讲啦》，北京电视台的《留学 ABC》，原上海教育电视台的《生命之源》、《招考热线》和中国教育电视台的《教育人生》、《国视讲堂》等。

纵观国内电视教育节目，主要有三个方面的功能：一是教育功能，普及科学知识，提高个人素质；二是服务功能，推广实用技术，促进科学知识转化为现实生产力，为各行各业服务；三是指导功能，提倡科学方法和科学思想在社会中的应用，宣扬科学精神。电视教育节目如果能坚持强化这些功能，探索自身的发展规律，就能适应科技进步和时代发展，取得更好的成绩。随着教育在我国现代化过程中的作用日益显著，电视教育节目逐渐呈现内容多样、形式丰富的变化。湖北卫视 2012 年推出的《冲出危机》以普及地震、火灾、野外自救、防盗、防色狼等各种安全知识为特色，是国内首档情景式公共安全益智节目。节目通过多种方式传达安全知识：邀请明星和选手进行危机体验、参与答题，邀请危机事件亲历者讲述相关经过，邀请专家、媒体人等作为智囊专家，解析相关事件并给出相应解决方法，寓教于乐，指导性强。

### 5. 电视养生节目

电视养生节目主要是以医学知识介绍、疾病预防、卫生保健等为主要服务内容的电视生活服务节目形态。不管健康养生类节目以何种形式出现，总体来说，此类节目有不错的收视率。随着我国人民生活水平的提高、养生意识的增强以及老龄

---

① 孙宝国、侯淑桦：《浅析电视服务节目的基本元素与主要形态》，《北方传媒研究》2007 年第 1 期。
② 同上。

化社会的来临,中国电视养生节目呈现出繁荣发展的局面。仅中央电视台就有多档节目：CCTV-2 的《健康早班车》、CCTV-4 的《中华医药》和 CCTV-10 的《健康之路》。尤其是《中华医药》,自 1998 年 6 月 1 日开播以来,致力于向海外华人、华侨传播传统医药文化,提供权威细致的健康资讯服务,凸显人文关怀,以鲜明的民族特色、深厚的文化内涵、实在的服务内容、亲切的节目风格赢得了海外观众的青睐①。各省市地方电视台的电视养生节目也是层出不穷,如北京电视台的《养生堂》、《健康北京》,山东卫视的《养生》,河南电视台的《名医堂》,湖南电视台的《百科全说》,深圳都市频道的《第一养生》等。这类节目充当了家庭医生的角色,温馨体贴是其主要的特点。但是,这类节目也存在一定弊端,虚假宣传、违规广告等成了影响节目质量的一个干扰源。

### 6. 电视购物节目

电视购物节目是依托电视媒体向观众推销产品的一种电视服务节目形态。电视购物节目是电视购物这一销售模式的重要组成部分。电视购物节目声画结合,通过直观生动的操作演示、详尽的解说等,对商品的构造、功能、用法、特点、优点等进行详细的介绍,使观众对商品有全方位的了解。电话订购直邮的便捷性、电视媒体的权威性、电视画面的直观性等使得电视购物节目能带来最大效益,极具优势。不过随着电视购物节目的大量生产,一些产品的广告宣传与实际产品不符、虚假承诺和售后无保障等电视购物节目的通病也日渐凸显,许多电视购物节目也成了电视直销。这也是目前电视传媒市场不够完善的表现。

### 7. 电视时尚节目

电视时尚节目主要涉及服饰、美容等时尚因素,涵盖面广,信息量大,是专为现代都市人打造的电视时尚类的生活服务节目。现在很多业界的研究者也将其称之为电视女性时尚节目。比较成熟的电视时尚类节目出现在 1995 年,能够延续至今、影响较大的有广东卫视的《时尚放送》、北京电视台的《时尚装苑》等。目前比较受欢迎的电视时尚节目有旅游卫视的《美丽俏佳人》,它以白领、成熟女性为主要收视群体,集各路时尚为一体,为现代女性提供榜样,打破传统信息类时尚节目规范,为爱美的大众和商家提供学习和推广的平台②。此类节目引领了女性时尚节目的潮流。此外,还有多档时尚节目,如中央电视台四套的《东方时尚》、凤凰卫视的《完

---

① 引自中国网络电视台官网,http://big5.cntv.cn/gate/big5/www.cctv.com/lm/562/9.shtml。
② 引自中文百科在线，http://www.zwbk.org/MyLemmaShow.aspx? lid=126968。

全时尚手册》、天津卫视的《时尚》、东南卫视的《美丽佩配》、湖南卫视的《我是大美人》、广西电视台的《时尚中国》等。

### 8. 电视职场节目

电视职场节目是以求职、升迁和创业的基本技能和技巧为主要服务内容的电视服务节目形态①。2003年10月，中央电视台经济频道与智联招聘合作推出了第一档职场节目《绝对挑战》。节目采用电视招聘的形式，由知名企业提供岗位，求职者要通过"压力面试"、"实力作证"、"人在职场"几个方面的考核，获胜者可以得到一定数额的创业基金。

目前，职场类节目获得较大发展，主要有四大类型。第一，现场招聘类。这类节目将招聘现场搬到了演播室，由企业高管直接对选手进行面试，如天津卫视的《非你莫属》。第二，委托招聘类。主要由节目组进行选拔，为企业挑选人才，如《绝对挑战》。第三，招聘信息类。主要提供招聘信息和市场行情，如安徽台的《走进招聘会》等。第四，职场故事类。节目以讲故事的形态将个人的求职经历、职场故事传播给观众，为观众提供经验，如河北电视台的《求职问道》。

### 9. 电视家居节目

电视家居节目是以家居装修、楼市信息等为主要内容的电视节目形态。主要的家居节目有美国ABC的《改头换面：家装版》，英国BBC的《交换房间》，中央电视台的《交换空间》、《中国房产报道》，中国教育电视台的《居家风尚》，天津电视台的《家居大变身》等。例如《时尚家居》是青海卫视的周刊式时尚家居节目，主持人王翰涛与家居设计师、杂志编辑、演艺明星等嘉宾一同畅聊家居。观众有问题可以@节目官方微博，节目将会在现场请相关专家作出解答。

### 10. 电视相亲节目

电视相亲节目主要以婚恋交友为服务内容。代表节目有江苏卫视的《非诚勿扰》，湖南卫视的《我们约会吧》、《称心如意》，东方卫视的《百里挑一》、《谁能百里挑一》，浙江卫视的《爱情连连看》、《婚姻保卫战》等。目前相亲节目的形态十分丰富：《非诚勿扰》节目以24位女嘉宾对1位男嘉宾的相亲模式为单身男女提供交友平台，女嘉宾通过亮灯或灭灯来决定男嘉宾的去留，这期间由心理专家对嘉宾提出建议；《转身遇到TA》，相亲对象则为明星等精英阶层，相比普通百姓更具看点；无锡

---

① 孙宝国：《中国电视节目形态研究》，新华出版社2007年版，第69页。

广电的相亲节目《不见不散》从 2011 年开始推出了中老年专场,开创了中老年群体相亲节目的新形态。

11. 电视法制节目

电视法制节目是以电视为载体,借助电视的传播、制作和表现手段,以宣传法律和为受众进行相关服务为主题,以法制与社会生活方方面面的密切联系为切入点的生活服务节目①。如中央电视台《今日说法》节目,主要采用案例讲述和专家访谈的模式,以"重在普法,监督执法,推动立法,为百姓办实事"为宗旨,通过以案说法的形式提供法律服务。目前主要的法制节目还有中央电视台的《庭审现场》、《法律讲堂》等。通过这些节目,观众可以了解更多的法律知识,明确维权的途径。

表 7-1 为我国部分知名的电视生活服务节目及其所属电视台。

表 7-1　部分知名电视生活服务节目

| 生活服务节目<br>主要形态 | 节目名称及所属电视台 | |
| --- | --- | --- |
| 电视气象节目 | 《天气预报》(中央电视台) | |
| 电视美食节目 | 《天天饮食》(中央电视台)<br>《食尚天天乐》(江苏电视台) | 《美女私房菜》(凤凰卫视)<br>《顶级厨师》(东方卫视) |
| 电视旅游节目 | 《中国游》(旅游卫视)<br>《四海漫游》(北京电视台) | 《世界游》(旅游卫视)<br>《潮流假期》(南方卫视) |
| 电视教育节目 | 《开讲啦》(中央电视台)<br>《教育人生》(中国教育电视台) | 《招考热线》(上海教育电视台)<br>《国视讲堂》(中国教育电视台) |
| 电视养生节目 | 《健康之路》、《中华医药》、《健康早班车》(中央电视台)<br>《养生堂》、《健康北京》(北京电视台)　　《养生》(山东卫视)<br>《名医堂》(河南电视台)　　　　　　　《百科全说》(湖南电视台)<br>《健康最重要》(浙江电视台)　　　　　《第一养生》(深圳都市频道) | |
| 电视购物节目 | 相关电视购物频道:<br>湖南电视台-时尚频道<br>湖北电视台-都市频道<br>武汉电视台-消费指南频道<br>数字收费频道-家家购物频道<br>天津电视台-三佳购物频道 | |

---

① 游洁、郑蔚:《电视法制节目新论》,中国广播电视出版社 2007 年版,第 1 页。

（续表）

| 生活服务节目<br>主要形态 | 节目名称及所属电视台 | |
|---|---|---|
| 电视时尚节目 | 《左右时尚》(SMG)<br>《第1时尚》(四川电视台) | 《美丽俏佳人》(旅游卫视)<br>《美人我最大》(广东电视台) |
| 电视职场节目 | 《绝对挑战》(中央电视台)<br>《职来职往》(江苏卫视) | 《非你莫属》(天津卫视) |
| 电视家居节目 | 《交换空间》(中央电视台)<br>《时尚家居》(青海卫视) | 《家居大变身》(天津电视台) |
| 电视相亲节目 | 《非诚勿扰》(江苏卫视) | 《我们约会吧》(湖南卫视) |
| 电视法制节目 | 《今日说法》、《庭审现场》、《法律讲堂》(中央电视台) | |

### 三、服务对象

#### 1. 对象属性

按服务对象的属性来划分，种类繁多，与此相适应，也就有了不同形态的节目。

如《幸孕快车》就是专门针对"孕妇"这一相关群体的节目。节目每期的话题如"避孕的误区"、"谨防先兆流产"、"谈谈月子餐"、"如何温柔断奶"等将怀孕及生产前后整个过程的相关知识予以介绍，是育龄妇女很好的教科书。

由中央电视台教育台和江苏卫视于2010年12月联合打造的职场类栏目《职来职往》，主要针对每年几百万毕业的大学生求职者以及其他重新求职者。节目通过给大学生提供就业平台，关注就业，讨论就业，有效地缓解了大学生就业的供需矛盾，有利于正确择业观的形成。

北京电视台的《我爱我车》、浙江电视台的《车行天下》等节目均是以"汽车爱好者"为收视对象的节目。通过为这些人提供相应的汽车资讯、维修、保养知识等从而吸引他们的关注。

另外，每个时期都有一些富含时代特色的群体或现象，比如剩男剩女、家庭纷争等。针对这些群体和现象于是诞生了相应的生活服务节目。

2011年湖南卫视推出的《把谁带回家》，是首创的"中国第一档家政类真实选择节目"。节目在全国甄选各类优质家政人员，每期供四到五个幸运家庭挑选，提供了新的招聘保姆的方式。同样，浙江经视推出的《金牌保姆》，也深入挖掘该服务领域,观众如果看到有合心意的保姆,可以致电栏目组"抢人"。

《非诚勿扰》专门策划了英国、法国、加拿大、澳洲等专场,为广大海外华人及外籍人士提供相亲平台,扩大了自身服务范围。

《新老娘舅》是 SMG 的一档调解类民生谈话节目,节目的口号是"家长里短不用愁,都来找我们老娘舅"。"老娘舅"最初是上海人对有威望、热心的矛盾调解人的称呼,过去的上海大家庭中如有纷争,常会请出娘家年长的娘舅出来说道理,平息事端①。观众如果存在家庭纷争方面的困难可以向电视台求助。节目通过邀请不同的"老娘舅"如人大代表柏万青、媒体人黄飞珏等,帮助当事人分析问题,给出建议,从而调解矛盾,服务百姓。

### 2. 对象年龄

服务对象按年龄可以划分为不同阶段:儿童、青年、中年和老年。每一个群体都有自己的特征。根据不同群体的身心特征,可以策划不同的节目。例如英国BBC 的两个儿童频道 CBBC 和 CBeebies 就把英国 1 200 万儿童观众细分为 2 岁以下、2—4 岁、4—6 岁、6—8 岁、8—10 岁、10—12 岁诸多阶段;BBC3 的目标受众的年龄段是 14—23 岁②。这样的划分达到了无缝对接,使节目更有针对性,相应的受众选择完某档节目后不需要对内容再进行二次筛选。在这一方面,我国还有待改善。

中央电视台的《智慧树》是一档针对 3 到 6 周岁学龄前儿童的节目。节目设计符合儿童爱游戏、爱模仿、充满好奇心、发育不成熟的特性。节目生动活泼,浅显易懂,每天有不同的板块,《请你像我这样做》《巧巧手》《我爱变魔术》《我创意我做主》《科学泡泡》《宝贝 2+1》几大板块从不同内容来培养孩子相关智能。

《开讲啦》是中央电视台于 2012 年推出的中国首档青年电视公开课。节目每期邀请一位青年心中的榜样如王石、邓亚萍、杨利伟、郎朗、陈坤等成功人士演讲,并与十位青年对话,分享他们对生活的感悟。节目在一定程度上解决了青年人对国家、自身命运等不同方面的疑问,是对青年思想的启迪。

《夕阳红》是专门针对老年人的一档节目,每期通过杂志型的编排方式,介绍某位老人的生活,关注与老人相关的新闻事件,介绍一些健康生活技巧等,以此来关注老年生存状况,弘扬老年文化,使节目拥有了大量忠实的老年观众。

---

① 杨蕾:《浅析民生调解类谈话节目的话语角色——以〈新老娘舅〉节目为例》,《现代传播》2012 年第 9 期。

② 黄志东:《比照英国电视,我们的差距在哪里?》,《视听界》2012 年第 5 期。

#### 四、节目形式

生活服务节目可以有不同的表现形式，主要有以下几种。

##### 1. 讲述式

讲述式是电视生活服务节目最常见的方式。如以中央电视台的《百家讲坛》为代表的教育类节目等都是通过主讲人授课等方式传达相应的知识。这类节目多是单个主持人（主讲人）借助相应的道具进行讲述。

##### 2. 谈话式

谈话式是电视生活服务节目中应用非常普遍的一种。围绕相关话题，通过主持人的提问、嘉宾的解答、与现场观众的交流等，提供某方面的服务。中央电视台的《天天饮食》突破了厨师自身讲授的方式，采用主持人和厨师聊天的形式进行。在做菜期间，主持人询问师傅一些技巧问题、饮食文化等，在轻松氛围中讲解烹饪技法。又比如湖南卫视的《百科全说》等众多健康类节目也是采用主持人访谈相关嘉宾的形式。

##### 3. 纪录片式

生活服务节目可以通过真实记录来还原事件原貌，提供帮助。中央电视台财经频道的《消费主张》主要形态是通过记录记者的亲身感受，从而为消费者提供有价值的资讯和知识。如一期节目讲述体验者在密云的一些经历，从而介绍了栗子的采摘、密云板栗出名的原因、什么样的栗子更好吃、糖炒栗子的做法、如何剥栗子等多个方面的知识。还介绍了密云其他两宝，蜂蜜和水库鱼。节目在最后作出消费提示。通过纪录片的形式，节目呈现了多方面原汁原味的故事，提供了多方位的服务。

##### 4. 真人秀式

借助真人秀模式，带领观众进行真实的体验也是生活服务节目常用的一种方式。天津电视台的《家居大变身》是一档家居改造真人秀节目。以"帮您实现建家的梦想"为理念，设计师根据业主提出的要求以及居室的情况，进行改造。节目真实记录从改造前到改造完的整个过程，包括如何解决空间小、如何营造浪漫氛围等难题，从而展示一些装修知识和妙招，不仅服务了参加节目的家庭，同时也可以启发观众。节目将家庭故事和装修秀巧妙融合，具有可看性。如其中一集是为一对结婚 50 周年的老人设计房子,家庭的和谐、爱情的长久等都增添了节目的情感色彩。

### 5. 竞赛式

竞赛式生活服务节目通过紧张的氛围、精彩的对抗吸引受众观看,从侧面进行了相关服务。如《希望之星》举办的英语风采大赛,能够为英语爱好者提供榜样,培养学生的相关兴趣,间接讲授英语知识。厨艺竞赛类节目能够启发观众做菜灵感,促使其了解饮食文化。如东方卫视引进国外版权的中国首档美食才艺秀节目《顶级厨师》,设置了神秘盒挑战、技能测试、压力测试等比赛环节。参赛者在紧张的比拼中,实现各自的美食梦想,展示丰富的中国美食。

### 6. 新闻式

生活服务节目利用新闻提供最新消息,可以扩大服务的信息量。如关于最新时装会的发布、最新产品的销售、打折信息等都可以通过新闻形式展示其动态。

## 第三节　电视生活服务节目创新方式

电视生活服务节目在发展过程中无论在内容还是形式上都有了长足的进步,逐步形成了自己的特色,探索出一些符合自身的基本规律和原则。

### 一、节目形式,相互借鉴

电视生活服务节目与其他类的电视节目形态的边界越来越模糊,各个节目之间的融合现象也越来越明显。这就要求当前的生活服务类节目不能局限于原本的"生活"与"服务"的概念与形式,而要做到与其他节目形式的交融,与更多和生活服务相关的内容做更好的嫁接。

以北京电视台科教中心自 2009 年 1 月 1 日起推出的大型日播养生栏目《养生堂》为例,这是一档以"传播养生之道、传授养生之术"为宗旨的电视生活服务节目。栏目在秉承传统医学理论的同时,既系统介绍中国传统养生文化,又有针对性地介绍实用养生方法。节目形式上融入了谈话类节目的要素,请来养生界的专家进行访谈。在《身体与皮肤的关系》那期节目中,首先是两位主持人在演播室教授"酸甜苦菊"这道菜的做法及其养生道理,镜头继而切到另一个演播室,主持人王宁邀请到了我国著名的中医皮肤科专家哈刚和他的母亲陈彤云女士,接下来这档生活服务节目就是以三人的谈话展开,讲解身体与皮肤的关系,探讨真正的养生文化以及教观众如何从身边点点滴滴做到养生。再比如美国 FOX 电视网 2005 年推出的《地狱厨房》，里面既有比赛竞技，也有真人秀的成分，但从本质上来说，这是一档生活服务类节目，它在竞技和娱乐的同时最大限度地为观众提供了厨艺方面的服务。这些都是借鉴其他节目形式所打造出的生活服务节目，在社会上引起了强烈反响，取得了很好的收视效果。

### 二、开拓内容，注重包装

生活服务节目应当贴近百姓生活，做到及时把握观众最新的需求，找到市场空白点，不断开拓新的服务领域。随着生活压力的增大，如何更便利地买到实惠经济的消费品？对此，陕西三套家庭生活频道推出了节目《乐淘淘》，这是一档专门以个人的二手物品转让交换为内容的生活服务节目。该节目是国内最先推出的以"二手"为内容的电视节目，具有很强的原创性①。观众可以通过 24 小时热线电话来发布出让消息，也可通过电话、短信等手段获得想要的物品。节目还设置了"明星亮宝"环节，将名人的东西转卖掉，将其善款做慈善捐助。节目充分利用"二手市场"这一空间，真正做到了为百姓着想。

另外，生活服务节目大抵就是衣、食、住、行等老百姓关心的"那些事儿"。每个生活服务节目都围绕着这些基本的内容做文章，要找到全新的内容并非易事。如何让寻常的故事讲出不同的味道来，怎样从内容大抵相当的生活服务节目中脱颖而出呢？这就需要从节目的包装着手，包装出观众们喜闻乐见的节目形式，包装出适合当代人口味的、充实的节目内容。在这方面，湖南卫视 2011 年 3 月 14 日推出的生活方略体验类（生活智慧体验秀）节目《好好生活》便是典型。节目由文怡与李锐主持，主打生活创意、智慧妙招，主持人文怡和参加节目的生活达人一同为观众分享自己的生活秘籍。节目内容充实，其中的一些话题，如"治感冒的家常菜"、"微波炉妙用"、"如何防家电辐射"、"夏日防暑防蚊"等均是人们迫切想了解的话题。节目在夯实内容的基础上，包装独到。首先，节目的参加人员都有固定的称谓。如主持人李锐被称为"好好先生"，主持人文怡被称为"好好生活家"，同时还有"幸福体验团"成员参与互动，包括生活秀才喻恩泰、美丽主妇岳菁蔚、膳食达人李铁刚等等，增强了亲近感。其次，节目主打主持人牌，文怡为美食畅销书作家、美食专栏撰稿人，是"会做菜的主持人"，她通过推荐菜肴等方式，迅速拉近了和观众的距离。再次，节目融合多种形式，包括访谈、竞赛等，增强了互动性。如关于"微波炉"妙用

---

① 赵辉:《民生服务类节目的创新——从〈乐淘淘〉看地域性电视民生服务类节目发展趋势》,《今传媒》2012 年第 6 期。

的一期节目中,先让幸福体验团成员剥蒜皮,然后再请美食达人用微波炉加热的方式,将二者效果进行对比,娱乐性强。节目经常会对各种展示进行"计时",充满悬念,提高了观众的参与感。最后,节目的主题曲为流行歌手张杰的《好好生活》,吸引了更多年轻的受众。

### 三、立足实际,巧打地域牌

据央视索福瑞收视统计显示,地域性正在成为影响观众收视的基本因素。随着电视媒体被网上传播、手机传播、分众传播等传播形式不断替代,电视业界开始注重立足实际、巧打地域牌的思维。这也正是我们所说的电视节目的"本土化"趋势。生活服务类节目遵循的正是这样一个原则,具体表现为节目内容的"本土化"、审美风格的"本土化"、表达方式的"本土化"等。各个电视台都应该从自己服务的对象出发,从受众的利益出发,办出具有地域化特色的生活服务节目,力求做到真正意义上的"本土化"。比如无锡的相亲节目《不见不散》增设了"喜妈帮腔"环节,以帮助男嘉宾展现自己、克服紧张等。喜妈指媒婆,为无锡当地名词,这一环节的设立让当地人倍感亲切,使得节目在众多优秀的省级婚恋节目的压力下突出重围,更接地气。所以,立足实际、巧打地域牌已成为电视生活服务类节目的一大趋势。

### 四、与新媒体融合,打造互动平台

电视缺少互联网的及时参与性与互动性,节目很难听到观众有效的声音。所以,电视节目在制作过程中应该积极与新媒体融合,打造节目与受众间更为广阔的互动平台。电视生活服务节目应该挖掘尽可能多的环节与观众进行互动,比如可以开通节目的专属官方网站、微博、微信、BBS论坛等,直接和观众进行最及时、最鲜活的交流,获取第一手资料。这些做法在发挥新媒体为节目服务的特性的同时,也为观众开辟了很好的反馈渠道,不仅可以培养忠实观众,也可以为生活服务节目在电视平台上的播出助阵,使媒介组合的资源得到最大化利用。

《美丽俏佳人》就是电视与新媒体很好融合的例证。它的制作公司东方风行公司在2009年初创办了乐峰网,并整合了李静旗下多种资源的互联网平台,囊括了视频、社区以及电子商务等诸多方面的服务。在《美丽俏佳人》节目中,主持人与专家近距离互动,同时,节目中所推荐的各种护肤用品,也可以在乐蜂上一网打尽,使其成为一档收视和口碑都不错的时尚类生活服务节目。同样,湖南台的《我是大美人》也创建了淘宝网的旗舰店,专门销售在节目中介绍过的产品,使节目具有实际意义,满足了消费者的购物需求,延伸了节目的产业链,增加了节目的市场效益。我们从中可以看到,生活服务节目要想更好地生存,就得整合越来越多的优势资源，积极开拓其他领域，进而让观众最大化地体验节目带来的乐趣，这也是加强互动的目的。

## 第四节　电视生活服务节目创新趋势

从起初中央电视台的《为您服务》到后来的《生活》，再到今天形形色色的从地方到中央的各种电视生活服务节目，相较于起初的柴米油盐的基础服务，目前电视生活服务节目在内容和形式上都愈发丰富，它的触角已伸向了人们生活的各个领域。当代生活服务类节目更加注重时尚、情感以及当代人所面临的一些共同的"生活问题"，其主要有以下创新趋势。

### 一、节目"真人秀化"

生活服务节目发展到现在，我们可以从中看到诸多真人秀节目的影子，欧美国家的节目在这方面几乎做到了极致。比如《地狱厨房》是一档美食类的生活服务节目，但借助了竞技和真人秀的外衣，锁定受众的眼球，进而真正突出其为生活服务的本质。再比如 2008 年 10 月 7 日 BBC2 推出的《换装达人》，是一档换装类生活服务节目，其中有选衣、购衣与衣饰搭配、自己设计饰物等环节。节目最主要的看点是游戏互动环节，共有 100 个人参加，每人自愿拿出五件衣服与他人免费换装，整个过程都穿插着真人秀的因素。国内的一些生活服务节目也贯穿了真人秀的因素，比如《交换空间》中两户人家和设计师之间的交流以及整个装修过程，就贯穿了真人秀因素。生活服务节目中出现真人秀因素，是此类节目发展的必然，也使得节目能够更好地为观众服务。

### 二、服务"多元化"

电视要以受众的需要和兴趣为第一考虑要素，以保证电视节目所传播的内容能够更加贴近受众的生活所需。随着人们生活水平的提高，受众所关心的已不再局限于柴米油盐酱醋茶等物质方面，而是包括感情、时装、生活理念等更高的层面。因此，生活服务类节目应该紧跟现代受众的意识变化而不断完善自身。比如 2006 年 Channel4 推出的《美好体形》，就把服务对象锁定在女性受众身上。该节目不仅为女性提供实用的穿衣指导，更告诉女性朋友美的内在理念，让年轻爱美的女性观众从节目中重塑自信，更加热爱生活。再比如，北京电视台播出的《生活面对面》，其中有最新鲜的资讯、最权威的解析、最贴心的帮助、最实用的支招、最真实的人生和故事，节目关心理财、健康、平安和消费等内容，提供给观众集专家和高手经验于一体的全方位指导,想观众之所想,真正做到了"趣味信息有效传播,有效信息趣味传播"①。由此可见,如今的生活服务节目的"服务"内容已经发生了巨大的变化,服务"多元化"是此类节目发展的重要趋势。

### 三、突出"体验性"

随着"真人秀"时代的到来,所有电视节目都无一例外地开始注重参与者的体验价值。另外,在体验经济时代,消费者在消费时间、金钱和商品的实用功能的同时,也在消费一种体验。体验性消费在电视媒介上的延伸也是同样的道理,即让观众真切地享受到某种体验,并且有所收获。而且,随着各种新媒体的不断发展,节目与观众之间的壁垒逐渐缩小。在这样的大环境下,生活服务节目也开始注重参与者的体验性,将观众的各种体验融入节目当中。例如《交换空间》中主持人王小骞的作用只体现在节目的开始和最后,而在宣布交换布置空间到空间布置成功的整个过程中,都是六个参与者在节目中体验、互动、布置等。这也正是《交换空间》的意义所在——注重参与者的体验价值。而央视的《购物街》栏目不仅让观众直接参与节目,还为场外观众提供竞猜奖品,实现了场内场外互动、台上台下互动。观众通过"看商品、猜价格"这种简单易懂的游戏模式,了解需要的生活信息。精彩刺激的价格游戏给电视机前的观众留下了深刻的印象,让其在快乐的氛围中也学到一些有用的知识。

### 四、表现"故事化"

开展情节化叙述、融入故事性因素被视为电视媒体实现突围和超越的一种"新概念武器"。央视的《走进科学》将科学知识故事化,《百家讲坛》将文化知识故事化,都取得了立竿见影的效果。如果生活服务节目能够以深入浅出的故事情节来演绎,显然会提高其可看性和观众接受度。比如《健康生活》节目就有明确要求:一个健康小常识必须要附着一个个案故事来进行。事实证明,节目在"故事化"以后,收视率有了明显提升。中央七套播出的《生活567》,作为央视唯一一档涉农生活服务类节目,它的基本定位是记录农村生活状态、关注农民情感世界、为弱势群体提供切实帮助。这档节目就是按照"内容故事化、故事人物化、人物感情化、不说教、更直白"的指导思想来制作的,紧紧围绕乡村百姓的生活话题,通过故事化的表现形式来传播生活服务理念和方式②。

---

① 《〈生活面对面〉栏目简介》,http://www.btv.org/btvweb/07btv7/node_3191.htm。

② 《〈生活567〉栏目简介》,http://www.cctv.com/program/sh567/20071213/106596.shtml。

综上所述，生活服务类节目的真人秀化、服务的多元化、对"体验性"的突出以及表现形式的故事化是其四大发展趋势。当然，生活服务类节目要想实现真正创新，还需要不断挖掘自身特色，融合新鲜元素，做到与时俱进。

## 第五节　电视生活服务节目创新案例分析

### 一、日本朝日电视台《最终警告！恐怖的家庭医学》

《最终警告！恐怖的家庭医学》是日本朝日电视台于 2003 年播出的一档保健类生活服务节目，主持人是北野武。节目播出至今，收视成绩一直不错，还被台湾国兴卫视引进。节目的主要创意如下。

#### 1. 运用短剧

《最终警告！恐怖的家庭医学》用一个很鲜明的短剧，并带有悬疑推理的色彩，来解释日常生活中各种高发性的症状，令观众在较为自然的状态下获得健康知识。短剧的运用，使得枯燥的家庭医学变得栩栩如生。

#### 2. 融入恐怖因素

节目中的恐怖因素具体有恐怖剧情和现场恐怖气氛。节目通过悬疑的推理以

**图 7-1　《最终警告！恐怖的家庭医学》**

及恐怖因素的摄入，完整展示疾病从前兆到爆发的全过程，把枯燥的医疗知识包装成悬疑惊悚的推理剧，利用观众对死亡的恐惧来演绎每一期节目。比如通过电话传播恐怖因素，通过各种人声或者背景音乐等，利用各种恐怖因素抓住观众收看的欲望。医师还会列出疑似病患者来宾的名单，现场的恐怖气氛越来越强，观众心悬一线，都想一探究竟。

#### 3. 结合动漫主持

节目结合动漫主持，把每一项病理表征都清晰地列出，简洁高效地传播有用信

息。观众和嘉宾在屏幕上参照对应，自我问诊。演播室里，嘉宾不断插科打诨，调剂现场紧张气氛。节目最后还会告诉观众如何避免和预防某些疾病，传播一些实用且有效的家庭医学知识。

4. 传播健康理念，环环紧扣，说服力强

《最终警告！恐怖的家庭医学》请出各疾病领域的专家做电视问诊，另外也有专业医生到现场释疑解惑，专业知识的呈现效果和呈现手段注意故事化和多样化，增强了节目的说服力。与一般健康生活服务节目相比，这档节目更加注重针对性、指导性和戏剧效果。

### 二、河北卫视《家政女皇》

《家政女皇》是一档由河北卫视和安徽连接传媒共同打造，于 2009 年 10 月 26 日首播的生活服务类节目。节目共分省时省力系列、家庭医生系列、厨房美食系列、养生美容系列、旅行购物系列等几大系列，依次播出，采取目前国际上较为流行的抽屉式的编排格局。节目综合考虑外在包装、主体内容以及节目受众等因素，在以下几个方面富有创意。

图 7-2 《家政女皇》

1. 极具综艺娱乐色彩的主持人形象及鲜明的地方特色

栏目邀请了国际顶级舞美、灯光设计及人物造型大师量身打造每一期屏幕形象，主持人方琼和诚诚在每一期节目中都以时尚、绚丽的造型示人，很适合《家政女皇》绚丽的舞台，这也一改往日电视生活服务节目传统的主持人形象。同时主持人在脱口秀中会巧妙地演绎河北方言、地方风情，很好地体现了河北的地方特色。

2. 采用内外景结合的方式以及主持人角色化的演出

节目采用内外景结合的方式，两位主持人还扮演多种不同的角色，表演一些令观众捧腹的街头喜剧。通过小小的逗乐短剧，引出现场话题或问题，并与下一个环节环环相扣，使得整个节目充满了激情与创意，带给观众们耳目一新的感觉。

### 3. 融入多种娱乐元素

节目中时常有两位主持人的说笑逗唱，或叫板，或讽刺对方等，这些大胆的表演也是其他生活服务类节目所不具备的。节目中有个环节叫"老方琼叨叨"，主持人方琼忽而变身成清宫皇妃，忽而变身成充满乡土气息的"庄里嫂"，还有小朋友们喜欢的红太狼、秋芬等角色，旨在通过有趣、诙谐的短剧，寓教于乐，让观众在轻松氛围中增长生活见识、学习小窍门。

### 4. 每期推出生活宝物

节目每期会推出生活宝物，这些宝物或者是由明星嘉宾带来的创意小物，或者是目前市面上少见的"好用、对生活有帮助"的家居用品，总之，都是"新、奇、特"的东西，非常吸引观众。

# 第八章 电视纪录片节目形态创新

纪录片是随着电影的诞生而产生的。人们一般把法国路易·卢米埃尔兄弟于 1895 年左右拍摄的 12 部短片看作是最早的纪录片,如《工厂的大门》、《火车进站》等。但这只是在技术上的一种新发现和突破,当时并没有形成纪录片的观念。而真正意义上的纪录片,当源于美国人罗伯特·弗拉哈迪在 1922 年拍摄的《北方的纳努克》。弗拉哈迪用一年零四个月创造性地记录现实,并运用了当时正崛起的讲故事的叙述方式拍摄影片,为后来的纪录片开创了讲故事的传统。罗伯特·弗拉哈迪因此被称为"纪录片之父"。

要研究电视纪录片就离不开电影纪录片。在百年的纪录电影史中,从银幕到荧屏,纪录片的创作手法和风格样式虽然有了不少的变化和发展,但是它的本质特性是相对稳定的,基本的艺术规律也没有发生根本性质的变化。电影纪录片的创作理念、审美取向和叙事方式等在电视纪录片中都有充分的体现。但电影纪录片多选取具有象征性、典型性的事件、人物和场景作为主要表现对象,而电视纪录片选材范围则非常广泛,涉及科技、自然、历史、探险和世界文化等领域,不像电影纪录片那样具有一种仪式性。电视纪录片作为时代的晴雨表、历史的见证和人类交往的文化呈现方式,为社会发展谱写了一首丰富翔实的史诗,这是纪录片创作的宗旨所在,同时它还肩负着提升和保障电视节目艺术水平和创作精神的使命。电视纪录片已经成为电视荧屏上一种重要的节目形态。

## 第一节 电视纪录片节目创新历程

### 一、电视纪录片的定义

有关纪录片的定义,在百年纪录片的发展过程中,不同的学者、专家等都根据自己的研究和理解作过描述。这些定义有相同点也有不同点,相同的是它们的本质和内核,不同的是它们的表述方式和侧重点。同时随着时代的发展,定义中也会出现一些新的元素。下面是一些著名的学者、研究者对"纪录片"所下的定义。

美国南伊利诺伊大学、南加利福尼亚大学、休斯顿大学和俄亥俄州立大学联合编辑的《电影术语辞典》中是这样定义的:纪录片,一种排除虚构的影片,它具有一种吸引人的、有说服力的主题或观点,但它是从现实生活中汲取素材,并用剪辑和音响来增进作品的感染力①。

法国的拉·巴桑和达·索维吉在《电影辞典》中认为:具有文献资料性质的,以文献资料为基础制作的影片称为纪录影片。……总的说来,纪录影片是指故事片以外的所有影片,纪录片的概念是与故事片相对而言的,因为故事片是对现实的虚构、搬演和重建②。

综合以上两种定义,我们可以看出"纪录片"首先应该是"非虚构"的,素材必须源自现实生活;其次,制作时要以文献资料为基础,允许使用剪辑或音响等手法突出其主题或观点。

那么,什么是"电视纪录片"? 我们首先可以明确的是:它并非简单的在电视上播出的电影纪录片,而是具有其个性化特点的纪实性电视节目。目前,学界对此尚无统一的说法,具有代表性的观点主要有以下几种。

有学者认为电视纪录片指纪录型的电视专题报道类节目,是运用电子采录设备和手段,对政治、经济、文化等新闻题材,作比较系统完整的纪实报道。它是运用新闻镜头,客观真实地记录社会生活,客观地反映生活中的真人、真事、真情、真景,着重展现生活原生形态的完整过程,排斥虚构和扮演的新闻性电视节目形态③。

朱羽君教授是这样界定的:电视纪录片是客观生活与主观认识的一种留有较大空间距离的结构。它既能将真实的生活物化成为一种可以复制、保存、传播的形态,留给人们一段活的历史,又能给观众提供一个创作者对生活的独特的、个性化的视角,供观众评介和欣赏④。

孙宝国指出:电视纪录片是指运用现代电子、数字技术手段,通过非虚构的艺术手法,真实地记录人类社会生活,以现实生活的原始内容为基本素材,经过创作者的选择、重组、集中、强化,结构而成的一种完整的纪实性电视节目形态⑤。

钟大年教授则认为:"纪录片是通过非虚构的艺术手法,直接从现实生活中选

---

① 转引自任远:《电视纪录片新论》,中国广播电视出版社 1997 年版,第 271 页。

② 〔法〕拉·巴桑、达·索维吉:《电影辞典》,法国拉鲁斯出版社 1991 年版。

③ 陆晔、赵民:《当代广播电视概论》,复旦大学出版社 2006 年版。

④ 朱羽君:《对电视的生命感悟——朱羽君自选集》,北京广播学院出版社 2004 年版。

⑤ 孙宝国:《电视纪录片形态辨析》,《北方传媒研究》2006 年第 4 期。

取形象和音响素材,直接地表现客观事物以及作者对这一事物认识的纪实性电视片。"

总之,电视纪录片是在纪录片的基础上,运用非虚构、创造性真实的方式记录社会、科技、自然、历史、探险和世界文化等领域的事件,通过电视手段进行声像化、故事化的叙事,并且包含创作者对生活的感悟的纪实节目。

### 二、中国纪录片节目发展历程

**1. 起步阶段（20 世纪 50 年代—70 年代末）**

1958 年 5 月 1 日,中国第一个电视台——北京电视台成立。成立当天便播出了一部纪录电影《到农村去》,相继又播出了第一部电视纪录片《英雄的信阳人民》。这一时期,中国电视纪录片创作模式为"画面＋解说",肩负着宣传、教化的作用。由于受到特殊政治背景的影响,电视纪录片的题材被严格限制,表现范围十分狭窄,艺术形式和表现手法单一,呈现出一种公式化、概念化和形式主义的态势。

**2. 初步发展阶段（20 世纪 70 年代末—90 年代初）**

1978 年的"真理大讨论"之后,人们压抑已久的思想得到了解放,开始摆脱政治迷信的束缚。与此同时,随着电视业的发展,电视纪录片的创作也走进了一个新的发展阶段。1978 年 9 月 30 日,中央电视台的《祖国各地》开启了我国专门为纪录片开设节目的时代。1983 年,中国和日本合拍了描写长江和长江两岸人民生活的电视纪录片《话说长江》。此后十多年,电视纪录片进入一个空前繁荣的阶段,中国的电视纪录片不断在国际上斩获大奖。20 世纪 80 年代末开始,电视纪录片的制作和播出在全世界范围内形成一股热潮,这股热潮也在中国掀起了层层巨浪。

这一时期在"解放思想,实事求是"思想的引导下,电视纪录片的创作理念也发生了变化。我国的电视纪录片开始改变选材面窄、样式单一和手法陈旧的面貌,题材范围和种类等都不断扩大。在题材上,电视纪录片出现了报道型、政论型、抒情型、大型系列片和知识型等多种样式,并且涉猎人文、历史、自然科学等新的创作领域;同时,纪录片的种类也日趋丰富,从内容、拍摄手法到篇幅都越来越多样化。

**3. 繁荣发展阶段（20 世纪 90 年代初—21 世纪初）**

继《望长城》等大型纪录片以及原上海电视台的《纪录片编辑室》栏目播出之后,中国电视艺术家协会电视纪录片学术委员会于 1993 年 10 月在北京成立。该学会每年都举行中国电视纪录片的作品研讨和评奖。这为电视纪录片的创作发展提供了很好的理论平台,并且也激发了电视纪录片创作者的热情。90 年代以来,我国的电视纪录片创作空前繁荣。纪实主义手法不断趋于成熟并引起世界的瞩目，受到海内外的广泛好评。

此时期的中国电视纪录片创作注重两大类型：一种是体现国家意识形态、代表国家话语的文献纪录片，例如《望长城》、《邓小平》等；另一种是体现人文关怀、追求独立精神的人文纪录片，例如《最后的山神》、《舟舟的世界》等。随着改革开放的逐步深入，我国进入社会转轨期，经济结构、伦理价值、道德观念都发生了重大变化。这就使得社会的普遍文化心态讨厌虚假，渴求真实；远离梦幻，尊重现实。人们活得越来越"实在"，要求越来越"实际"。因此，人们对他们所生存的社会越来越关注，对变革的事态发展越来越倾心。纪录片恰恰可以将真实的社会生存状态及时输送到每一个家庭，从而使人的个体融入到社会群体之中，使社会与人更靠拢，使人与社会更贴近。所以，以反映真实社会生活为己任的纪录片，才格外赢得观众的青睐。在表现手法上，这一时期的纪录片开始走向"新纪实主义"，主张真实描述人们生活的原生态，用小角度、情节化的描述来展现生存状态。

### 4. 多元化阶段（21世纪以来）

进入21世纪，后现代主义思潮关于"中心已经消解，边界不清，多元共生"的思想在中国的影响逐渐扩大。我国乃至世界电视纪录片进入一个多元化的发展时期，除了体现国家意识形态的人文历史纪录片以外，还出现了科技、文化、自然、探索、军事、文娱等方面的纪录片。科技方面有《纳斯卡线条》、《太空英雄》、《中国探月》、《宇宙大爆炸》等；政治经济方面有《华尔街》、《公司的力量》、《激荡1978—2008》；文化方面有《舌尖上的中国》、《当卢浮宫遇见紫禁城》、《沈从文1934年》、《25年流行语》、《世界遗产在中国》等；自然方面有《自然密码》、《神农架野人》、《走出非洲》等；探索方面有《新疆石人》、《迷失的踪迹》、《亚特兰蒂斯：远古乌托邦》等；军事方面有《未来战争新科技》、《三十六计》等；文娱方面有《春晚》、《青歌赛》、《春节大联欢》、《香港喜剧电影的六种表情》、《中国武侠电影人物志》等，电视纪录片涉及生活的各个领域，呈现出百花齐放的繁荣局面。这一时期，一批由独立创作者拍摄的关注边缘人群生存状态的电视纪录片也大量出现，消解了纪录片必须"精英化"的创作理念，主要的创作者有吴文光、蒋樾、张元、孙增田、陈晓卿等，他们把目光放到了更加细微的人和事物身上，用镜头去发现生活中的真谛。

另外，这一时期在中国举办的国际纪录片电视节影响力不断增大，国外的电视媒体开始纷纷落户中国，如美国国家地理频道和探索频道（Discovery Channel）。探索频道的纪实节目涉及人文、名胜、文化、科学技术、历史、自然和健康等方面的内容。在中国播出的节目有《Discovery之最》、《历史零时差》、《逃出鬼门关》、《建筑奇观——亚洲篇》、《科技新未来》、《动物寻奇》等。它以一种发现和探索的方式去拍摄人们在正常情况下所看不到但又好奇的事物,受到观众的热烈欢迎,占据了一定的世界纪录片市场。

电视纪录片在半个多世纪的发展过程中已经逐渐成熟和完善起来,从刚开始的纯"工具"式的简单记录,到一味地承担舆论引导和宣教功能,再到现在的多元化、平民化、个性化、人文化发展,每一阶段的变化都是那个时代政治、经济、文化状态的一种反映,是与时代背景紧密相连的。电视纪录片节目形态的发展演变过程就是一部中国历史文化发展的映像。

## 第二节　电视纪录片节目创新元素

电视纪录片是一种最具文化品质的节目形态,涉及科技、文化、历史、人文、社会、自然等各个方面,具有追溯历史、讲述现实、探索新知、传承文化艺术和启迪大众等作用。在电视节目各形态中,纪录片起着相当重要的作用,它要求具有一种创作的独立精神和开创精神,为其他节目形态奠定了一种艺术的基调,规范和引导着电视节目形态的发展。纪录片体现一个电视台的品位,反映一个社会的价值取向,它存在的更大意义在于它的社会效益。电视纪录片的创作方法、艺术手段和表达的价值观影响人们的生活态度和价值取向。随着社会的进步,科学技术和艺术观念也在不断地发展,电视纪录片责无旁贷地需要与时代同步发展,不断创新,用先进的理念和艺术手段来实现自身的发展。电视纪录片节目形态创新有几个基本元素。

### 一、内容方面

#### 1. 真实因素

真实性是纪录片的生命,这已然成为一种共识。制作者不能去虚拟一个事件,而是要通过个人对世界的全面认识,来截取现实生活中的若干片断构成一个相对完整的真实世界。纪录片展示质朴的真实力量;它运用机器手段广泛采集相关的电视画面,通过逼真的视听语言记录下真实的事件;它需要不断地从现实中去搜集资料,追根溯源,验证事件的真伪。

然而这种真实又只是基于过去真实发生基础上的真实,是经过创作者主观创作的,是一种相对的真实。纪录片很少能直接记录事件现场,尤其是面对一些历史性题材时更加难于表现。目前,随着数字技术在纪录片中的大量使用,"搬演"等形式的比重增多,人们对于真实的观念更加丰富,不再局限于单纯性的"摄影影像本体论"，不再只注重物质特性而排斥主观因素。创作者们更追求意义的真实，而非制作过程的真实。

### 2. 叙事因素

创作电视纪录片，不只是要把事情的来龙去脉讲清楚，还应该把事情叙述得引人入胜，注意情节的跌宕起伏，要善于营造气氛，或催人泪下，或令人回味无穷。电视纪录片的叙事手段有文本、画面、解说词、音乐、字幕等。只有运用好这些叙事手段，才能将故事讲得形象生动。

首先，在文本的构思上要根据不同的主题设计不同的讲述方式，在表现本质和人文精神的同时要善于突出矛盾冲突，将平铺直叙与浓墨重彩的渲染交错进行。其次，拍摄者要控制好镜头的时空，因为合适的时间长度，才能生发一定的情感；合适的环境和空间氛围，才能使情感有一定的依托。再次，创作者可以通过对不同镜头之间的剪接和选择，以及对镜头节奏快慢的把握，来制造一种节奏上松弛有度、情节上高潮迭起的效果。最后，创作者可以通过制作特殊的音响及音乐效果来渲染气氛，表达主题。

电视纪录片巧妙地运用一系列叙事因素，通过不同画面的衔接来展示精简化的故事，通过音乐的辅助来激起观众的情绪，通过节奏的控制达到让观众随情节变化而心潮澎湃的效果，能呈现给观众一种更直观，更具艺术美感，也更有冲击力的视觉盛宴。

### 3. 人文因素

人是电视纪录片永恒的主题，纪录片对于人的生存力量和日常的人文景观的记录满足了人们的自我观照、心灵沟通和文化交流的需求。它关注人的生存状态，人的性格和命运，人与自然的关系，以及人对宇宙和世界的思索。电视纪录片追求人与人之间的沟通，关注人的生存方式，进而让观众从中感受到一种对于生活和生命的热爱。只有关注人才能揭示出生活的真谛和意义，也最容易为受众所认可和欢迎。对人的本质的揭示、对人格力量的展示是纪录片永恒的魅力所在，它超越时空，帮助人们从各种生存状态中体会人生的价值、生活的乐趣。力求在叙事过程中浸润着情感，与观众产生共鸣，使电视纪录片脱去以往那种宣传教化的外衣，呈现出原汁原味的人文生活。

英国电影理论家赖兹说："故事片和纪录片的根本区别在于故事片主要表现情节的发展；而纪录片则主要是阐述主题。"这种表述固然失之粗略，但它却从功能的角度向我们揭示了电视纪录片的品格，即必须具有社会责任感，反映人们生活中遇到的问题,揭示产生问题的原因,为人们提供一条科学、合理的解决途径。首先,就纪录片这种形式的产生动因而言,它正是作为对社会人生的记录而诞生的。因此,它所表达的主题必须是与人密切相关的,否则就失去了存在的价值。其次,每个社会都有每个社会的问题,每个人都有每个人的问题,纪录片必须面对这些问题,用一种辩证批评的方式反映和揭示问题。紧紧抓住"人"这个因素,是电视纪录片立身的根本,创新的突破点在于用一种新的视角和理念去看待"人"的相关问题,或者借助外在的技术尤其新科技的力量来实现创新。

### 4. 艺术因素

电视纪录片的艺术性主要体现在作品的拍摄质量与所蕴含的主题思想方面,讲究画面构图的意蕴,光线色彩的逼真,镜头剪接的流畅。艺术性是艺术家通过对生活进行加工、提炼、集中、概括而表现在艺术作品中的美,是艺术形象和意境的和谐与统一,因而比生活中的美更集中、更典型、更普遍、更强烈和更富有感染力,艺术美是纪录片最高层面上的美。德国电影理论家克劳斯·克莱梅尔直接说道:"纪录的质量首先取决于美学的质量。"对于纪录片来说,它固然是以真的人和事为基础,但也必须含有真的理和情,只有这样,电视纪录片才能说是参与了对文艺美的创造。电视纪录片的"真"只有转化为艺术真实,才能为以创造艺术美为目的的艺术生产所接受,并在其中发挥作用。

拍摄纪录片并不意味着拿起摄像机跟着主人公就开始拍,它也需要前期的策划和准备,需要摄影工作者具备较高的技术和审美水平。要拍摄一部纪录片需要做充分的前期准备,根据拍摄主题设计多种方案。同时拍摄者要有一定的经验,能够灵活运用镜头拍摄突发的事件。在拍摄画面时,我们也要考虑什么样的机位和构图最能将主题凸显出来。对于艺术的美,我们可以理解为善美和残酷两种,"善美"就是普遍意义上的美好的事物;"残酷"则包含着丑恶,是一种残酷的美,这种美有时候更具感染力,更能引起观众的共鸣。不要以记录的名义来掩盖技术上和手法上的拙劣,创新离不开"美"作为积淀,观众需要一种美的享受,需要有质量保证的作品。

### 5. 文化因素

经济的发展一定程度上影响了大众的文化需求,他们越来越需要具有文化内涵的、深刻的、历史的、真实的纪录片。随着近年来中国兴起的一股怀旧思潮,传统文化也开始走向复兴。纪录片创作要充分利用我国源远流长的历史文化和复杂多样、丰富多彩的人文题材。例如纪录片《春晚》以 2012 年央视春晚为切入点,跟踪拍摄春晚的创作过程，同时穿插30年来春晚的变化成长，折射时代的变迁和社会的发展，具有人文性。

纪录片具有浓郁的文学色彩，它既受到文学艺术的滋养，也被哲学、美学、社会学、人类学等众多人文科学和社会科学浸润，更加关注人性、情感等高层面的文化因素。同时，纪录片也大量借鉴文学在叙事和抒情上的表现手法，向小说和戏剧学习如何组织情节、展示人物、驾驭语言、控制节奏、把握结构等，向诗歌和散文学习如何营造意境、抒发情感等①。纪录片以一种文化人类学的观点去关注一个民族的兴衰发展史，它对民族文化传统的弘扬，对民族文化中具有特异色彩文化的渲染，都给人们带来了新鲜和诱惑。

### 6. 故事因素

随着互联网的迅速发展，电视节目的生存状态日趋严峻，而故事化则成为电视节目尤其是电视纪录片吸引受众的重要因素。

获得美国电视艾美奖终生成就奖的《60分钟》栏目创始人兼制片人唐·休伊特一贯秉承"给我讲一个故事"的节目制作理念，这极大地影响了西方传媒的新闻制作理念，同时也对纪录片的制作产生了深远影响。许多西方纪录片导演很注重借鉴和运用电影故事片的艺术手法，他们将纪录片叙事表现的真实性与故事片展示情节的艺术性有机地结合起来，使讲述的真人真事对观众更有感染力、说服力和影响力。

电视纪录片把文学、戏剧艺术的叙事技巧借鉴过来应用于叙事当中，同时借鉴电影、电视剧中的一些创作手段，讲究形象化、情节化。但电视纪录片里的"故事"不像故事片那样是虚构出来的，它是对现实生活的概括和选择。生活是充满戏剧性的，它本身就是矛盾和冲突的集合体。创作者需要从复杂的社会百态中寻找一个既有社会价值又具备潜在的各种好看因素的故事。要善于发现，能够从错综复杂的事件中捕捉到细微之处，并加以延伸和放大。

### 二、形式方面

#### 1. 综合使用多种拍摄手法和技巧

电视纪录片作为一种电视节目形态，有它自身的特殊性，它特别注重拍摄手法和技巧的运用。电视纪录片在拍摄时，一般会涉及人物的访谈、历史文献资料的运用、历史遗迹的重现、模拟性的事件再现等。人物访谈包括对事件的当事人、知情人士和权威的研究人士等的访谈，如在中央电视台财经频道播出的电视纪录片《华

---

① 欧阳宏生：《纪录片概论》，四川大学出版社2004年版。

尔街》中,整个节目的拍摄过程从未离开对人物的访谈。在其播出的《资本无眠》一集中,采访的对象包括金融帝国——华尔街的执行官们、权威的研究专家和从事具体工作的公司职员等。他们从自身角度出发讲述对某个问题的看法,给观众一个全方位的解读。《华尔街》中还大量运用了文献资料,在追溯历史人物和事件的过程中,会经常插入一些相关的历史物件和记录历史的图片资料,让观众有一个回溯历史的载体。另外,历史遗迹和事件再现的手法在《华尔街》中也有所体现。在《硅谷方程》一集中,当讲到19世纪华尔街最重要的银行家约翰·皮尔彭特·摩根和发明家爱迪生针对白炽灯投资与发明的谈判时,就运用了再现的手法,摄影机来到摩根的办公室(摩根图书馆),在煤气灯昏暗的光线中,随着解说员的解说,镜头在不同的物件中穿梭,就像回到了当年那个现场一样,给人一种历史的厚重感。因此,纪录片创作者在拍摄时,要善于抓住那些有特色的、精彩的、能吸引观众注意力并能给他们带来视觉和听觉上的震撼力和冲击力的元素,并能有技巧地表现出来。

### 2. 将新技术手段融入后期编辑

一部电视纪录片的拍摄并不是一个简单的记录过程,它需要巧妙的构思,需要在后期编辑中动用多种技术手段,运用最扣人心弦的方式来讲好一个真实的故事。中央电视台财经频道播出的《公司的力量》,在讲述"公司"的诞生过程和"公司"在社会中所具有的重要作用时,把历史文献、图片、视频、外景拍摄、人物采访以及3D动画等多个元素组合在了一起。在后期编辑中,以一个主题作为引线,在解说员讲述的过程中根据不同内容的需要穿插上述相应资料,过渡得自然顺畅。央视2005年播出的大型纪录片《故宫》也在后期编辑上做过许多有益的尝试。片中运用了大量的3D动画,以全面展示故宫的宫廷建筑和馆藏文物,更好地讲述真实鲜活的历史事件和宫廷生活,给观众以极大的视觉冲击。

## 第三节　电视纪录片节目创新方式

20世纪80年代末到90年代,我国的电视纪录片经历了一个发展的高潮阶段。不同题材、不同形式的纪录片相继出现,并纷纷在国际上斩获殊荣。同时,一系列电视纪录片栏目也陆续出现。然而之后由于收视率的不断下降,电视纪录片经历了由盛而衰的尴尬局面,创作者不得不进行一系列改革和创新,以期能够在激烈的电视节目市场竞争中取得一席之地。2011年,中央电视台纪录频道开播,这是中国首个国家级全球覆盖的中英文双语纪录片频道。7月,北京电视台纪实高清频道开播。2012年,中国教育台空中课堂——中国文献纪录频道推出。同时,各大纪录片专栏节目品牌化建设正在加强。近年来，纪录片又呈现出较好的发展势头。下面将从内容和形式两个方面探讨电视纪录片的创新方式。

**一、内容方面**

1. 在选题上，要注重题材的时代性、多样性

所谓"时代性"，就是指题材能够反映特定时代的风貌，触及时代的矛盾，揭示时代的本质，体现时代的精神①。时代感不是一个空泛的概念，它是特定历史时期的主流倾向在社会生活中的反映。电视纪录片的收视效果与其题材的时代性紧密相关，观众希望看到那些与其生活息息相关而又标志着社会变化的一些事件。因此，纪录片工作者要有意识地跟上时代发展的步伐，随时发现新问题、新事物、新理念，及时发现代表时代精神的新人新事，并把它们通过镜头反映出来。2006年播出的12集大型电视纪录片《大国崛起》试图以历史的眼光和全球的视野，来解读15世纪以来世界性大国崛起的历史，探究其兴盛背后的原因，为当下中国的现代化发展寻找镜鉴。刘效礼认为："该片没有把着眼点放在对历史细节的考证和历史真相的探询上，而是以一种宽广的胸怀和海纳百川的气概，用分析、探索的眼光，寻找其他国家迅速崛起的主要推动力，以此来为中国的发展之路提供参考和借鉴。正是这种立意与'务实'的风格，让该片超越了传统纪录片的欣赏人群，引起了社会的广泛关注。"罗明认为："所有的历史都是当代史。没有人能够真正还原历史的岁月，著史和读史的人都免不了当下的情怀与眼光。因此，《大国崛起》对历史的解读，代表着今天的审美眼光和认知高度。"②

此外，电视纪录片在题材上应该选择社会大众普遍关注、与人们生活密切相关、反映社会多样性的事件，扩大选题的范围，从社会、自然、历史、文化、科技等多方面着手，满足观众对不同领域的知识诉求，让观众通过节目接触到那些未曾见过、但又十分关注的事物。美国探索频道正是抓住了观众的这种心理，立志于向观众呈现未知世界的新奇现象。日本 NHK 电视台的《解构身体极限》同样如此，共有《反应篇》、《跑步篇》、《游泳篇》三集。它借助多种高科技摄影技术，结合不同人物的采访，为观众深层解构世界顶级运动员如菲尔普斯等人超越自身极限的关键和秘密，极大地满足了体育爱好者的需求。而创办于1993年的原上海电视台品牌栏目《纪录片编辑室》，则以人为主要表现对象，试图反映这个多样复杂的社会。节目曾经播放的《毛毛告状》、《茅岩河船夫》、《大动迁》、《我的潭子湾小学》、《一个叫

---

① 钟大年：《纪录片创作论纲》，北京广播学院出版社1997年版，第249页。
② 石长顺：《电视栏目解析》，武汉大学出版社2008年版。

做家的地方》等纪录片都赢得观众和专家的赞誉。进入 21 世纪以来，这个创作集体又以《厂长张黎明》、《干妈》、《婆婆妈妈》、《房东蒋先生》等作品荣获国内外一系列重要奖项。《纪录片编辑室》关注复杂的社会大背景下普通人物的情感和命运，形成了独特的创作风格，在观众中享有良好的声誉。

### 2. 在内容上，追求故事化

纪录片讲的是事实，是真实生活中的真实故事。尽管如此，它还是一个故事，故事就要有开端、发展、高潮、结尾，要有起承转合，要有悬念。纪录片讲故事的方法主要体现在后期编辑上，就是对素材的选择和组合上，选择和组合得当，原本好的内容可以变得更加精彩。纪录片编辑的过程同故事片一样可以采用设置悬念、人物铺垫、交叉叙事、加快节奏等创作方法。在素材的使用上不必拘束在故事发展的逻辑情节上，可以适当地改变逻辑顺序，以增加节奏感和悬念感，通过不同画面的组接给观众以视觉刺激。2008 年 8 月北京奥运会期间，在非奥运节目的收视率普遍下降的背景下，《骑虎难下》一片获得了当期上海电视台纪实频道收视率的第一名。该片主要采用故事化的手法，讲述了政府法规和民间养虎的矛盾冲突，提出了保护和合理利用濒危动物资源的新话题。故事化手法使一个涉及政府法令的严肃话题变得平民化，从而获得了观众的普遍欢迎①。

想要讲好故事，一部纪录片里必须具备许多"兴奋点"，使观众觉得好看并且能看下去。兴奋点就是我们通常所说的"看点"，有了"看点"，才会有"播点"和"卖点"，例如中央电视台的《纪事》栏目就要求 45 分钟的节目至少不低于 12 个兴奋点②。著名的纪录片人时间对"兴奋点"进行了概括，提出了"三点学说"的理论，认为"兴奋点"包括悬念点、疑点和争议点这三点。所谓"悬念点"，就是让观众好奇和着迷的点，通俗地讲，就是卖关子的点；"疑点"，就是有多种说法的点，通常来说就是打"问号"，在提出问题、拆解问题、找到答案的过程中，完成对节目段落的表述；"争议点"，即两种不同观点的交锋点，可以激发观众参与判断的愿望和兴趣。总之，纪录片的故事是靠兴奋点来支撑的，在后期编辑中，可以通过搜寻和安排兴奋点，把故事编排得既合情合理，又有强烈的戏剧冲突，这样就更能吸引观众的眼球。

### 3. 在运作上，实行栏目化

栏目化即传媒将电视纪录片创作纳入自身的生产流程，使其成为一种固定的

---

① 朱海平：《电视纪录片故事化的实践与探索》，《新闻记者》2009 年第 1 期。
② 冷冶夫：《纪录片创作要有"兴奋点"》，《新闻记者》2004 年第 11 期。

文化产品。电视纪录片一旦栏目化运作以后，便自然地受到栏目规则的制约。这样就如同踏上了工厂里流水作业的生产线，必须定时定量地制作和供应产品，以满足栏目固定而持久的播出需要。同时，栏目化操作中选题的系列化，能改变电视纪录片选题上单兵作战的局面。在同一主题下，细化故事，以不同的故事、内容来表现同一主题，形成一定的规模，这样有利于商业化操作。栏目化运作最终把纪录片这种形式固定下来，能持续地吸引观众的注意，形成纪录片生产的良性循环。当然，栏目化后的纪录片更要加强创新，摆脱作品的规格化、模式化、齐一化。2012年中央电视台综合频道晚间时段开办了《魅力纪录》栏目，使得最优秀的电视文化作品能够第一时间在该栏目播出，这一机遇促进了《舌尖上的中国》利用央视一套的影响力迅速传播并引发收视热潮。这对纪录片的传播起到了积极的示范引导作用。中央电视台纪录频道的多档栏目如《时代写真》等源源不断地推出一系列优秀的纪录片作品，像2012年推出的现实题材纪录片《活力中国》，首批就播映了14部，大规模地记录了中国当下的现实生活。

同时，电视纪录片的每一次创新和突破，也对电视栏目的发展起到了推动作用。纪录片《话说长江》的出现，曾带动了电视栏目《祖国各地》的向前发展；纪录片《雕塑家刘焕章》的艺术尝试，带来了《人物述林》栏目的繁荣；纪录片《让历史告诉未来》的问世，使得一批电视栏目增强了历史感；纪录片《望长城》的播出，带动了纪实性报道手法在各类型栏目中的普遍运用。2001年央视创办的《探索·发现》栏目也正是借助于1 000多集涵盖战争调查系列、地理发现系列、考古发现系列、历史发现系列等多个系列的、集自然与历史于一体的纪录片，而取得了巨大的成功。

### 4. 在推广上，走国际化路线

经济全球化的进程已经渗透到世界的每一个角落，世界迫切需要了解中国各方面的情况，渴望看到纱帐背后真正的中国。这就为中国电视纪录片的发展提供了较好的机遇，这也是电视纪录片区别于其他电视节目形态的优势所在。另外，单纯依靠国内市场并不能满足电视纪录片节目拍摄所需的人力、物力和财力，因而需要依靠国际市场以取得更大发展。

目前央视纪录片频道英文国际版已经在全球超过60个国家和地区落地，国际用户达到3 700万，成为中国电视长城平台中最受欢迎的海外落地电视频道[①]。电视纪录片应该承担起文化交流的重任，深入细致地反映中国的历史文化、科技水

---

① 胡里：《首届中国纪录片发展年会召开 探索多元合作模式 强化纪录片国际影响力》，综艺报社官方网站，http://www.zongyiweekly.com/new/info.asp? id=1237。

平、自然风光、人文精神以及生存现状,这就要求我们在节目的选题、制作方面下大工夫,采用国际化的创作手法和表达方式,提升节目的质量,不断向海外成功案例学习,结合自身特色创造一条适合自身发展的道路。与此同时,还应加大电视纪录节目的海外宣传力度,利用电视、网络等传媒工具播放宣传片和相关信息。我们不仅要以此扩大节目的投放市场,还要进一步提升中国电视纪录片在国际市场上的地位。除此之外,加强纪录片的国际合作也是一项有效的举措,比如我国与德国MAT TV 联合拍摄了《海上丝绸之路》,与意大利合作制作了《利玛窦,延续至今的传奇》,再如《喜马拉雅大淘金》、《望京》、《改变地球的一代人》、《秘境中国之天坑》等都是国际化合作的成果。

### 二、形式方面

**1. 运用新技术、新理念增加影像的可视性**

电视纪录片与电视新闻都是在讲述真实的故事,然而新闻在真实性上比纪录片做得更彻底,它可以采用直播的方式向人们展现一个事实。因此在真实性的表现方面,电视纪录片远远不如新闻来得及时和彻底。那么,纪录片可以另辟蹊径,从以下几方面增加影像的可视性。

首先,在拍摄中注意画面的美感,注意长短镜头及不同景别的交替使用,增加画面的张力;其次,注意音响的作用,捕捉现场有一定鉴别力的声音,烘托故事发生的背景;最后,可以应用 3D 技术以及电脑特技等技术,在探索、自然、历史等纪录片中还原历史或是构想未来。如纪录片《瓷》为了把静止的瓷器拍得更加鲜活,采用了大量的长镜头和运动镜头。电视纪录片《故宫》播出总长度为 540 分钟,其中经过电脑处理和制作的画面就达 76 分钟,包括纯 3D 制作、3D 制作和实景拍摄相结合、从 3D 动画和实景拍摄相结合的制作到二维动画的转换、以一些古代绘画为蓝本制作成二维动画等。由于明朝初年所建的紫禁城和现在大家所看到的紫禁城有所不同,节目中依靠 3D 数码复原技术将明朝紫禁城的空间布局和建筑式样进行还原展示。在第一集中,用 3D 技术展示了紫禁城修建时从空中鸟瞰北京工地时的情景,展示了从元朝皇宫遗址到明紫禁城的空间布局变化的过程。3D 制作和实景拍摄相结合这种手法使《故宫》在视觉上增强了感染力,它克服了过去无法复原真实历史场景的障碍。正是新技术、新理念的运用,带给观众一种崭新的观赏体验。

**2. 与互联网的融合**

电视与互联网的融合已经成为一种必然的趋势,电视纪录片也应充分利用网络的传播优势来扩大自身的影响力。纪录片《我的抗战》首播选择网络,在其受到热议,得到市场检验之后,电视台再播出,从而取得了较好的播放和宣传效果,开辟了纪录片传播的新路径。电视纪录片应充分抓住网络化趋势加大宣传力度,丰富制作内容,并延伸播放平台,不断扩大自身的影响,进一步提高节目的经济和社会效益。

# 第四节　电视纪录片节目创新趋势

当前,电视纪录片节目呈现出五大创新趋势,分别是内容主流化、高端大制作、全球化视角、注重草根资源和制作戏剧化,下面结合具体节目加以分析,希望对电视纪录片的创作者和爱好者有一定的启发意义。

## 一、内容主流化

电视纪录片的创作越来越紧跟现实和历史中的重大事件和重要人物,并赋以时代性的精神内质进行多层次、多角度的审视和解读,展现因社会发展所带来的各个方面的变化,进而体现时代精神。

近几年电视纪录片的创作对于重大题材、现实题材表现出了格外的"好感"。重大事件、热点事件在电视纪录片中占了相当大的比重。如国庆题材的《敬礼天安门》、《2009 大阅兵》,奥运题材的《我们的奥林匹克》、《志愿者》,汶川地震题材的《生者》、《劫后》,经济题材的《华尔街》、《公司的力量》、《中国股市 30 年》等。2011年是中国共产党建党 90 周年、辛亥革命百年,据此涌现出了一批如《旗帜》、《理想照耀中国》、《千秋红岩》、《辛亥革命》等爱国题材的纪录片,弘扬了主旋律,体现了创作者对历史和现实的精准把握。

## 二、高端大制作

通过大投入、大制作,打造思想性、艺术性和观赏性俱佳的精品节目,已成为电视纪录片拓展自己生存发展空间的重要途径。中央电视台相继推出的一系列大型纪录片包括《故宫》、《再说长江》、《大国崛起》、《复兴之路》、《激荡 1978—2008》、《公司的力量》、《舌尖上的中国》等,均以其恢宏的气势、深厚的底蕴、丰富的内涵、精湛的制作为中国的电视荧屏增添了鲜亮的风景。创作者投入大量的财力、人力、物力,运用现代科技和理念,精心制作出质量上乘的佳作。例如,《舌尖上的中国》每一集都由上千个镜头剪辑而成,制作精美。纪录片《公司的力量》在世界现代化进程的背景下,梳理近代以来世界范围内"公司"的起源、发展、演变、创新的历史脉络,探讨其与经济制度、思想文化、科技创造及精神生活等诸多层面相互之间的推动和影响。节目邀请的嘉宾阵容强大,有五位诺贝尔经济学奖得主、九位商学院院长、知名公司的领导人以及各国资深学者等,而且画面质量和后期效果都极其精美考究,是一部可以媲美于电影的高端制作精品。

### 三、全球化视角

电视纪录片作为一种传承文化的重要节目形态,它应当超越国界,以全球化的眼光展现人类共同关注和认同的文化价值。

"魅力世界"系列纪录片现已拍摄的有《魅力肯尼亚》、《魅力斯洛文尼亚》、《魅力印度尼西亚》,旨在用中国人的视角,讲述来自不同国家、不同民族、不同文化的故事,反映了纪录片内容创作的全球化视野。除了拍摄外国题材,国内题材也如此。故宫在中国历史和文明的进程中有着极其重要的作用,纪录片《故宫》的制作,不仅向国人普及了中华民族文化的精髓,也向世界敞开了胸怀。同时,《故宫》在海外的发行版本是经过改编的,它依据国外对中国文化的认知程度进行了浅显化处理,更易于国外观众接受,这也是发行国际化的一种手段。又如展示了敦煌古代音乐舞蹈遗存及其演变发展的纪录片《敦煌伎乐天》,富含历史、艺术和文化价值,能让海内外观众了解中华文明与世界文明的交流和融合。再如"饮食"是全世界人民共同关注的话题。纪录片《舌尖上的中国》选用这一跨国界的选题,从细处入手,从人开始,通过讲述普通老百姓的故事,既介绍了中国的饮食文化,也反映了中国人的生活现状和精神面貌。中央电视台台长胡占凡认为,《舌尖上的中国》充分显示了社会主流文化作品的吸引力和传播力,是中华文化对外传播的一次积极探索①。除此之外,《茶》、《丝路》、《瓷路》和《牡丹》等均是如此。

### 四、注重草根资源

在草根文化越来越受关注的今天,普通大众的日常生活也成为电视纪录片的重要素材。《活力中国》将镜头伸向了中国社会的各个阶层,所反映的人物千差万别,包括网店老板、北漂一族、话剧导演等,从多个角度反映了中国的现实生活,描绘出时代风貌。河南电视台公共频道播出的《DV观察》节目是一档由普通百姓用DV拍摄,强调"原汁原味,绝对现场",以平民视角关注百姓身边的新鲜事、有趣事、感人事,记录人生百态,反映社会万象的节目,在河南电视台创造了很高的收视率。该节目没有外采记者、摄像机、采访车等硬件设备,只是配备了少量的编辑,负责收集、审查和包装DV稿件。节目组广招社会上的DV爱好者,组建河南电视台

---

① 兰瑜:《纪录片〈舌尖上的中国〉研讨会综述》,《现代传播》2012年第8期。

公共频道 DV 俱乐部，并在河南省 18 个地市建立 DV 俱乐部分部，广招通讯员，他们遍布河南各地、各行业，每天为栏目提供大量新闻稿源。百姓自己发掘身边有趣的、感人的事情，并自行记录，通过简单的编辑，最后再播放给百姓看，这种具有草根性的"自拍自销"模式，不失为纪录片发展的一条创新途径。

### 五、制作戏剧化

纪录片肩负着传承文化、普及知识的重要职责。过去拍摄纪录片通常是以一种"毕恭毕敬"的态度去还原事件真相，忽略了事件的故事性、情节性，因此也降低了其可看性。随着人们审美品位的不断发展，观众对于电视节目的艺术性要求日益提高。观众更希望看到既有知识性又有趣味性的电视节目，因此纪录片在讲述过程中的戏剧性就显得尤为重要。这种戏剧性体现在内容的戏剧性和形式的戏剧性两个方面。一个富有矛盾的选题，本身已经具备了兴奋点，因为有矛盾就会有戏剧化冲突，有了戏剧化冲突就会有兴奋点，就能吸引观众的注意。纪录片学者任远将"一个主题、一根主线、一个故事"称为现代纪录片的"三一律"。"三一律"的实质，就是将事件组织成一个故事。在形式上，创作者不仅要以"讲故事"的方式代替自然主义的刻板记录，而且还要把观点戏剧化地隐藏在故事的背后，达到理想的传播效果。如美国国家地理频道投资拍摄的电视纪录片《郑和下西洋》就采用了搬演、重现等方式，甚至聘用演员去表演，剪辑上讲求的也是戏剧化处理。北京卫视的《档案》节目在形式方面表现得尤为突出，主持人在一个偌大的摄影棚里来回穿梭于各种器械之间，根据故事的需要随时插入各种形式的资料。例如在《猎杀本·拉登》一期当中，主持人开场白之后，通过多媒体投影仪展示本·拉登出身的相关图片资料，随着讲述的进行，主持人不断地抛出质疑并进行一一揭秘，还亲自开启老式的放映机播放视频资料。一张讲桌，一部投影仪，一部放映机，一个主持人，就这样一个个事件被揭秘。运用多种道具来解密故事的内幕，运用质疑、揭秘的讲述方式不断地抛出问题，回答问题，使得整个节目跌宕起伏，极具戏剧性和观赏性。

# 第五节　电视纪录片节目创新案例分析

### 一、美国探索频道《流言终结者》

《流言终结者》是美国探索频道于 2003 年推出的一档科普纪录片节目。节目主题来自各种广为流传的谣言、都市传闻、网络神话、历史传说以及影视中的表演

片段,一般每集会有一个专题,解决
2—4 个相关的流言。主持人运用科
学的方法,通过时而动感十足、时而
有悖常理的古怪表现方式,进行合
理的实验,从而揭开流言背后的真
相。节目从 2003 年开播,采取季播
形式,受众群庞大而稳定。该纪录
片节目有五个主要创新点。

**图 8-1　《流言终结者》**

1. 以科学严谨的态度,用实验
终结流言

　　主持人杰米与亚当都对科学真理有着疯狂的追求,他们针对所有流言都会用
科学的思维方式来审视,并且会通过自身掌握的科学知识与经验来解决节目中遇
见的各种迷思。"我拒绝接受你提供的事实,我要自己证明它的真伪"是主持人亚
当的口头禅。在对每一则流言进行验证的时候,主持人首先会在专门的实验室里
进行前期的理论性验证。在这个阶段,主持人将运用相应的科学原理和精确的测
量工具进行探索性实验,当理论性的探索被通过时,接下来主持人将搭建真正的实
验场地进行真人实验。例如在第八季的一集节目中,两名主持人要验证在
Youtube 上的一段备受关注的视频,在一段弧形的滑板上,一名男子通过高速运动
的冲力,准确地滑进 33 米以外的一个小型的便捷式游泳池里。于是主持人首先在
实验室里根据实物的比例做了简易的滑道、游泳池和小人,反复进行实验。之后,
他们选择了一片广阔的外景地,在湖边修建了一个与视频中相同的大型滑道,两名
主持人冒着危险进行了现场的实证表演。最后对该流言进行了评论,得出自己的
实验结论。

　　2. 选题天马行空,充满奇思妙想

　　节目的选题来自各种流言,选题范围广泛且充满了奇异色彩。例如往期的选
题有"单凭人类的声音能震碎玻璃?""从高楼掉下的硬币会砸死地面上的人?""潜
入水中能掩护人不被枪射中?""坐飞机上厕所,坐在马桶上就冲水的话屁股会被吸
住?""一辆汽车全速撞向扫雪机会被劈成两半?"等等。这些选题有些观众经历过,
大部分人都只是道听途说,但是很少有人知道它们的真伪。节目在主持人的带领
下,通过各种创意性的实验和奇思妙想的方式,解答观众的好奇和疑问。

### 3. 主持人个个身怀绝技，各具特色

节目的主持人共有五位，动感双人组亚当·沙维奇(Adam Savage)和杰米·海纳曼(Jamie Hyneman)负责主要的实验部分，另外有托里·贝莱茨(Tory Belleci)、卡丽·拜伦(Kari Byron)和格兰特·伊玛哈拉(Grant Imahara)组成的三人组，两组主持人同步进行不同的实验，交叉播出。这五位主持人个个身怀绝技，各具特色。头戴贝雷帽、身材魁梧并留着稠密胡须的杰米，是一位传奇人物，有野外生存专家、船长、潜水员、语言学家、放牧人、机械师和厨师等多种头衔。他从事视觉特效工作30多年，为上百部广告片和电影制作模型和特效，并创办了M5实业公司。他在主持中以严肃、严谨的风格，与亚当形成鲜明对比。亚当曾做过电影放映员、动画师、绘图设计师、木匠、舞美、室内设计师、玩具设计师、焊接工和风景画家等，这些从业经历让他对诸多材料和技术领域特别熟悉。他技艺高超，能把头脑里的一切东西变成现实。亚当1993年开始从事特效行业，参与过《星球大战》第1集和第2集、《太空牛仔》、《银河访客》、《魔鬼终结者3》、《黑客帝国3》、《人工智能》和《小飞侠》等片的制作。他戴着标志性的黑框眼镜、留着红色头发和山羊胡，说话总是妙语连珠，负责搞活节目气氛。托里·贝莱茨毕业于旧金山州立大学电影学院，曾为《星球大战》第1集和第2集等电影制作模型。格兰特是电子学和无线电控制专家，曾是一位电子动画工程师，为工业光学魔术公司制作模型和特效，曾参与拍摄制作的电影有《侏罗纪公园》、《星球大战》第1集、《魔鬼终结者3》、《人工智能》和《狙魔人》。卡丽·拜伦则以自己丰富的科学知识和无穷的创意解答各种流言。另外，她外形靓丽，活泼而充满野性，在这个以男性为主的主持团队中，起到了一定的平衡作用①。

### 4. 实验场地丰富多样，演播室被大大拓展

对每则流言进行实证时，该节目会根据实验的具体要求搭建真实场景，这就扩大了表演的空间，拓宽了演播室的范围，突破了传统电视节目的空间限制。节目的拍摄场地除了有固定的实验室外，还包括郊外的山坡、湖泊、荒地、专门的消防训练楼、机场以及游泳池等地。在重现"企图刺杀希特勒"这集中，杰米和亚当带领节目组来到一片荒地，搭建场景还原了流言中传说的刺杀方式。节目组找来挖掘机挖了一个3.7米深的坑，将代表房间的一个大的卡车集装箱埋进去，进行爆炸性实验。在验证"车总往右转会省油"的一期节目中，主持人亲自开车环绕当地的一座

---

① 《Discovery探索频道第七季〈流言终结者〉卷土重来》，凤凰网，http://fashion.ifeng.com/news/detail_2010_08/18/1976884_0.shtml。

名为金银岛的城市进行了实验。在验证电影中屡次出现主人公用手抓住飞机和高楼的边角却能坚持很久的实验时,节目组分别到机场和游泳池进行了实验。

5. 真实记录实验的全过程,突出纪实和实验性

节目中实验的整个过程会被全程记录下来,从一则流言被提出,到制作模型验证,再到实地验证,每一步都被详细记录。在录制过程中,由于实验的不确定性,经常会出现一些出乎意料的结果,这时整个节目组包括主持人的表现和反应都会被真实地记录下来。例如在"超级英雄实验"一集中,由于杰米被挂在天花板上无法下来,只好切断绳索,结果鼻子被自制的小型爬绳机割伤;在考证"便宜水陆两用气垫船"的流言时,亚当的下嘴唇被吸尘器马达吸入并割伤;在验证手的支撑力的一期节目中,贝莱茨的膝盖也在下降的过程中,被楼房的窗台严重磕破。但主持人们的反应却是镇定而幽默的,总是能够处变不惊,过渡自然而真实,让观众感同身受,紧张而刺激。

## 二、浙江卫视《浙江文化地理》

《浙江文化地理》是由浙江卫视于 2009 年 9 月 13 日推出的一部纪录片,总共分为十集,包括《寻舟记》、《寻剑记》、《寻琴记》、《问茶记》、《问城记》、《问帖记》等。它不仅展示美丽多姿的自然景观,探寻环境与人类之间的依存关系,更着力探究人与社会因素和浙江文化地理形成的关系。它把构成浙江文明的书法、剑、曲、僧、琴、舟、茶、宅、藏书、青瓷等作为故事的内核,融合了天文、历史、地理等元素,综合了新闻、纪录片、电视散文等电视语言,全景式描绘了浙江七千年人文地理的变迁,

图 8‐2　《浙江文化地理》

并将其置于整个中华文明的体系中加以观照,深邃而不失通俗,繁多而不见零乱,呈现给观众非同一般的视觉观感。这部纪录片主要有如下创新点。

1. 用历史真相颠覆传统认知

从各个分集的名字中我们可以看到,整部纪录片以"问"和"寻"为基调,除了展

现浙江壮美的自然景观外，还通过对历史故事和典故的深入研究和解读，揭示背后不为人知的真相，颠覆观众传统的认知理念。创作者根据器物在浙江出现的时间和相关历史进行调查和考证，针对史书和民间口口相传的一些故事和观点，聘请文化学者、历史学家、考古专家、地理学者、文学作家、艺术家等多个领域的专家学者共同探讨，从而确保颠覆传统的观点有据可查，有理可推。这种开放的格局、多点的观照以及贯通的思维，丰富了作品的思想内涵，使得作品找寻到了一个独特的解读历史的思维和方法。该节目克服了以往纪录片对事件和人物挖掘不深、浮于表面"事实"这样一种顽疾，用真凭实据打破固定的理论体系，将故事背后的蛛丝马迹呈现给观众，让真相大白于天下。

例如，关于王羲之的《兰亭集序》，人们所知道的故事情节一般都是一批文人墨客在一个天朗气清的日子里"曲水流觞"，"把酒作诗"，兴趣大发之时成就了这个传世佳作。然而真相仅仅如此吗？这是在怎样的一种环境下产生的呢？《问帖记》本着探索原则，通过不断地采访绍兴当地研究王羲之的学者和晋代历史研究专家，获得了充分翔实的第一手资料，从而拨开单纯的"曲水流觞"的画面，将叙事视角放在历史大背景和人物的关系当中。事实上，这是永和九年东晋与前秦在开战前的一次军政内部缓和各方利益关系的集会，有东晋最高军事将领桓温和北伐统帅殷浩，而王羲之则兼任北伐右将军和会稽内史的职务，他是两者关系的协调者。其实这是一次不折不扣的军事会议，与会者都是有一定军事级别和身份的掌权者。这就是通过调查和考证，颠覆了人们的传统认知，挖掘出不为人知的历史真相。

2. 文本考究，画面制作精良

《浙江文化地理》的文本语言在突出文学化、诗意化格调的同时，还具有一定的哲理，通过诗意化的文字传递一种独立的文化思考。在影像的制作方面，《浙江文化地理》注重画面的质量和美感，采用最新的高清摄像机拍摄，利用航拍、大摇臂等拍摄手法。为了使画面更美观，该节目对于颇具江南文化意蕴的写意性书画元素进行创造性处理，既完成了叙述的功能，也保持了影像的美学化风格。在后期制作中首次采用高清剪辑机剪辑，用三维动画创新地再现历史图景，并在保证画面质量的基础上，进行了整体的调色处理。这个节目对于历史图像的再现不是简单的克隆，而是通过对考古文物的发掘研究去推理、去发现，在专家的指导下运用想象思维去创造性地再现人们所没有见过的图景，让观众有一种新奇的审美体验。例如在《问城记》这一集中，节目从一批出土的文物入手来研究良渚文化，经过对古遗址的探索考究推测出了良渚古城的所在地，每一步都经过专家学者的分析和解读。《寻梦记》中运用了大量的景观镜头，一系列构图考究的镜头将汤显祖创作《牡丹亭》的浙江遂昌完美地展现了出来：云雾环绕的青山、姹紫嫣红的杜鹃花、飞流直下的瀑布等如此清丽的画面，再配上《牡丹亭》的吟唱，不仅增强了画面的美感，还给观众以充分的想象空间。

### 3. 叙事结构开放多样

《浙江文化地理》根据不同的题材和情节发展而采用不同的叙事结构，在故事的讲述中不轻易下结论，而是通过资料去引导观众亲身感受和思考，充分调动观众的质疑精神，这不但增强了节目的趣味性，而且有利于观众重新认识历史。节目的各分集纪录片在叙事上摈弃了一味地追求故事的情节化和曲折化的做法，每集节目都有一种内在逻辑上的牵引力在推动情节的发展，故事情节布满悬疑色彩，故事结构一波三折。中国传媒大学何苏六教授在谈到《浙江文化地理》叙事的多样性时说："如江南之建筑，依水形而建，借山势而立；似江南之景色，绰约有致，同为主体，互为背景。时而大环中套着小环，环环相生，如西湖景色，问而不答，像《寻剑记》；时而在波涛中激荡起朵朵浪花，裹挟前行，汹涌而至，轰然释放，似钱江潮，像《问帖记》；时而又层层叠加，逐步累积，如登临六和，登高望远，豁然开朗，如《寻舟记》，等等，不一而足。"

此外，创作者不再将重点放在介绍上，而是围绕着物件串联故事，将历史故事注入新的元素，用现代视角解读历史。主创人员们用寻访和发现的姿态周转于浙江各地，在遗留千年的古籍、遗址、山水、书画中找寻历史与当前在精神上的契合点。该节目还充分运用各个学科的最新研究资料和成果，采用多种手法，用影像手段书写出独特的文化地理演变轨迹。

# 第九章　电视体育节目形态创新

　　电视与体育的共生关系在人类社会发展史上，一直伴随着人类的文明历程。体育不仅可以不断提高生命个体的生理机能，同时能引领人类的精神世界向更高的层次迈进，这也正是体育的存在价值。从本质上说，体育是规则化了的游戏、竞技和运动，而这些又是人类最基本的生存方式。所以，体育构成了人类生活方式的一部分。体育作为一种文化，它必然要进行传播，在传播业发达的今天，传播体育新文化的任务很自然地落在了媒体的身上，电视更是责无旁贷。

## 第一节　电视体育节目创新历程

### 一、电视体育节目概述

　　一般来说，电视体育节目是通过电视播出体育比赛的实况画面、报道与体育有关的新闻评论、展现体育内涵的传播活动①。

　　1936年，德国柏林举行的第十一届奥运会上，德国人使用闭路电视把比赛实况转播到德国的各大城市，这是世界上最早的电视体育节目，也是竞技体育和电视的最早结合②。从此，电视这一大众传播工具开始对竞技体育产生重要影响。

　　电视体育节目是体育文化传播的重要媒体之一。体育最初只是新闻报道中的一部分，随着体育事业和广播电视事业的发展，人们观看体育赛事、了解体育新闻、获取体育知识的需求增加，体育节目因此迅速发展。进入21世纪以后，随着世界体育产业化进程的加快，电视和体育的关系越来越紧密，可以说体育离不开电视，电视也离不开体育。体育在为电视提供丰富的新闻资源和丰厚的广告收入的同

---

　　① 张宇鹏：《浅谈中国电视体育节目创新》，《新闻知识》2012年第5期。
　　② 佟占其、秦瑜斌：《电视体育发展初探》，《新闻采编》2000年第1期。

时,也得到电视台更全面系统的包装宣传和购买比赛电视转播权的大额资金等。

## 二、电视体育节目的发展历程

### 1. 美国电视体育节目的发展历程

1946 年夏天,美国开始生产电视机,并开始转播一些垒球、拳击的比赛实况。1964 年,第十八届奥运会在东京举行,为此,美国发射了"辛科姆"通讯卫星,通过这一卫星,比赛实况得以向美国和其他国家转播。这是卫星电视第一次转播实况。从此,这一形式成为奥运会和其他大型体育比赛的重要组成部分。

美国作为世界体育大国,其电视体育节目的发展始于 20 世纪 60 年代。1961 年,ABC 率先创立了周末体育节目,如《体育大世界》将各种赛事的精彩片断集中在一个栏目中播出。1964 年新年前夕,美国电视进行了第一次体育比赛(陆军对海军的橄榄球赛)的录播,使人们体验到了在电视上观看重大比赛全过程的兴奋。60 年代末,ABC 把目光瞄准了体育节目,并在 1970 年设置了栏目《星期一橄榄球之夜》,还提供广泛的奥运会报道。ABC 对体育节目的空前重视使得它的体育报道在 60 年代处于领先地位。1984 年它又购买了 ESPN(1979 年成立的全美体育节目有线电视频道),这个 24 小时的有线网络提供第一流的体育竞赛,包括全美职业橄榄球联赛和主要的棒球比赛,它弥补了 ABC 在节目表中不能安排完整播出体育比赛过程的不足。这种无线和有线网络的配对,大大增强了 ABC 对体育节目播出权的竞标能力。

在 ABC 的成功鼓舞下,NBC 在 70 年代和 80 年代增加了体育项目的报道,重视程度甚至超过了 ABC。NBC 购买了 Tempo TV 以及 Sports Channel America,后者在 1990 年将中学体育引入了全国性的电视系统,迈出了扩展电视节目富有创造性的一步。NBC 更为获得以后若干届奥运会的电视转播权而付了高额费用。

CBS 自 1960 年奥运会电视报道之后几十年未再对体育节目予以重视,直到90 年代初,它投入了 10 亿美元购买主要的棒球联赛播出权,这一举动震惊了整个电视业。它为获得 1992 年冬季奥运会的转播权投入了 2.43 亿美元,1994 年又为冬奥会投入了 3 亿美元。对冬奥会和棒球赛以及一些国际性赛事的转播,使 CBS 同样拥有了 ABC 和 NBC 在体育节目领域所享有的声望和形象,风头甚至超过了它们两者。

除了无线电视外,美国有线电视系统对体育节目的争夺也相当激烈,这导致体育赛事转播权费用越来越高。1990 年,无线和有线系统支出的播出权费用加起来已经超出了 10 亿美元。但同时,由于有线电视的加入,无线电视的体育节目收视率开始下降,单是 ESPN 就覆盖了全美近 2/3 的电视家庭。体育迷们将自己的注意力分散在越来越多的电视体育节目中。这迫使无线电视网作了相应的对策调整：购买有线电视频道；寻求更广泛的常规赛季赛事的转播权；购买大型赛事的播出权。这样做不仅是为了获得利润，更是为了提升自身的形象和推销其他节目。

而有线电视也找到了另一条渠道：将部分体育节目转移到付费节目频道中。有线电视用它们的一个或多个频道来提供付费电视节目。尽管节目盈利与否难以确定，但有线电视将体育节目转移到付费电视节目频道已成为一种趋势。

### 2. 中国电视体育节目的发展历程

从1958年中央电视台开播体育节目算起，中国电视体育节目已经有50多年的历史。然而，中国绝大部分的老百姓真正认识和接受体育节目却是在最近的30年。总体上，中国电视体育节目的发展可以分为三个阶段，这三个阶段是阶梯式递进发展的过程，分别如下。

（1）初创期（1958—1977年）。

在中国体育节目发展史上，最早的体育实况转播是从转播体育比赛开始的。由于当时能够接触到的体育赛事较少，中国电视也处于初创阶段，技术条件难以达到对赛事全面、及时的反映，所以，这一时期的电视体育节目形式单调，简单实况转播和新闻是其主要形式。即使有专题栏目如《体育爱好者》、《体育之窗》等，也只是突出知识性，并不注重对体育的深层次挖掘。同时，由于受到当时主流意识形态的影响，在转播体育比赛时，在不同程度上伤害到了体育文化。据记载，1970年7月30日在转播花样滑冰比赛之前，竟然有人提出女运动员应穿上长裤。尽管未及实施，但却从一个侧面反映了当时电视体育的状况。

（2）成长期（1978年—20世纪90年代初期）。

第二阶段的电视体育是伴随着新时期的到来而发展起来的。从政治层面来说，改革开放成为新时代的主流，以国际性为特点的体育终于可以打开枷锁，以开放的胸襟自由地参与国际交流。在社会需求方面，逐渐富裕起来的人们有时间和经济能力通过电视屏幕欣赏体育赛事。

中央电视台逐渐积累起赛事转播报道的经验，能力逐渐增强。有资料表明，从1971年到1978年，北京电视台（即中央电视台前身）实况转播的体育比赛达300多场。而在1978年以后，转播的体育赛事在此基础上不断增加，极大地丰富了电视荧屏，满足了广大体育爱好者的观赏需求。这一时期，电视对几个重要体育事件的成功介入，使其迅速成为社会生活中的焦点。中国女排勇夺世界冠军、1984年洛杉矶奥运会、中日围棋擂台赛等重大体育事件，使人们对电视体育节目的兴趣陡然提高，从而在很大程度上推动了中国电视体育的发展。这一阶段，由于各方面条件的限制,如技术、人员素质等,电视上的体育赛事大多停留在客观展示的层面,很少有深层次的展现。不过,将体育的深层内涵挖掘出来的意识已经有所体现,一些与体育赛事相配合的专题节目开始出现。如在 1987 年广东举行的第六届全国运动会期间,除了在中央电视台的新闻节目报道有关比赛的各种消息外,每天还制作了一个小时的专题报道节目。为了配合亚运会宣传,体育部专门制作了 25 集专题片《亚运大拼搏》,为亚运会做了出色的预热工作。到了 1990 年亚运会,赛事报道在形式上逐渐丰富起来。这次报道用演播室直播为节目框架,中间有直播、录像、专题、采访、新闻、评论等多项内容,尤其是评论,是对电视体育报道的一种深化形式。电视体育由此加重了砝码,预示着电视体育发展即将进入新的阶段。

除了赛事转播获得较大成绩外,这一时期电视体育栏目也有相当大的发展。在 1980 年到 1984 年的几年时间里,恢复或创办了《体育之窗》、《世界体育》和《体坛纵横》栏目。《体育之窗》是一个传播体育知识、报道体坛赛事的常规栏目,每周15 分钟。它逐渐加进一些深度报道的内容,力图拓展体育报道的领域。该栏目不再仅仅停留于报道体育比赛的表面,而是更多地把镜头延伸到运动员的身边和运动队里,挖掘赛事背后的东西,透视体育文化的深层内涵。但这些只是初创期的尝试,远远没有达到成熟的电视体育所要求的水平。真正将其作为一种自觉追求并取得了良好成绩的,还要到 20 世纪 90 年代以后。

(3)成熟期(20 世纪 90 年代中后期—21 世纪前期)。

第三阶段是中国电视体育的初步成熟期,其标志是专业体育频道的开设和一大批脱离了对赛事的单纯报道和赛况的单向传输的专题类、综合类栏目的涌现。电视体育终于以独立的姿态和独特的品格开始承载体育文化的功能,并因而奠定了电视体育节目在中国电视荧屏上的重要地位。20 世纪 90 年代,中国电视体育在走过最初几年的探索期后,积累的能量终于喷薄而出,逐步走向成熟。

中央电视台体育频道于 1995 年 1 月 1 日正式开播,它是国内创办最早,规模最大,拥有世界众多顶级赛事国内独家报道权的专业体育频道,通过亚太 1A 卫星覆盖全国,每天平均播出 16 小时以上。2005 年 9 月 5 日起体育频道全面改版,实现全天 24 小时播出。新改版的体育频道突出赛事、加强新闻、改进编排,在原有的早中晚三档体育新闻栏目《早安中国》、《体坛快讯》和《体育世界》的基础上,新增两个半小时左右的新闻栏目,分别在早上 7 点和晚间 24 点播出。另外,体育频道增加了体育赛事的转播和国际顶级赛事的重播,形成赛事转播和新闻报道两条主线。体育频道目前开设的主要栏目有《体育新闻》、《体育世界》、《体坛快讯》、《体育晨报》、《午夜体育报道》、《足球之夜》、《天下足球》、《篮球公园》、《精彩 F1》、《赛车时代》、《体育人间》、《武林大会》、《体育在线》、《健身舞起来》、《运动空间》、《体育星探》、《极限时刻》和《棋牌乐》等，内容包括国内外重大赛事的现场直播、体育热点问题追踪报道、全民健身及娱乐、体育知识普及教育等。体育频道每年把三大赛事、六项联赛、一千二百场赛事直播给广大电视观众，深受体育爱好者的喜爱①。

# 第二节　电视体育节目创新元素

电视体育节目以其独有的激烈性和不可预知性吸引着众多电视观众的眼球。在"80后"与"90后"慢慢占据电视体育节目收视主体的今天，体育已成为越来越多人津津乐道的话题。电视体育节目形态创新的基本元素主要有以下一些。

## 一、受众元素

电视节目的受众定位是指节目为哪个目标受众群而设置的。体育节目的受众非常明确，那就是不同类型的体育爱好者。

西方电视体育节目编排以尽量迎合受众的趣味、争取最大的观众市场为宗旨。以美国电视节目的编排为例：在美国最受欢迎的比赛是职业橄榄球比赛，通常有1/3多的观众收看；然后按受欢迎的程度依次是职业棒球赛、大学生橄榄球赛、拳击、大学生篮球赛和职业篮球赛。相对来说，看高尔夫、赛车、足球、曲棍球和保龄球的人要少些，因此它们安排的时间段、位置也会不同。美国电视甚至介入体育比赛，由它们来安排体育比赛时间。比如为了争取最大量的太平洋西岸观众，将东部比赛安排在夜间灯光下进行②。

中国体育在几十年的成长历程中，一直是政治宣传的重要工具。在国际赛场上，中国运动员的重大胜利都成为制度优越的重要成果。作为政府喉舌的电视台自然地将电视体育的受众定位为全体国人。随着社会的进步和传播观念的转变，电视体育受众定位逐渐细化，开始定位在真正热爱体育、关心体育事业的体育爱好者身上。20世纪90年代后，中国电视体育发展的一个重要现象是受众意识逐渐增强。具体表现是，栏目为适应受众的需求而进行"聚变"和"裂变"的过程。所谓"聚变"，就是将各种各样的体育事件、现象进行集中，以相对固定的方式将各种竞赛项目集中起来呈现给受众，这种"满汉全席"的方式，满足了受众全面了解体坛状况的需求。中央电视台的《体育大世界》、北京电视台与其他电视台联合制作的《中

---

① 引自百度百科。
② 吴艳红：《中国电视媒体羽毛球报道研究》，首都体育学院2010年硕士论文。

国体育报道》等就是如此。此类栏目仿佛是镜头中的"大全景",透过它可以全方位了解各种体育消息。而当受众需要具体了解某一类体育赛事较为详细的情况时,"裂变"就开始了。这是一个将"大全景"推成"近景"或"特写"的过程,这个过程从中央电视台体育频道和继之而起的各地方台体育频道、体育板块的设置之时开始。以电视足球节目为例,它是最早实施裂变过程的。自1994年开始的中国足球联赛极大地丰富了电视荧屏,以此为突破口,一大批足球栏目脱颖而出。《足球俱乐部》、《足球之夜》、《足球纪事》和各种展现国际足球风貌的栏目《国际足球赛场》、《足球集锦》,以及意甲、德甲、英超的赛事转播等,纷纷抢滩荧屏。就足球这样一个中心话题,为适应各种不同类型、不同欣赏口味、不同需求的受众,可以裂变出形态各不相同的栏目。以《足球之夜》为例,栏目创办伊始,就喊出了"《足球之夜》,球迷每周的节日"的口号,一时间球迷受众趋之若鹜。有人统计,《足球之夜》在中等以上城市收视率超过20%,迅速成为电视体育栏目的一座重镇。事实上,电视体育节目一方面不断地满足受众的需求,另一方面又因对喜爱体育的受众的明确定位而又不断地促进其产生新的需求,不断地提高受众的欣赏水平。这是一个良性的循环状态,在这一过程中,受众定位也将越来越明确。

### 二、栏目类型元素

就栏目定位来说,体育栏目以体育人物、事件及相关现象为主要内容,体育是其核心,注重新闻时效性是其重要特征。

电视是体育的天然媒体,它能将正在进行的赛事和刚刚发生的比赛结果在第一时间传输给受众,因此直播或对赛事进行剪辑的形式在电视体育栏目中居于主导地位。

### 三、栏目包装元素

栏目包装是指各种丰富栏目形态的手段和形式,其目的是提高栏目的形式美感,使节目更加深入人心。栏目包装通常包括栏目的片头、片花、栏标、演播室等。体育栏目在包装上要突出体育竞技的运动感、对抗性和超越精神。

体育竞赛是强者之间的竞争,电视呈现给受众的大都是有一定级别的赛事,那些激烈的强对抗体育赛事就成了引人注目的焦点。所以,突出强对抗和运动感并突出体育竞技的超越精神,是保证体育栏目包装成功的重要因素。

球类运动的专题栏目在这方面表现得尤为明显,特别是片头和片花。如大型专题栏目《足球之夜》在25秒长的片头里,音乐强劲有力有如进军的号角,而整个片头的十几个镜头里所呈现的恰恰是绿茵场上最激动人心、最引人注目的场景:

巧妙的带球过人、漂亮的凌空抽射、精彩的险球扑救，还有进球球员兴奋的狂奔、飞吻，获胜的球队幸福的拥抱、合影。可以说，《足球之夜》的片头将足球场上的各种精妙之处悉数展现，同时也是对足球内涵的简洁诠释。

由北京电视台、原上海东方电视台和广东电视台联合制作的《中国体育报道》，在片头和片花上都撷取了体育场上的精彩镜头：王军霞 1996 年在亚特兰大奥运会获得冠军后身披国旗向观众致意的经典时刻；百米赛跑冲刺的关键瞬间；赛马运动员跨越横栏的矫健身影等。也就是说，在这个以各种体育比赛为对象的栏目中，《中国体育报道》力图通过多种运动项目来全面展示体育的精彩。而中央电视台体育频道的《体育快讯》（《体育新闻》）的片头里，快节奏的音乐伴以投掷铁饼、奋臂扬波、挑射足球的简短画面，刺激着受众的收视欲望。

在演播室置景方面，由于演播室空间的限制，在展现体育的运动感和对抗性上存在先天的不足，但虚拟演播室的出现克服了这一不足，使得体育栏目的演播室可以突破空间的局限性。它运用多媒体的虚拟技术制作出虚拟的模型背景和模型形象，与实景画面同步结合，营造出亦虚亦实的演播现场。《足球之夜》在 1998 年世界杯足球赛期间所做的特辑节目《法兰西之夜》在对演播室的利用上更具创造性，它所采用的演播室形式能最大限度地贴合节目所要展现的内容。在多期节目中，虚拟演播室制造的虚拟空间将远在法国的一个个物件都"搬"到了演播室，看上去主持人仿佛身临比赛现场。体育的精髓即在运动，对于足球这一对抗性极强的竞技项目来说，展示运动尤为重要。虚拟演播室的引进，打破了传统演播室的静态形式，突出了动感效果，创造了一种新鲜感，充分调动了受众的收视热情。

体育栏目的包装近年来又有新的变化。中央电视台的体育频道最近几年对栏目所做的整体包装效果突出。它注重频道的整体形象，注重通过栏目之外的手段鲜明地提示出体育运动的特征和吸引力，这主要表现在穿插于栏目之间的《请您欣赏》、《欣赏与预告》等节目中。各个栏目在包装上对体育特点的强化，以及体育频道整体包装的加强，使体育频道的专业特点越来越突出，受到越来越多受众的认可。

### 四、主持人元素

#### 1. 专业化程度要求高

与其他类型栏目的主持人相比，体育栏目主持人的独特之处在于：节目属性决定了主持人需要具有较高的体育专业知识。

在体育栏目中，除了一些常规的在演播室中完成的栏目如《体育大世界》、《足球之夜》、《中国体育》、《中国体育报道》等之外，还有大量的赛事直播，有固定时间、固定演播形式和主持方式,如足球中的中超、中甲联赛、排球联赛、乒乓球联赛以及各级国际体育赛事等。主持人往往要与嘉宾一起对比赛进行解说、评判。这要求主持人要有全面的体育知识以及相关体验,熟悉体育赛事的相关规则,只有这样才能对赛事作出准确迅速的评价。例如,孙正平对排球的解说之所以受到大家认可,和他丰富的专业知识积累密不可分。他热爱体育,曾经是学校排球队员,还曾通过排球二级裁判考试。同样,主持解说过国际国内各种级别乒乓球比赛的蔡猛,4 岁进入河北少年乒乓球队,20 岁考入河北师大体育系,还获得过全国性乒乓球比赛的奖项。正是因为他们体育知识的精深才造就了精彩的体育解说。

当前,体育栏目主持人已呈现出专家化趋势。如《国际象棋》栏目常常由国际象棋大师叶江川、谢军担任主持人。北京电视台《中国围棋报道》的主持人王元是围棋八段高手,专业知识的精通和个性化的主持方式,使其解说引人入胜。这些主持人的共同特点是:他们都是所在领域的专家,能最大程度地获得观众的认同感,这成为栏目吸引观众的重要原因。可见,对体育专业知识的严格要求是体育栏目主持人的一大特点。

### 2. 主持形式丰富多样

电视体育开放的特点决定了主持形式的多样化,主持形式可不拘一格。

第一,"独立主持"式。即由一个主持人单独面向受众主持。主持人或正襟危坐,播报刚刚结束的比赛结果,如《体育新闻》;或进行串场主持,在节目中起过渡作用,如《世界体育报道》、《中国体育》、《体育大世界》、《天下足球》、《篮球公园》等。

第二,"对口侃谈"式。即将体育现象、体育事件作为讨论话题,在交谈中澄清事实,说明道理,传达节目主旨。这种形式主要针对"问题性"话题来做,如《足球之夜》就是以谈话的形式来评论足球现象。

第三,"三驾马车"式。即一个主持人同另外两个体育专家、顾问或体育界知名人士在演播室内一起主持节目,这常常是转播大球(足球、篮球)的主要形式。如中央电视台转播德甲、意甲这些高水平的赛事,就推出了"三驾马车"式的主持形式。这一形式首先从韩乔生转播意甲时开始,他和足球专家、理论家张路、张慧德相互补充,配合默契,到后来又有了黄健翔和李惟淼、于大川的搭档以及各地方台所采取的类似形式。这种主持形式的主导思想是在互补中达成主持人和专家、顾问的和谐配合,提高转播评论、解说的水平。

第四,"主持访谈"式。即电视谈话节目中主持人和嘉宾在演播室中围绕一个体育事件展开讨论,如《五环夜话》、《足球纪事》等。

第五,"现场主持"式。即在活动现场进行实地主持。这既包括以综艺形式进行现场主持的《城市之间》，又包括各种体育知识教学栏目，由主持人现场教授学员各种体育技能，如《黑白世界》、《跟我学》、《健美5分钟》等。

以上是电视体育主持的几种常规形式，有时为了节目的需要还会采取其他形式，如借助虚拟演播室进行的异地主持，在1998年世界杯足球赛期间使用过，还有非演播室的室外主持等，都灵活地运用于电视体育节目中。

### 3. 赛事直播讲求即兴主持

在体育节目中，赛事直播是一种形式特殊的节目，比赛结果不可预测，主持人和受众平等获得赛事信息。主持人面对画面或赛场即兴主持解说，不但要和受众同时观看比赛过程，还要将各种相关信息传递给受众，以便受众更好地欣赏比赛。这时的主持人实质上具有双重身份。一方面，他应是一个体育爱好者，和屏幕前的受众一样对比赛本身兴味盎然。只有这样，才能保证解说过程中所需的热情，从而与比赛现场、电视屏幕前的气氛保持和谐。另一方面，主持人又不得不控制自己的情绪，在解说、议论时照顾好整个比赛，将对运动员、运动队伍、比赛背景材料的介绍与对比赛进程的现场评价有机结合起来，做到搭配合理、张弛有度。也就是说，对于现场赛事直播的主持人来说，既要有植根激情的理智，又要有理智约束的激情，二者缺一不可。有些赛事直播的主持人之所以得不到受众的认可，或是因为主持人过于理智，没有真情投入，完全跳出比赛，和受众之间人为造成一种"隔离"的感觉；或因为主持人情感投入太多，完全等同于一个普通的体育爱好者，不能很好地引导受众。

### 五、语言元素

电视语言是指用来传达电视节目理念的基本表意单位，具体指诉诸人的视觉器官的画面和听觉器官的声音。

### 1. 画面

从画面语言来说，电视体育栏目中所使用的语言在多数情况下为常规语言，但由于体育本身的独特性，电视体育形成了自己独特的语言规范。

运动是竞技体育的重要特征，适应摄录对象自身的特点，运动镜头就成为体育节目中演播室以外镜头的主要形式。其中，移动镜头的运用比较普遍。足球、篮球、排球、橄榄球、冰球、羽毛球、乒乓球等攻防转换频繁、对抗性强的球类项目，田径运动中的赛跑、跳远、投掷等有明显位移变化的竞技项目等，摄录均需要借助大量的移动镜头。这种镜头能最大可能地记录动作完成的全过程而不破坏动作的完整性。如在排球比赛中,镜头会随着排球的上下翻飞而不停运动。从排球发出到排球落地,一般从不切换。即使切换,也只是在机位、景别、角度上稍有变化而已。篮球比赛的活动范围稍大,从后场发球到前场进攻完成一个回合较量,镜头则一直跟踪篮球运动的轨迹。篮球转播中常常有这样的镜头:篮球在空中划出美丽的弧线一举中的,这一过程可以借助慢镜头舒缓地展现出来。在足球、棒球、橄榄球等攻防范围非常广的比赛转播中,镜头往往要进行多角度切换,但镜头的移动不会停止。运动镜头拍摄运动场面,这种通过镜头内部蒙太奇实现的场面调度,能够达到画面内的平衡与和谐。赛事转播如此,在各种专题栏目中同样能看到大量的运动镜头。这是体育节目镜头运用的重要形式。

在各种专题节目中,根据节目所要表达的主旨,也会在重要之处适当穿插慢镜头回放。例如在当年"飞人"乔丹宣布退出篮坛时,许多专题节目都在不断地展示他高超的球技,他的精彩跳投、大力灌篮、巧妙传球等动作,借助慢镜头一遍又一遍地分解、组合,让受众饱览一代巨星的迷人风采。同时,体育节目还借助倒放的慢动作镜头(即将录像资料按动作完成的相反方向进行放映),关键瞬间还用正放、倒放相结合方式,让受众看清楚比赛的细节,如进攻一方队员是否越位、是否违规、是否进球等。

随着科技的进步,各种新技术逐渐应用到体育节目中。如 2012 年伦敦奥运会中的"双胞胎"摄像机,为花样游泳比赛的电视转播提供了突破性的新视野。一般情况下,如果用单一摄像机来拍摄,由于水的折射,运动员水下的身体部分一般比水面大。而这种"双胞胎"摄像机分为两个部分,一个在水上,一个在水下,通过修正这种视觉误差,将两个摄像机拍摄出的画面合成为一个画面,让观众能够同时看到队员水上水下的动作,通过画面语言实现了节目创新。

2. 声音

在声音的运用上,解说词和同期声是体育节目中最主要的声音形式。

观众的喝彩和掌声是比赛的重要组成部分。在国外转播的体育比赛中我们能看到,转播机构为了让体育比赛最大程度地呈现真实效果,专门派人拿着特制的设备采集现场观众的欢呼声和喝彩声,这种转播条件下提供的赛事看起来非常真实。近来,国内的电视节目也开始注重运用更真实的同期声来还原体育赛事现场的真实感。

体育比赛的现场解说是赛事直播的重要组成部分。在赛事直播中,解说员的解说词基本上不可能事先准备好,而是要根据比赛现场发生的实际情况做出恰当的解说,它给解说员相当大的自由空间。这种解说应该以声画对立为主,声画对位为辅，即解说员不必将画面所呈现的东西再重复一遍。受众所要听到的解说词，是在画面上看不到或看到了而没有意识到的信息。这些信息包括：比赛中的盲点、疑点及场上的纠纷，如足球中的越位、篮球中的3秒违例、乒乓球的发球、羽毛球馆中看不见的风向等；背景材料，如运动员的身高、体重、年龄、特点、风格，场馆介绍、场地状况等；体育知识，包括比赛项目的历史演进、现行规则、风格流派等，另外还有根据现场情况所做的各种评点等[1]。而所有这些都是画面以外或与当下画面没有直接关系的内容，属于声画对立的范畴。好的解说员会将这些内容根据现场的形势变化提供给受众，同时将自己的点评表达出来，与受众进行交流。优秀的解说词会因自由空间较大而打上解说员的个性烙印，电视体育现场解说词中不乏这类上乘之作。

### 六、审美元素

体育的魅力在于其与人类生存法则异质同构的优胜劣汰，在于其在公平规则之下进行的竞争结果的不确定性。胜与负对于任何团体和个人都是难免的，"常胜将军"在竞争日趋激烈的赛场上是不存在的。尽管体育精神提倡的是"胜不骄，败不馁"，但电视体育集中关注的永远是胜利者的姿态，是对强者地位的不断强化和张扬。崇拜强者已形成一种集体无意识，构成了体育价值取向的基础。在从中央到地方的各级电视台中，集锦类栏目是强者崇拜的集中表现。以中央电视台的《足球集锦》为例，电视画面所呈现的都是那些抢点射门、配合巧妙、脚法纯熟的镜头。"进球"成为唯一的法则和评价标准，而那些完美精彩进球的人物和球队，则成了绝无例外的聚焦点。罗伯特·巴乔、罗纳尔多、齐达内、英扎吉等一个个闪光的名字，曼联、尤文图斯、国际米兰等球队，巴西、英国、意大利等足球强国，在电视屏幕上得到一遍又一遍的强化。而一旦被击败或表现较差，昔日曾经拥有的光环便被摘掉。其他体育项目也是如此。在篮球项目中，当乔丹带领芝加哥公牛队在赛场上叱咤风云时，他们享受着无比的荣耀。而在今天，乔丹早已退出篮坛，公牛队也雄风不再，代之而起的是其他篮球巨星和球队。不过在强调人文关怀的今天，电视体育除了关注冠军、胜利之外，也开始关注失败者的心路历程，反映体育中的失败、挫折、艰辛、懊丧、泪水，强调参与的重要性等，以此来彰显体育的独特魅力。

从价值判断上来讲，电视体育节目不仅包含正面褒扬，还包括对违反体育道德和体育精神现象的大力挞伐。维护体坛正义和体育纯洁是电视体育承担的另一重要使命。足球类节目不遗余力地打击"假球"、"黑哨"，篮球节目关注的裁判

---

① 孙正平：《体育节目主持人的发展方向》，央视网，http://blog.cntv.cn/14107842-367305.html。

问题,田径节目中不时提及的兴奋剂事件等,成为体育栏目的另一重要组成部分。这是维护体育道德和体育精神的重要环节,体育节目由此弘扬积极健康的体育精神。

# 第三节　电视体育节目创新方式

从目前世界电视体育节目的发展状况来看,电视体育节目的创新有如下方式。

## 一、形式创新

"赛事转播"、"体育新闻"、"评论"是体育节目"元老级"的节目形式,被称为"老三样"。无论是播出时间还是节目数量,它们至今仍是体育节目的"龙头",地位不可动摇。但随着频道数量的增多及播出时间的延长,也为了吸引更为广泛的收视人群,体育节目开始借鉴其他节目形态的成功经验,对体育节目样式进行了较大的改变。

首先是运用新技术对"老三样"进行改版。如北京奥运会期间,CCTV-1、CCTV-2、CCTV-5的演播室分别采用天安门、央视新址、国家体育场鸟巢的实时画面作背景,从而让人们更为真切地感受到与奥运同步、与观众同在的参与感。另外,电脑技术制作的片头、赛场即时信息统计、观众短信参与、现场嘉宾连线等技术的大量运用,无论是信息量还是可视性都较之前有较大提高。

其次是与其他成功节目样式的结合。如湖南卫视的《我是冠军》是体育节目与真人秀节目的结合;江苏卫视的奥运特别节目《就说这么多》是体育节目与谈话节目的结合;CCTV-5的《城市之间》则是体育节目与游戏节目的完美结合。由于体育节目是依据内容分类和定义的,因此其他成功的节目样式可以较容易地移植到体育节目中,并取得较为理想的收视效果。

最后是一些体育节目将各种民间艺术形式融合到节目中。如2006年世界杯期间,北京电视台曾推出过一档体育资讯节目《大话世界杯》,就是由主持人用评书的方式来叙述和评论当天赛事。这种节目样式较为新颖,收视反响不错。

## 二、内容创新

与节目样式有"老三样"类似,体育节目内容也有"三大球":足球、篮球、排球。除了这三样之外,各个国家文化传统与社会风俗不同,又有独具特色的"热点"运动,如美国的橄榄球、加拿大的冰球等。而在我国,乒乓球、羽毛球以及跳水等项目则一直是观众关注的焦点。在这些传统赛事之外,为填补播出时段及吸引收视,电视体育节目关注的范围越来越广。例如我国选手在以前人们不甚关注的项目取得较为不俗的成绩后，这项运动就会受到电视和观众的广泛关注，2008 年北京奥运会期间，我国选手在击剑、射箭等项目的不俗表现，也使得其转播与关注相应增加。另外，商业赛事的大量增多也为电视提供了丰富的报道空间。除了报道既有赛事外，电视台自己也会组织一些赛事，如《国球大典》就是湖南卫视自己组织的乒乓球比赛；而《武林大会》则是 CCTV－5 组织的比武赛事，将比赛与娱乐紧密结合在一起。传统赛事之外，较为小众化的赛事也开始进入电视的关注范围，如为配合 F1 大奖赛第一次在中国举行，CCTV－5 与 SMG 分别推出《赛车时代》与《超级马力》等新节目。广东体育频道 2007 年引进美国职业摔角节目，推出 WWE 广东地区版《狂野角斗士》，人气颇高。与其他体育项目不同，摔角（"角"包含拳打、脚踢、肘击、抛摔等徒手格斗技法）更强调人物个性和人格魅力，戏剧化的角色给电视转播带来精彩的视觉体验。新兴赛事的报道既扩大了电视的报道范围，也为电视吸引了大批传统赛事所吸引不到的人群，扩大了体育节目的收视范围。

### 三、定位创新

1995 年中央电视台体育频道的开设是中国体育电视节目定位向受众转变的突出表现。这一专业频道的设立就是赛事发展和受众收视需求的结果，它的开设旨在更好地为受众服务，具体说来，就是为不同的受众设立不同类型的节目，适应受众"分众化"的趋势。比如赛事直播，随着中央电视台体育频道的开通以及各个地方台体育频道和体育板块的增设，现在每年全国电视台为受众提供的赛事直播达到 500 场。直播比赛不仅包括优势体育项目如足球、篮球和乒乓球等，还包括那些广告收益小但确实有受众的弱势体育项目，如击剑、围棋等。这些以栏目化形式操作的赛事直播，已经培养出稳固的受众群体。

### 四、频道创新

从中央电视台奥运频道的实践中我们发现，体育节目形态创新的关键在于科学而完整地建立节目体系。但是如何使频道收视率从快速增长期进入稳定的发展期，不仅是奥运频道在奥运会结束后必须面对的现实议题，同时也是中国电视体育节目在"后奥运时代"必须做出的战略选择。与之前各节目单兵作战、节目间缺少关联性不同，现在体育节目的编排更趋向集群化、板块化，从而达到"1＋1＞2"的效果。根据集群化规模的不同，又可以分为频道内栏目间、台内频道间以及不同电视台间的合作。

1. 频道内栏目间的合作创新

电视属于线性传播模式,同一频道内的节目为顺序收视,因此栏目的集群化播出具有连贯性强的优点,定位较为清晰,易于吸引观众的持续注意力,也可以彰显频道的特色。如为迎接 2008 年北京奥运会,CCTV - 5 更名为奥运频道,专为奥运开设了数个节目:报道奥运会准备情况的《奥运进行时》、体育纪录片栏目《奥运岁月》(《体育人间》改版)、人物专题节目《我的奥林匹克》、体育游戏与科普节目《奥运城市行》(《全明星猜想》改版)、体育教育节目《奥运 ABC》以及回顾历届奥运历史的《奥运传奇》和《奥运经典》。除了专门的节目外,奥运频道还为第一次进入奥运会的武术项目专门开设了《武林大会》,为普及武术知识、增加群众武术热情起到了重要作用。另外,在常规的新闻节目等其他节目中,也大量提到和奥运有关的信息,整个奥运频道成为一个整体,为 2008 年北京奥运会的升温开足了马力,取得了单个节目或单次活动所无法取得的效果。

2. 台内频道间的合作创新

现代大型赛事中,经常会出现一天数场比赛的情况,单靠一个频道的力量无法实现全部转播,而必须忍痛割掉很多赛事资源。另外,因为覆盖范围、观众接受习惯等原因,单纯依靠某一个频道很难覆盖全部有兴趣的观众,因此台内频道间的合作便成题中应有之义。因同属一台,台内各频道合作起来阻力较小,另外也可发挥各频道独特的优势,从不同角度、不同形式进行相关报道。如 2008 年北京奥运会、2012 年伦敦奥运会期间,中央电视台除了 CCTV - 5 全程播出奥运赛事外,CCTV - 1、CCTV - 2、CCTV - 3、CCTV - 7、CCTV - 12 以及新闻频道、奥运高清等频道也中断了很多栏目的正常播出,加入到赛事转播的队伍中来。整个中央电视台各频道形成了立体报道模式,将奥运赛事立体地、全景地展现在观众面前。

3. 不同电视台间的合作创新

在中国体育电视界,拥有绝对"老大"地位的央视垄断了诸如奥运会、世界杯这样几乎所有大型赛事的转播权,处于弱势方的地方媒体则通过电视台间的合作来提高竞争力。2004 年雅典奥运会期间,由福建电视台牵头,湖南、湖北、江苏等 20 多家省级电视台合作联合播报奥运的模式形成。这样的合作打破了地域界限,能够发挥各电视台的优势,形成合力,让观众欣赏到了更多更精彩的体育节目。

# 第四节　电视体育节目创新趋势

## 一、新闻本位意识回归

新闻本位意识的回归实质上是对电视新闻定义趋于本质化的解读。电视体育节目的新闻本位意识主要表现为两个方面。

首先，体育新闻栏目全天滚动播出，新闻信息量越来越大，新闻时效性越来越强。随着体育国际化和体育赛事资源的极大丰富，体育爱好者表现出旺盛的信息需求，求新、求变之心表现得尤为强烈。因此，电视体育节目更加注重传递丰富的信息，并挖掘独家新闻来满足受众需求。CCTV－5 全天 24 小时滚动播出新闻，其品牌栏目《体育新闻》更是一档名副其实的每日体育新闻资讯总汇栏目。此外，电子摄录、数字压缩、微波传输和卫星发射等高科技的发展，为电视体育新闻在时效性上的飞跃提供了技术支持。目前，国内电视体育新闻体现时效性的手段主要有新闻栏目滚动播出、多视窗连线报道、字幕滚动以及现场直播报道等。

其次，各级电视体育频道更加重视赛事的现场直播和现场报道工作，力求将赛事直播工作常规化。由于现场直播能直接摄取新闻现场的人物、事件、音响和环境氛围，与正在发生的新闻事件实现同步共时，保持事件发展的延续性、过程性和不可确定性，因此重视赛事转播，突出赛事特色，成为吸引观众的关键性砝码。体育赛事的直播化是电视在传媒竞争中真正的独家优势，因此，电视体育新闻记者应最大限度接近现场和深入现场，更好地满足观众的视听要求。

## 二、娱乐化、故事化趋势日益明显

现代电视体育的一个重大变化就在于体育中所附带的政治意识和民族情感逐渐为娱乐性所代替，更注重以体育竞技的生命本质去激发人的审美愉悦，即消除了功利心的自由愉快。类似于 NBA 直播所引起的收视狂潮，不仅在于竞技本身的魅力，更在于电视赋予 NBA 等体育竞技的全新意义：意想不到的镜头设置、超乎想象的拍摄角度、或急或缓的速度安排，给人全新的感官享受。电视媒介的技术美感和人体的生命美感可以使观众身临其境，尽情享受体育带来的单纯与快乐，大大缓解了现代社会的激烈竞争带给人们的压力。在娱乐经济的大潮下，电视体育节目也日趋娱乐化，主要表现为两个方面。

首先，传统的体育节目越来越娱乐化。以赛事直播为例，与以前播音员般的解说相比，现在的直播解说更讲究个性与幽默，更富激情与活力，更注重发掘赛场上的有趣现象。新闻类节目则将重点从赛场内转移到赛场外,从单纯关注比赛结果转移到介绍选手以及与赛事相关的人或事、比赛前后及比赛期间的花絮上,光线传媒的体育资讯节目《体育界》更是以"体育娱乐化、体育明星化、体育故事化"为口号,力争做娱乐化的体育新闻。

其次,专门的体育娱乐节目日益增多并成熟。如湖南卫视的《我是冠军》、北京电视台的《我爱我的2008》之类的体育真人秀节目,CCTV-5的《城市之间》、《全明星猜想》之类的体育游戏节目等大量展现屏幕。在2010年足球世界杯比赛期间,CCTV-5的《球迷世界杯》、《欢乐世界杯》以及《豪门盛宴》等世界杯题材栏目都成功地将娱乐元素注入其中。此外,有些体育频道创办之初就定位在体育休闲上,注重体育的娱乐休闲性,如江苏体育休闲频道等。

### 三、受众意识日益突出

受众意识的日渐提高是中国电视体育进入20世纪90年代以后的一个重要转向。受众意识的日益突出首先表现为我国电视体育节目形态丰富多彩,基本上满足了观众对体育的全方位、多层次需求。对于电视体育来说,观众的收视需求主要是获取体育信息,了解体坛动态,关注体育人生,以及在此基础上的体育价值判断、意见表达和精神享受。为了满足受众的多层次需求,电视体育新闻不仅要在第一时间、第一现场报道体育事实,还要对事实进行多侧面、多层次、多角度的分析和解读,并努力创造多种途径与观众形成互动,满足观众进行意义判断、渴望参与表达等需求。此外,我国电视体育新闻由最初的口播新闻、图片新闻到声画结合的多样化报道方式,也体现了电视体育受众意识的加强。

现代科技的创新与发展为电视体育尊重受众、满足受众需求提供了技术支持。特别是互联网技术和多媒体技术的普及与进步,已经成为进行远程、快速、互动式传播和促进体育国际化发展的关键,并且已经广泛应用到体育节目的制作中。电视体育传播与网络的结合为电视体育节目实现互动交流提供了最大的空间。随着赛事直播的增多,让观众通过手机短信、微博等及时进行信息反馈,同步参与到赛事直播中进行点评的方式也越来越普及。同时,随着数字电视时代的到来,数字式采编设备的全面运用将使体育报道更快捷方便,内容更加丰富,节目更富个性化,与观众的互动交流沟通也将有更大的开拓发展空间。

### 四、专业化趋势日益加强

所谓专业化是指节目内容定位专一,适合目标观众的需求。在当前电视传媒的产业化、市场化发展进程中,栏目专业化、频道专业化是电视业的发展趋势和方向。当然，专业化的栏目不一定要以受众群体的减少为代价，特定的播出内容只要做好做透，同样可以吸引广义层面上的观众。

### 五、重大赛事多媒体联动

多媒体联动在体育赛事的直播中已成为一大趋势。这也是三网融合背景下电视媒体更好生存的策略之一，在观众注意力越来越稀缺的新媒体时代，加强新媒体和传统媒体间的互动，已成为吸引受众的关键。

2012 年伦敦奥运会，中央电视台共投入了包括综合频道、体育频道、军事频道等八个频道进行转播，还购买了伦敦奥运会 3D 电视报道权，通过有线电视网在央视 3D 频道进行开闭幕式、田径、游泳比赛等直播。雷欧尼斯公司还通过 3D 信号转换器 Trans3D 实现了中央电视台 3D 频道在影院 3D 影厅进行 3D 放映①。同时，所有的直播点播视频、现场报道和原创内容都通过 CNTV 网络、IPTV、移动终端全媒体平台进行传播②，真正实现了多媒体联动。

## 第五节　电视体育节目创新案例分析

### 一、美国 ESPN

Entertainment and Sports Programming Network 简称 ESPN，即娱乐与体育节目电视网，是一间 24 小时专门播放体育节目的美国有线电视联播网。

ESPN 由美国人斯科特·拉斯穆森(Scott Rasmussen)与其父比尔·拉斯穆森(Bill Rasmussen)创立，1979 年 9 月 7 日开播，总部设于美国布里斯托市。当时的主席兼执行长是切特·西蒙斯。现任 ESPN 主席为乔治·博登海默(George Bodenheimer)(1998 年 11 月 19 日至今)。最初 ESPN 也播放娱乐节目，后来全力发展体育节目。目前，ESPN 卫星网络覆盖 160 个国家，节目使用 21 种语言，全球收视观众超过 2.1 亿人③。一直以来，ESPN 以现场直播各种体育赛事活动实况而享誉全球。目前 ESPN 已经发展成为全球最大的体育电视网，其成功经验值得借鉴。

---

① 《雷欧尼斯将与各大影院携手创造伦敦奥运 3D 电影直播》，《现代电影技术》2012 年第 3 期。
② 《CNTV 将全程直播伦敦奥运会赛事》，人民网，http://sports. people. com. cn/GB/202403/17711048. html。
③ 引自互动百科，http://www. baike. com/wiki/ESPN。

1．准确的定位

（1）明确的受众定位。

经过充分而翔实的市场调研，ESPN 得出了自己非常明确的受众定位：从篮球到羽毛球，从高尔夫到足球，ESPN 的摄影机无远弗届，为 15 岁至 54 岁之间，中等以上教育水平的观众，每日 24 小时不停地提供体育节目。

（2）独到的功能定位。

明确了自己的受众群之后，ESPN 开始了对自己受众群特点的分析，得到的结论是这个以年轻人为主体的受众群的特点是生活节奏比较快，喜欢运动，喜爱轻松和休闲的电视内容，于是 ESPN 决定将节目的功能定位在为观众提供娱乐。体育娱乐化是 ESPN 追求的头号目标。ESPN 不是作为一个体育网，而是作为一个体育迷来进行品牌的功能定位的。"使观众发笑，使观众高兴，使观众迅速得到满足"是 ESPN 的一贯宗旨，也是它引以为豪之处。

（3）有针对性的市场定位。

ESPN 与一些知名的全国观众调研公司如 AC 尼尔森等进行合作，得到了大量关于观众数量和各种分类调查信息，并据此预测哪些节目的播出会更有市场，然后根据市场去确定资金和贷款的投入量。事实也证明了 ESPN 播出的橄榄球赛、棒球赛、国际足球等节目都为它赢得了大量的观众。相比之下，现在我们国家的节目制作方式基本上是根据资金去做节目，而不是根据市场找资金。

2．成功的品牌培养

首先，精心选择最吸引观众的赛事进行转播。由于竞争对手也要争购体育节目的转播权，ESPN 意识到不可能把所有的重大赛事都包下来。经过精心的市场调研，ESPN 选择了如全国橄榄球联盟的橄榄球赛、主要的棒球联赛、全国冰球联赛、精选的高尔夫和网球锦标赛以及主要的篮球和足球联赛，而舍弃了诸如一级方程式汽车大奖赛等赛事。事实上，选择什么样的赛事进行转播也不是一帆风顺的事，ESPN 花费了很长的时间才知道什么样的节目能够让更多的观众坐在电视机旁。1980 年，ESPN 开始转播全美大学生篮球比赛；1987 年又获得了全美橄榄球联盟常规赛的转播权；1990 年，ESPN 开始播出美国棒球联赛。自此，ESPN 逐渐成长为一个体育节目巨人。

其次，精心打造属于自己的品牌栏目。ESPN 意识到自己的体育节目不能仅仅依靠播映权拥有者，于是开始自制体育节目。ESPN 的《体育中心》已经成为其最成功的节目之一。通过这个节目，可以得到最新、最好的体育新闻。而《体育之夜》、《今晚 RPN》和其他一些节目如今也已经成为 ESPN 的经典节目，成为许多电视台竞相效仿的对象①。

再次，开创了传媒自己主办体育项目的先河。由于受众以年轻人为主，ESPN别出心裁地创立了自己的特别体育专有项目——"X运动"，即极限运动，如滚轴滑冰、自行车特技、滑雪板竞速、街头雪橇以及其他为青少年观众喜爱的体育项目。ESPN主办这些体育项目一方面能加强和受众的交流，宣传自己；另一方面，不存在任何购买权的问题，为自己的频道节目提供了源头活水。

最后，采取最先进的制作、播出手段。ESPN之所以受到如此多观众的喜爱，离不开它采用的最先进的制作手段，以及极具创意的制作技巧。例如在一场NBA的常规比赛中，ESPN的转播通常会在赛场的各个角落安放24个机位，可以从不同的角度为观众展现激烈的比赛带来的强烈的视觉冲击。相比之下，国内的CBA联赛有时候只摆放3个机位，画面的表现力自然大打折扣②。

质量是品牌的本质、基础，也是品牌的生命。在30多年的发展过程中，ESPN始终把为观众提供一流的节目放在首位，成功地培养了自己的品牌，实现了对体育节目全方位的垄断。

### 3. 有力的品牌推广

为了让自己成为举世皆知的知名品牌，ESPN在宣传推广上也下了很大工夫。

（1）电视宣传。

首先，ESPN通过时段购买在许多电视台进行自身形象宣传，其宣传片别具创意。其次，ESPN还有选择地给一些电视节目提供赞助，使ESPN逐渐深入人心。最后，在自己的频道，ESPN也不遗余力地通过穿插精彩节目预告等方式进行自我宣传。所有这些举措都提升了ESPN的品牌形象及声誉。

（2）地面宣传。

为了扩大影响力，ESPN还亲自举办一些大型的体育赛事，如上面提到的极限运动，还有诸如保龄球巡回赛等赛事，让观众直接感受ESPN品牌。另外，ESPN还加强户外广告的宣传，让受众无时无刻不感受到它的存在。

（3）网上宣传。

登录ESPN官网，观众可以获得最及时的体育新闻资讯，可以得到每个球队、每个球员的详细资料，可以对下一场比赛作出预测，可以参与比赛琐事问答来测验

---

① 《Espn：把体育塞进汉堡包》，南方网，http://www.southcn.com/weekend/tempdir/200207040043.htm。

② 同上。

自己的知识,还可以从事电子商务,订购喜欢的体育物品。正是因为 ESPN 官网具有这么多的功能,使它吸引了大量受众。ESPN 官网对提升 ESPN 的品牌形象起到了非常大的作用。

(4)公关。

除了上面提到的各种宣传手段,ESPN 还经常举办各种派对、竞赛游戏及学术研讨会等来引导和发展客户对该频道的兴趣。每年 ESPN 的著名主持人和观众的见面交流会总是能吸引无数的青年观众,而一些大型的学术研讨活动则让很多有线电视台增进了对 ESPN 的理解和信任,有力地推广了 ESPN 的品牌。

### 4. 合理的品牌延伸

经过 30 多年的经营,现在的 ESPN 不再仅仅是一个电视台了,它已经成为一个品牌,业务范围涉及体育网络、电视广播、互联网站、体育杂志、餐饮和商品发行等 40 多种业务。其中,ESPN 杂志已经拥有 100 多万的发行量,每年 ESPN 评选的年度体育人物也已经成为体育界的一个重要奖项;ESPN 官网已经成为迪斯尼旗下最为炙手可热的网站,吸引了大量广告;在美国许多大城市的街头街角,还有很多 ESPN 主题咖啡馆,人们可以在品尝醇香咖啡的同时观赏 ESPN 的各种节目;此外,人们还可以通过 ESPNstore. com 网站购买 ESPN 服饰,可以在巴尔的摩和芝加哥的 ESPN 特色饭店里品尝 ESPN 食品……可以说,ESPN 已经渗入人们的五大感觉:视觉、听觉、触觉、嗅觉和味觉,形成了一个良好的多媒体生态链。所有这些延伸的优秀品牌对于 ESPN 的主体业务无疑起到了非常好的辅助作用。

### 二、中央电视台《天下足球》

《天下足球》创办于 2000 年 11 月 27 日,是以报道评论国际足坛最新赛事和新闻为主的体育专栏节目,于周一晚 19:30—21:25 播出,时长 115 分钟。主持人为段暄(替补为刘建宏)。节目于周一播出,是考虑到国际上的足球赛事多是在周末进行,由于时差因素,很多中国观众无法在周一凌晨收看直播,因此这档节目有效地满足了球迷的需求。节目全景式地介绍过去一周足

图 9-1 《天下足球》

坛赛事，其成功的因素主要如下。

### 1. 准确的节目定位

节目定位于国际足坛，内容主体是每周欧洲五大联赛及欧洲冠军联赛等国际足球赛事，是足球最高水平的象征，有着广大的受众，符合节目"最纯粹的足球，最高级的享受"的口号。

### 2. 合理的板块结构

节目设置多个板块，是一档杂志型体育节目，各板块将信息分类，由主持人串联，节奏紧凑、结构清晰，更有针对性。如《绿荫重量级》介绍一周的重量级比赛战况，《足球制造》通过不同视角介绍足坛新闻，还有介绍各种"十佳"的《TOP10》，将足球和漫画结合在一起的《大画足球》，搜罗足球趣事的《戏说足球》等。在其发展过程中，节目不断增加一些新的板块，以保持节目的优质性。各板块将足球赛事资源全面整合，避免了节目的单一。

### 3. 品牌主持人

段暄自节目开播便一直担任该节目的主持人。他熟谙国际足坛动态，有多年的足球赛事播报、解说经验，是优秀的足球评论员，具有过硬的足球专业知识，同时朴实的形象、富有感染力的语言等，使段暄成为节目收视的一大保障，已成为节目的符号象征。

### 4. 足球娱乐化

节目不仅关注赛事本身，还关注球星的成长历程、足球史料、人物事件等，丰富了体育节目本身，如关注贝尔转会，小罗做牙齿矫正手术等。同时，节目的选题和解说更具娱乐色彩。如节目根据球员的不同特征，和《水浒传》的108位人物一一对应，制作了《世界足球一百单八将》，又比如以戏谑的手法介绍足球场上各种虚假欺骗行为的《演员的自我修养》，再如2009年推出的风趣幽默的《疯狂的足球》等，这些均增强了节目的娱乐性，使受众心情得到放松。

### 5. 与音乐的融合

成功地将体育与音乐融合，是该节目一大特色。节目有开篇乐、结尾曲、小板块的背景乐、在《绝对巨星》板块中根据每期不同人物所播放的不同的主题曲、MV式的《看球听歌》的音乐等。经典的配乐加上激动人心的画面，使得节目充满诗意，给人以力量。节目中播出的一些经典曲目,如小泽正澄的吉他曲《Attraction》、献给贝克汉姆的《Because of You》等已经被广大受众熟知,节目中的音乐很快成为人们的热门下载歌曲。

### 6. 经典的特别策划

节目所制作的关于世界足球巨星等的专题,深受观众喜爱。如《"足球情人"巴乔》、《贝克汉姆：十年》、《贝影》、《贝克汉姆：伤离别》、《罗纳尔多——传奇》、《幽默杀手——卡卡》,以及介绍前曼联主教练弗格森传奇执教生涯的《弗格森和他的红色帝国》、讲述荷兰国家队征战国际大赛历程的《橙色记忆》等,这些经典的专题让球迷们大饱眼福,已成为球迷的收藏,被反复观看。在欧洲联赛的冬歇期,如12月和1月,以及休假期如6月到8月,节目会制作特别策划的节目①,以吸引受众,如《欧文：追风少年》盘点了欧文的十大经典比赛和三十大精彩进球等。

### 7. 注重互动性

为了加强互动性,现在每期节目均会有话题互动。观众可以直接登录《天下足球》在CNTV、新浪、腾讯的官方微博进行互动,节目在屏幕下方以移动字幕方式展示网友留言,有效增强了和观众的互动。

---

① 解明、王涵淑：《中国足球专题类电视节目的发展历程及趋势——以〈天下足球〉节目为例》,《大众文艺》2012年第12期。

# 后　记

　　对电视节目形态的喜爱由来已久。我曾经做过主持人，现在是一名教师。无论是做主持，还是当老师，始终保持对电视的关注，从未远去，从未放弃。我常常庆幸自己所从事的职业，能够堂而皇之地看电视，而且可以和我的学生们一起看。

　　我在华东师大传播学院播音与主持艺术专业中开设了一门《节目主持作品赏析》的课程，主要从节目主持人的主持艺术角度去解读节目。后来觉得不过瘾，就在研究生课程中新设了一门《节目形态研究》。看电视，谈节目，评主持人，每节课都成了视听享受和学术对话。就这样畅游在世界各地的优秀电视节目中，享受着智慧撞击和经验沟通的快乐，于是就有了这本书。全书由我提出想法与大纲，包括目标、框架、体例、写法等，上海交大谢耘耕教授和我的研究生张宏、郝希群、朱啸天、黎美纪、鞠海鸥、虎雅彬参与撰写，每写完一章，我们都会讨论后再修改完善，最后的编辑、统稿工作由我和研究生张宏完成，几易其稿，形成了目前的面貌。

　　看电视容易，真正要写电视，才发现是一件挠头的事。我们在对近年来海内外电视节目新形态进行大规模观摩的基础上，力求去探析电视节目形态创新的规律和方式，并对电视节目创新趋势进行了分析。但是，电视技术日新月异，节目形态变化多样，其交融性、变化性、流动性是我们面临的一大难题。虽说理论指导实践，而实践永远领先理论。我们追逐的脚步跟不上电视发展的速度，其中的疏漏还请读者谅解。

　　两年的写作过程是累并快乐着的。虽说看电视的目的是为了研究，可是看的过程中却常常沉潜其中，迷醉不已，仿佛又成了一个纯粹的观众。世界各地的优秀电视节目不仅为我们打开了一扇电视之窗，而且成为我们了解世界文化的纽带和桥梁。感谢华东师范大学传播学院，给了我一片自由的学术研究空间。感谢电视工作者生产出那么多好节目,让我们有了研究的灵感和创作的激情。感谢家人的支持,共赏电视的融融氛围让我拥有研究的勇气和动力。感谢复旦大学出版社章永宏编辑和李婷编辑,正是他们的努力才能让我在书里和读者分享电视带来的体验和思考。

陈　虹

2013 年 8 月

**图书在版编目（CIP）数据**

电视节目形态：创新的观点/陈虹等著. —上海：复旦大学出版社,2013.9（2025.1 重印）
当代广播电视教程·新世纪版
ISBN 978-7-309-10008-2

Ⅰ. 电…　Ⅱ. 陈…　Ⅲ. 电视节目制作-高等学校-教材　Ⅳ. G222.3

中国版本图书馆 CIP 数据核字（2013）第 196571 号

**电视节目形态：创新的观点**
陈　虹　等著
责任编辑/李　婷

复旦大学出版社有限公司出版发行
上海市国权路 579 号　邮编：200433
网址：fupnet@ fudanpress.com　http://www.fudanpress.com
门市零售：86-21-65102580　　团体订购：86-21-65104505
出版部电话：86-21-65642845
上海新艺印刷有限公司

开本 787 毫米×960 毫米　1/16　印张 15.25　字数 263 千字
2025 年 1 月第 1 版第 9 次印刷

ISBN 978-7-309-10008-2/G · 1226
定价：45.00 元

如有印装质量问题,请向复旦大学出版社有限公司出版部调换。